本书为国家社科基金项目“农村教育问题的社会学研究（06CSH003）”的最终成果

农村社会发展丛书·钟涨宝 主编

农村教育问题研究：基于供求行为的视角

Research on Rural Education: Based on Supply and Demand Perspective

龚继红 著

中国社会科学出版社

图书在版编目（CIP）数据

农村教育问题研究：基于供求行为的视角／龚继红著．—北京：中国社会科学出版社，2013.10

ISBN 978－7－5161－3502－0

Ⅰ.①农…　Ⅱ.①龚…　Ⅲ.①乡村教育—研究—中国　Ⅳ.①G725

中国版本图书馆 CIP 数据核字(2013)第 252168 号

出 版 人　赵剑英
责任编辑　田　文
特约编辑　盖　克
责任校对　张玉霞
责任印制　王　超

出　　版　中国社会科学出版社
社　　址　北京鼓楼西大街甲 158 号（邮编 100720）
网　　址　http://www.csspw.cn
　　　　　中文域名:中国社科网　　010－64070619
发 行 部　010－84083685
门 市 部　010－84029450
经　　销　新华书店及其他书店

印刷装订　三河市君旺印装厂
版　　次　2013 年 10 月第 1 版
印　　次　2013 年 10 月第 1 次印刷

开　　本　710×1000　1/16
印　　张　19
插　　页　2
字　　数　289 千字
定　　价　55.00 元

《农村社会发展丛书》编委会

《农村社会发展丛书》总序

自周、秦以来，中国一直是个农业国家，是个农业社会的社会结构。直到 1978 年，农民仍占 82.1%，只能说还是个农业国家的社会结构。真正发生大变局，转变为工业国家社会结构的是改革开放 30 年后。改革开放 30 余年，我国坚持以经济建设为中心，基本实现了经济现代化。2010 年，中国的 GDP 达到 39.8 万亿元（约合 6.2 万亿美元），按不变价格计算，比 1978 年的 3645 亿元增长 20.6 倍，年均递增 9.9%。三大产业结构由 1978 年的 28.2∶47.9∶23.9 转变为 2010 年的 10.1∶46.9∶43.0。在经济建设取得巨大成就的同时，中国的社会建设却“落”下了不少课。由此带来的是老百姓上学难、就医难、住房难、城乡差距加大、社会矛盾凸显。而这些问题，对于生活在中国当代社会的普通老百姓来说，体会得痛楚而深切。从世界各国发展经验看，在社会现代化进程中，从农业社会向工业社会转变，首先经历的是经济发展为主的阶段；在工业化中期向工业化后期转变中，关注的是经济社会协调发展；进入后工业社会时期，则是社会发展为主的阶段。现在，从整体看，我国经济结构已达到工业社会中期阶段水平。但社会结构和社会发展水平尚处于工业化初期阶段。

经济结构与社会结构是一个国家（或地区）最基本、最重要的两个结构，两者互为前提、相互支撑。一般说来，经济结构变动在先，推动着社会结构的变化；而社会结构调整了，也会促进经济结构的优化和持续变化，所以经济结构和社会结构必须平衡、协调，相辅相成。国内、国外的经验和教训说明，经济结构不能孤军独进，社会结构的变化可以稍后于经济结构的变动，但这种滞后有一个合理的限度，超过了这个限度，如果长期滞后，就会阻碍经济结构的持续变化，从而阻碍经济社会的协调发展。改革开放以来，随着经济体制改革和经济快速发展，社会结构已经发生了深刻变动。但是，由于没有适时进行社会体制改革，社会建设的投入也不足，使社会结构相对滞后，出现了经济和社会两大基本结构不契合、不匹配的状况。

总体来看，当前我国的经济结构与社会结构存在着严重的结构差，这是中国经济社会发展中最大的不协调，也就是我们常说的存在一条腿长、一条腿短的畸形尴尬状况，这是产生当今中国诸多经济社会矛盾和问题，而且久解不决的结构性原因。而“三农”问题为什么长期解决不好？凡是一个经济或社会问题，不是一个单位、一个地区的问题，而是比较普遍存在的问题；做了工作，一年两年解决不了，而且多年解决不了。这一类问题就是经济社会的结构问题、体制问题。靠加强领导、靠加强工作是解决不了的。必须通过改革，通过创新体制，调整结构才能得到解决。“三农”问题所以迟迟解决不了，就是这样一个普遍性的问题。“三农”问题就是一个需要从经济社会结构层面来认识，从改革体制的层面才能解决的问题。“三农”问题，说到底是个结构问题、体制问题。我们搞工业化，但没有按社会发展规律搞城市化，用种种办法把农民封闭在农村里。

现在的城乡结构、经济社会结构，既不平衡，也不合理。这种城乡结构、经济社会结构是20世纪50年代以来，我国长期实行计划经济体制条件下的户口、土地、就业、社会保障等一系列制度而形成的，总称为城乡二元结构。这种城乡二元结构，同国外讲的不完全一样。刘易斯的二元结构，主要是讲城乡二元经济结构；中国的城乡二元结构，是在上述一系列体制下逐步形成的，既是经济结构，也是社会结构，应该称作城乡二元经济社会结构。它以户口制度为基础，把公民划分为非农业人口和农业人口。国家对城市居民（非农业户口）实行一种政策，对农民（农业户口）实行另一种政策。对这种格局，有学者称为“城乡分治，一国两策”。

1978年改革开放，农村率先改革，实行包产到户和家庭联产责任制。农村改革到今年35年了，“三农”工作取得了巨大的成就，而这些成就是在农村改革还没有完全到位，还是在城乡二元经济社会结构的背景下实现的。虽然成绩很大，但问题也很多，应该有个好的总结和反思。从建设中国特色社会主义现代化事业，从国家长治久安，从中国跻身世界先进国家行列的全局看，解决“三农”问题仍是最大的难点和重点，仍然是我们各项工作的重中之重。现在的这套结构是不行的。今后要着力破除城乡二元结构，形成城乡经济社会一体化格局。统筹城乡经济社会发展是解决好“三农”问题的根本途径。

“统筹城乡经济社会发展”，最早是在十六大政治报告中提出来的。作为建设现代化农业，发展农村经济，增加农民收入的重大原则，也就是解决好“三农”问题的根本方针。2002年后每年中央全会所作的决定，都一再重申这个重大原则，2008年的十七届三中全会再次重申：“必须统筹城乡经济社会发展，始终把着力构建新型工农、城乡关系作为加快推进现代化的重大战略。”10年过去了，我国的城市和乡村都有了很大的发展，经济和社会也都有了很大的进步，这是要充分肯定的。但是城市发展得快，农村发展得慢；经济这条腿长，社会这条腿短的格局，还没有从根本上扭转。一个重要的例证，就是城乡差距还在继续扩大。这表明统筹城乡经济社会这个方针还没有得到全面有效的贯彻。所谓统筹，就是要兼顾、要协调、要平衡，使城乡经济社会协调发展。在这里，统筹的主体是党中央、国务院和各级地方党委和政府，按照统筹兼顾的原则，进行宏观调控，改变过去重（城市）一头、轻（农村）一头，乃至挖一头（农村）、补一头（城市）的做法。所以，要落实贯彻统筹城乡经济社会发展这个重大战略和方针，作为统筹主体的各级党委和政府，首先要有明确的认识。其次，要贯彻落实统筹城乡经济社会发展，必须对现行的城乡体制机制进行改革。要统筹城乡经济社会发展，就一定要统筹安排进行诸如户口制度、土地制度、财政金融体制、教育医疗体制、社会保障体制等方面的改革，这些方面的每一项改革，都涉及到全局，单靠农业、农村方面的力量是改不动的，而必须由党和国家，各级党委、政府统筹安排来进行。所以，要实现城乡经济社会一体化的理想，应该把统筹城乡经济社会发展加进改革的内容，称为统筹城乡经济社会的改革和发展。最后，要实现统筹城乡经济社会发展的战略任务必须在组织上落实。政治路线决定组织路线，组织路线是为政治路线服务的。新中国成立以来，特别是改革开放以来，社会主义建设实践证明，这个理论是正确的。所以，在新时期，建一个为党中央解决好“三农”问题的工作机构，从组织上落实统筹城乡经济社会的改革和发展这个重大战略任务，就很有必要。

统筹城乡经济社会发展，进行农村的经济社会建设离不开对农村深入细致的研究。从杨开道先生（1899—1981）到李守经先生（1932—2000），再到钟涨宝教授，华中农业大学社会学系一直秉承优良传统，孜孜不倦，潜心农村社会发展研究，产生了一大批优秀研究成果。这套《农村社会发展丛书》便是钟涨宝教授及其团队近年来产生的优秀成果选编。丛书以农民、农业和农村为主线，从中国实际出发，系统研究了农村社会变迁、农村组织、农村教育和农村社会保障等值得关注的农村社会面临的重大问题。更为可贵的是，钟涨宝教授及其团队多年来扎根农村基层，了解民情民意，探索农村性质，剖析农村结构，寻找农村发展之道，不可谓不勤劳，不可谓不努力，付出总有回报，这套丛书的出版即为世人展示了该团队的执着精神及卓越水平。

丛书研究大部分来源于农村经验，但又不是单纯农村经验的展示和罗列，而是包含着研究者对农村长久和深入的思考，是一套不可多得的优秀作品，值得同行学者、新农村建设的实践者以及关注中国农村发展的朋友们品鉴。

2013 年 4 月 18 日

农村社会发展与社会转型研究的新探索

——序钟涨宝教授主编《农村社会发展丛书》

从 1978 年以来，中国的社会转型进入了一个新的阶段，具有了以往不曾具有的特点。其中一个最明显的特点，就是在经济体制改革的带动下，社会结构转型和经济体制转轨两者同时并进、相互交叉，形成相互推动的趋势。这里，社会结构主要是指一个社会中社会地位及其相互关系的制度化和模式化的体系。社会结构转型就是不同的地位体系从传统型向现代型的转型；经济体制转轨则指的是从高度集中的计划经济体制向市场经济体制转换。无论是社会结构转型还是经济体制转轨，都是广义的社会转型的内容。用世界的眼光看，这种转型的复杂性在其他发展中国家的现代化过程中是很少见的。更进一步说，两种转变的实质在于文明形态的变更。而这种深层次的文明转型发生在中国这个地区发展极不平衡的巨型国度里，经历了不同路径的探索和实践，也呈现出纷繁复杂的社会现象。

另一方面，在 20 世纪与 21 世纪的交替期间，旧式现代性已经进入明显的危机时期，全球社会生活景观因此呈现出重大转折的种种迹象。在世界，在中国，探索新型现代性便成为一种势在必行的潮流和趋向。所谓旧式现代性就是那种以征服自然、控制资源为中心，社会与自然不协调，个人与社会不和谐，自然和社会付出双重代价的现代性。而所谓新型现代性，就是指那种以人为本，人和自然双盛、人和社会双赢，两者关系协调和谐，并把自然代价和社会代价减少到最低限度的现代性。作为一个具有历史规律性的人类追求方向，提倡并促进新型现代性的全面实现应该是具体研究领域的一种学术自觉。因此，这种对新型现代性的追求需要更多有志之士在相应的具体层面进行系统研究。这其中，作为社会系统重要构成的农村是一个不可忽视的研究领域。在城市化基本实现的当下，在推进新农村建设的现实背景下，如何进一步推动农村转型升级，实现城乡一体化，最终建成中国特色的新型社会主义，是摆在学界面前的一个重大课题。

事实上，在中国社会学的发展史上，农村研究一直占据重要地位。早在中国社会学的传播和发展时期，社会学的前辈们就深入到农村广阔的天地之中，探索和思考中国农村社会发展和转型面临的问题。从某种意义上说，对农村的经验研究成为早期中国社会学的研究重心。

改革开放后，中国社会学在中断近30年后得以恢复，农村社会学的教学与研究也获得长足发展。其中，华中农业大学社会学系是国内较早恢复农村社会学教学与研究的系所之一。我国第一位农村社会学博士、老一辈著名社会学家杨开道先生（1899—1981）曾经是华中农学院（华中农业大学的前身）的筹委会主任，他所开创的中国农村社会学教学研究事业给该校留下了宝贵遗产和优良传统。1986年，该校开设了国内第一个农村社会学专业。华中农业大学社会学专业自建立之日起，就十分重视农村社会学教学与研究中的学风建设，不但继承和发扬了杨开道先生的“理论研究与实地调查相结合，用科学方法研究中国农村”的学术理念，而且在首任系主任李守经教授的带领下，逐步形成了严谨治学、求真务实的教学和科研风气与传帮带、团结合作的工作氛围，以及“教学、科研、社会实践”三结合培养社会学应用人才的教学理念。现今，这种优良的教风学风由钟涨宝教授带领他的团队进一步发扬光大，他们所取得的成绩有目共睹，为学界公认。

这样一种注重“理论研究与实地调查相结合”，务实开拓创新的精神理念，一定程度上与我近年来提倡的中国社会学要有一种“顶天立地”的精神相契合，也是一种“理论自觉”的自我实践。所谓“顶天”，就是社会学研究要站在国际社会学研究的前沿，把握当前学术研究的前沿问题，也就是说，中国社会学必须要有国际视野。所谓“立地”，是指社会学研究一定要立足于本土研究，扎根本土社会，这就是本土视野。“顶天立地”就是要把追求前沿与深入基层结合起来，把世界眼光与草根精神结合起来。只有把两种视野结合起来，农村研究的水平和价值才能得到提升。而所谓“理论自觉”是指对社会学理论或社会理论进行“建设性的反思”。显然，“理论研究与实地调查相结合，用科学方法研究中国农村”的学术理念其实质正是“顶天立地”和“理论自觉”。正是在这样一种务实开拓创新的精神理念下，该校的农村社会学研究一直走在学科的前沿，取得了丰硕的成果。

此次由钟涨宝教授主编的《农村社会发展丛书》无疑是农村社会学领域的又一新探索，也是对中国农村社会学的又一大贡献。该丛书立足农村社会转型和体制转轨的时代背景，综合运用社会学理论和方法，以实现农村社会和谐发展和促进农村社会建设为目标，围绕“农村社会发展行为逻辑与制度安排的互动规律”这一主线，对我国农村社会政策、农村社会组织、农村社会保障等核心问题进行系统的交叉学科研究。具体而言，这套丛书综合运用了个案研究、统计调查、历史比较研究等多种社会学研究方法，对农村经济社会变迁进行了不同侧面的研究，着重关注了当前农村发展和转型过程中的热点问题，比如农村社会保障、农民合作经济组织、民间金融组织、农村教育等事关城乡一体化的社会问题。有关这些问题的系统研究，对探索农村社会发展规律，消减农村社会发展进程中不协调的音调，从而将农村社会发展的代价减缩至最小程度，实现农村社会的良性运行和协调发展，具有重要的理论和实践价值，是对如何实现新型现代性的一种积极回应。我们有理由相信，这套丛书的出版，对于读者在理论上认识把握中国农村社会发展大有裨益，对于相关部门的政策制定亦具有重要的参考价值。

总之，这套丛书凝聚了华中农业大学社会学系多年来农村社会学研究的心血，把握了学术研究的前沿，是一套值得研读的精品。

是为序。

郑杭生

2010年3月25日于

中国人民大学理论与方法研究中心

目　　录

第一章　绪论

一　研究的背景、目的与意义

（一）研究背景

农村教育问题既是当前学术界研究的热点问题，也是政府各部门重点关注的关键问题。2003 年 9 月，国务院召开会议专门研究部署农村教育工作，这是新中国历史上第一次全面审视农村教育的战略地位。农村教育影响广泛，关系到农村经济和整个社会发展的全局，在全面建设小康社会中具有基础性、先导性和全局性作用。

农村教育在整个国民教育体系中占有重要的地位。我国是一个发展中的人口大国，农村人口又占了总人口的绝大多数，并且总体素质偏低，这严重制约着农村经济和社会发展进程。"三农"问题始终是关系到国家发展的根本问题，没有农业的发展、农村的稳定和农民的富裕，就没有国家的长治久安。发展农村教育，是发展农村生产力、建设先进文化和实现人民群众根本利益的基础和条件；是促进农村产业结构调整、推进工业化和城镇化进程，从根本上解决"三农"问题的关键所在。当前是我国农业和农村经济发展的关键阶段，发展优质、高效、生态、安全的现代化农业，扩大农业产业化的经营范围、实现农村城市化和农村剩余劳动力的转移等，都需要高素质的农村劳动力，这对发展农村教育提出了更高的要求。

我国农村教育整体上非常薄弱，面临一些刻不容缓的突出问题和困难，例如农村教育发展严重滞后，城乡教育差距不断扩大，农村教育资源还无法满足农村经济社会发展的需要，无法满足人民群众不断增长的教育需求。同时，农村教育发展极不平衡，城乡之间、东中西不同区域之间，以及同一区域内的不同县市之间，教育不平衡现象普遍存在。社会发展对教育发展的需要与客观上存在的障碍，使农村教育发展的问题形成了当前急需解决的矛盾。

（二）研究目的

我国正处在结构转型、体制转轨的关键时期，在从计划经济向市场经济、传统社会向现代社会转型的过程中，遭遇到各种矛盾和问题，农村教育问题就是其中比较突出的社会问题之一。在整个社会现代化的进程中，农村社会现代化是关键，而农村社会现代化的决定性因素是农村人口素质。农村人口素质的高低影响着农村产业结构战略性调整和农业增长方式的转变，关系到农村城镇化和工业化的进程，决定着农村剩余劳动力的转移效率，而这一切最终取决于农村教育发展。近些年来，经过教育改革，农村教育取得了较大发展，但农村教育整体上仍处于弱势地位，各种问题仍非常突出。农村教育问题需要全社会的力量予以关注和解决，需要从不同学科、不同角度，全面科学地进行研究。

本研究主要从社会学的角度，运用社会学的相关理论，分析农村教育问题的现状、特征，探讨其产生的根本原因，并在此基础上提出如何构建科学合理的农村教育体系，化解农村教育中的矛盾。具体地说，本研究的主要目的：一是通过构建农村教育问题社会学的一般分析框架，分析、解释农村教育发展中的现实问题。二是从农村教育问题产生的现实社会背景入手，分析农村教育主体的教育观念和教育行为，探讨教育主体和教育行为的影响因素。三是从宏观的社会层面和微观的教育主体层面分析农村教育问题产生的原因。四是通过以上分析，提出解决农村教育问题的政策建议，完善符合农户和农村社会发展需求的农村教育体系。

（三）研究意义

改革开放30年，我国农村义务教育在办学机制转变、义务教育投入、促进义务教育均衡和面向农村的职业教育等方面，均实现了突破并获取了一些成就。但目前农村教育的弱势依然存在，已有的教育问题还没得到根本性的解决，一些新的问题在急剧的社会变迁过程中不断涌现，老的问题又以新的表现形式呈现出来，这使得农村教育问题的研究和解决变得更加复杂。深化农村教育改革是目前教育发展的重要任务，而深化农村教育改革的关键在于准确把握农村教育问题的主要表现和特征，厘清影响农村教育的深层次经济、社会、人口因素。以农户为导向的农村教育问题的社会学研究，是社会学学术界关注的热点，有助于解决农村教育的现实问题，为党和政府加强有力的措施发展农村教育提供政策理论依据。

本研究的实践意义在于，我国是农业大国，农村人口占绝大多数，农村教育不仅是我国实施科教兴农战略的核心，而且是实现全面小康社会、构建和谐社会的基础。在经济社会转型时期，深入研究我国农村教育问题，将具有重要的现实意义。本研究力图从宏观社会层面和微观组织层面相结合的角度分析农村教育问题的具体表现及特征，探讨农村教育问题产生的深层次原因，发现农村教育的发展规律，探寻深化农村教育改革的有效途径和方法。在理论意义上，本研究主要运用社会学的相关理论指导，一方面为本研究提供科学的理论根据，保证研究的思想路线的科学性和合理性；另一方面本研究是对社会学的相关理论进行验证的过程，从实践的层面检验科学理论的真实性。本研究通过农村教育问题的社会学研究，多维度思考产生农村教育问题的深层次原因和农村教育问题对社会经济发展的战略性影响，丰富和完善农村教育理论，为解决农村教育问题和促进农村教育研究提供理论依据。

二　国内外研究文献综述

（一）国外关于农村教育的研究

国外在农村教育研究中形成了比较成熟的理论，下面将介绍四种理论观点：

1. 保罗·弗莱雷的农村“成人扫盲”理论

保罗·弗莱雷（1985）认为：其一，农村教育“扫盲”会帮助农民学会运用自己的民主权利，从而融入现代生活。在他看来，教育是一种政治手段，具有政治性。他倡导通过教育，使人重新看待自己、改造自己以及自身所处的生活环境，把教育看作是一种解放人的手段。其二，教育的实质不是一门简单的技术行为，而是一种通过对世界事物的学习和认知，扩充自己的主体意识。其三，通过教师与学生的相互交流和对话，进行讨论式学习，达到终身教育的目的。他的理论对整个发展中国家具有深远的影响，特别是中国人口众多，人口的整体素质不高，其“扫盲”运动对我国产生了很大的影响。

2. 舒尔茨的人力资本理论

诺贝尔经济学奖获得者西奥多·W. 舒尔茨（Theodore. W. Sehultz）是人力资本理论的奠基人之一。舒尔茨（1964）在《改造传统农业》一书中，首次分析了人力资本理论，并将人力资本和农业经济增长、农业发展问题结合起来，提出了以科学技术和开发人力资源为核心的农业教育经济思想，其人力资本理论对发展中国家农业经济和农村教育的发展具有实际意义。舒尔茨（1964）认为人力资本是指个人具备的知识、才能、技能或资历，即体现在人身上能带来收入的资本，一部分是先天带来的，而大量的主要是后天通过受教育获得的。舒尔茨（1964）在解释农业经济和农村发展时认为，土地差别不重要，而农民的能力是最重要的。农民的能力必须通过后天的学习才可以最大化发掘，一些地区的经济之所以衰落，是因为这些地区的人们很少有现代经济所需的知识和技能。舒尔茨在《经济增长与农业》中提到，农村教育投资要投资于初、中等教育，以保证延长教育年限和人力资本质量和存量。

3. 舒马赫的农村发展与教育理论

舒马赫（E. F. Schumacher）在《小的是美好的》一书中提到了农村问题，尤其是发展中国家的农村问题，并从教育的角度对发展中国家的农村发展问题进行了阐述和揭示，从而给予我国的农村教育和发展问题提供强有力的理论和实际支撑。舒马赫（1984）认为发展中国家的发展受制于农村，农村经济问题和农民生活问题是制约发展中国家快速发展的症结之一。他通过对农村的剖析发现，“农村贫困的原因在于农村的教育、组织和纪律方面存在缺陷，任何国家只要具有高度教育、组织、纪律，不管遭到怎样破坏，都能创造出‘经济奇迹’来”（舒马赫，1984）。于此，我们必须将发展的重点由物转向人，通过对农村人口加大教育和培训，在对全体人民的教育、组织、训练过程中实现农村的发展。通过对农村的智力与知识援助，利用教育资源实现整个农村教育阶段的渐进式发展（舒马赫，1984）。舒马赫认为教育的真谛是培养“完整的人”（即具有正确而坚定的价值观和信念的人），教育是为整个人类服务的，并且受教育者有义务为他人的教育贡献自己的力量。

4. 苏霍姆林斯基的农村“和谐教育”理论

苏霍姆林斯基（B. A. Сухомпинский）的理论强调学校在整个教育领域中的重要性，认为农村学校与城市学校有区别，并认为农村学校是农村社会文化的策源地，极具重要性作用（苏霍姆林斯基，1985）。农村学校的教育工作的重要目标是培养学生从事农业劳动的志愿，消除劳动是低人一等的传统认识观。教师应当起到先锋模范代表作用。苏霍姆林斯基的农村教育思想着重从农村学校的发展角度为农村教育提供良好的愿景。他以农村学校为辐射，对影响学校发展的诸多内外部因素展开论述，如农村学校与农村社会生活的相关性，学校的办学方向和培养目标，劳动教育、教师在学校中的重要作用和地位以及农村家庭对农村学校教育的影响等（苏霍姆林斯基，1985）。

上述国外关于农村教育的四大理论，都强调阻碍国家宏观经济发展的症结在于农村社会和农村经济的发展缓慢，而农村经济和社会的发展又取决于人的因素，如何实现农村居民的发展和素质的提高，是实现国家经济发展的重要前提。通过教育投资来实现人的发展，进而提高人民的素质和技能，从而使农村经济和社会得以不断的发展和提高。中国农村人口占绝大多数，农村教育问题对于整个中国来说是“三农”问题的重要一环。国外理论从微观层次和宏观层次两个方面给予中国农村教育提供了指导性意义。

（二）国内关于农村教育的研究

自 20 世纪 80 年代以来，学术界开始广泛研究中国农村教育，根据中国期刊网的搜索结果显示：以农村教育为关键词，1980—1989 年相关研究有 550 篇；1990—1994 年相关研究文献有 865 篇；1995—

1999 年相关研究有 1113 篇；2000—2004 年相关研究有 2522 篇；2005—2009 年相关研究有 5135 篇。相关研究总体上呈不断膨胀的趋势，相对比较集中的研究出现在 1995 年以后，对农村教育的相关研究数量成倍数增长。学术界的这种关注态势一方面反映了农村教育受到社会的高度关注；另一方面也反映了农村教育本身的问题特性。

1. 农村教育的内涵与特征

目前关于农村教育内涵的界定还不尽统一，在某些方面还存在严重的争议。

一种观点认为：农村教育是与城市教育相对应的农村地区的教育，是在城市以外的农村地域内进行的教育（叶平，2004），是经济落后的农村地区的教育，是五级政府中乡镇和乡镇以下地区教育，是不具备城市化特征的地区教育（秦玉友、温恒福，2005；杜育红，2004）。农村教育的概念应是在农村区域发生的，以农村人口为主要对象，在农村经济社区环境里，对农村居民（或农民）及其子女进行的教育（明庆华、程斯辉，2005），为经济社会发展服务的区域性教育（何云峰，2006），其教育是在广大农村进行的扫盲、基础教育和农业职业教育活动，是取决于城乡二元社会条件下对农村地区教育的界定（马文起、王娟，2005），是一种封闭式的教育。该观点从地理、人口、经济、社会结构的视角界定农村教育的范畴，认为农村教育是源于城乡二元社会结构的、农村地域的、针对农村人口的、为农村经济社会发展服务的教育。

另一种观点认为：把“农村教育”简单地理解为在农村的教育，而不是全部的，使得农村教育与城市教育对立起来，这是对农村教育的一种错误的理解。农村教育包括扫盲、基础、成人和高等教育等（杜育红，2004），也是一种大教育，是指一切可能且应该为经济发展、社会进步和农村现代化发展服务的教育（李水山、张乐天，2003）；农村教育应该超越传统农业教育和培训的狭隘取向（FAO/UNESCO，2002），美国农村教育是通过多种文化教育实现不同民族的融合和“美国化”的过程（Olver、Jenny，1992），现代农村教育则是开放式的，是与政治、经济、文化、科技的发展相协调，破除“城乡二元结构”的大教育系统。这种观点的主要思想是农村教育是全面系统的教育，是与整个社会经济发展相适应的教育，是一种大教育理念。

农村教育在特征上表现为：中国农村教育的发展具有基础性、启蒙性；农村地域辽阔所导致的农村区域教育发展的不平衡性和差异性；教育空间的广袤性、复杂性和学校布局的分散性；教育类型、结构、形式或模式以及体制的丰富性和多样性；教育文化的多元性和多民族性等（余永德，2001）。整个农村教育问题在现今还表现在层次偏低，结构与功能单一，偏远性、分散性、弱势性、易忽视性、不平衡性和差异性等方面（李水山、张乐天，2003；温恒福，2005）；农村教育人才优势的先导性和辐射性；以及后现代性特征：由工具理性到学习型理性、社会排斥到社会包容的农村教育，成长为可持续的农村教育。长期以来，学者对农村教育含义和问题的研究主要定位于农村中的双基教育，培养目标确定为安于农村和农业的教育，很少从社会学的角度整体认识农村教育丰富的内涵，局限了农村教育研究的发展。

2. 中国农村教育问题研究

近年来，“三农问题”成为社会热点问题，研究农村教育的文献也多起来，人们从农村教育的政策制度、资金来源、办学方法等方面展开多角度、多层次的研究。

（1）农村教育的目标定位问题。目前对农村教育有一种错误的理解，就是把“农村教育”简单地理解为在农村的教育，而不是全部的，使得农村教育与城市教育对立起来，现行教育制度实际上存在严重的城乡差别（张乐天，2004）。针对农村教育而言，其教育观念仍以应试教育为核心，“城市中心”的价值趋向严重（苏选良，2003；苗培周，2005）。鉴于此，有相当一部分学者认为教育观念的错误致使农村教育的目标和定位出了问题：农村教育究竟是为谁服务（秦玉友、杨兆山，2004）。农村教育的目的应当是推动农村城市化运动，但是目前农村教育的直接目的是为城市服务，从而导致以城市为导向，以城市需求为目标的片面强调升学率的应试教育大行其道，从而引发了农村教育资源浪费和生源流失等问题（秦玉友、杨兆山，2004）。如此，我国农村教育的结构变得极不合理，苏选良等

(2003)、梁克荫等（2005）一致认为目前我国的农村教育结构模式单一、功能单一，偏重于向高等院校、经济发达地区培养合格人才，轻视为本地发展培养急需人才。张胜军（2003）认为多层次、高质量、低重心、重实用才是我国农村教育最切合实际的发展模式。陈敬朴（2004）从法治、管理、教育视角来分析农村教育未能享有法律上的公平，农村教育始终未解决谁负责、应该负什么“责”的问题，缺乏真正教育学的关注而难以按教育规律办学。这些原因致使中国的教育总体水平低下，从第五次全国人口普查结果看全国仍有 8507 万文盲，其中农村有 6665 万文盲，占农村总人口 8.25%（《2004 中国统计年鉴》，2005)。我国仍有诸多县未实现“普九”，集中在最贫困的西部农村地区，成为新文盲产生的主要原因之一（范春生、葛素红，2001)。

（2）农村教育的结构问题。张胜军（2003）认为政府应是农村教育主要的投资主体，主要是针对学校组织和师资的建设。陈敬朴(2004）从经济的视角看，认为政府对农村教育的投入未达到“下限”，以至于学校少、经费困难、教育资源短缺、师资水平低、设备差，城乡教育水平差距继续扩大、学生辍学率高、农村师资流失严重是农村基础教育目前存在的主要问题（孙文学，2005)。农村教育经费短缺是制约农村教育发展的一个根本性问题（苏选良等 2003；万小妹等，2004)。农村学校债务负担沉重，为达到“普九”标准而举债建设，作为债务偿还主体的政府、学校以及教育主管部门在财政上赤字，而且受到债主的追债干扰，严重危及教育教学的正常秩序（袁桂林，2003)。对于农村家庭来说，农村中小学杂费管理不规范使得家庭压力增大（袁桂林，2003)。农村教师队伍不稳定也是困扰农村教育生存与发展的痼疾之一。陈培瑞、肖第郁等（2004）通过实际观察和实证调查得出：农村教师队伍整体素质不容乐观，结构不合理、专业水平层次低，许多地方农村教师队伍职称结构、年龄结构、学历结构都不合理。另外，拖欠工资，缺乏医疗、保险、养老等保障制度，没有参加继续教育的机会等问题，严重挫伤了广大农村教师工作的积极性，导致教师队伍不稳定（袁桂林，2003)。

（3）农户农村教育观念与行为的研究。古代科举教育思想在滋生

“唯有读书高”价值取向的同时，也导致了“学而优则仕”的实用主义、功利主义价值观念和求实、求真科学精神的匮乏。由于教育与生产劳动长时间分离，以及科举流弊的影响，以“学而优则仕”、鄙视劳动为核心内容的传统教育观念逐渐成了中国社会主流教育观念。

农民教育观中，重男轻女观念仍然存在。虽然实行男女平等是我国的基本国策，但是在广大农村“男孩应该受更多的教育”的男尊女卑的观念依然存在，许多人仍有强烈的男孩生育意愿偏好，同时农民普遍认为男孩的智商比女孩高，女孩成才可能性小。这种思想导致了女孩的受教育年限普遍低于男孩，女孩的受教育环境条件和期望也普遍差于男孩。

（4）农村教育与农村和农业经济社会发展的关系。国内外学者在不同学科视角下探讨农村教育与农村经济、政治、社会的关系。从农村和农业发展需要的角度提出增加投入，体制改革，资源整合，提高质量的对策（李水山等，2003）。

第一，农村教育与经济发展。基于经济发展与农村教育关系的研究，如彭佑元等（2005）宏观分析了农村教育的有效需求和政府对农村教育投入效用；孙志军等（2004）微观分析了农村家庭或个人的教育收益率，揭示了家庭收入与教育收益率的关系；Li 和 Urmanbetova（2002）研究了经济转型对农村教育收益率的影响；李燕凌和李立清（2005）从公共支出角度，分析了教育等多个方面中国城乡公共服务存在的客观差距，并从提高中国农业综合生产能力给出建议；钱克明（2003）研究了农业产值增长与公共教育投入等之间的关系，研究结果表明，农业科技投入的边际回报率最高，农村教育投资和农村公共基础设施投资的边际回报率次之，农牧户自身投资的边际回报率最低。

基于工业化发展角度与农村教育的关系研究。工业化是指由传统农业向现代工业社会转化的过程（张培刚，2002）。从发展经济学角度来看，“重农学派”认为牺牲农业而发展工业是难以持久的，农业的凋敝必然会阻碍整个经济的发展。由此，农业的发展其实为整个国民经济和工业化提供了坚实的基础（张培刚，2002），然而舒尔茨（1964）认为在发展农业经济时，农业技术水平和农民的能力是最重要的因素，要注重农村的人力资本素质。舒尔茨在人力资本理论阐述中要求通过教育培训提高整个劳动力的素质，以便有助于农业经济的发展，以实现工业化之路。

第二，农村教育与政治体制。基于政治体制与农村教育问题关系的研究，主要从教育财政和教育行政体制形成的教育体系科层化治理结构、教育资源等级式流动，分析了对农村教育的影响（郭建如，2005）；王一涛（2005）运用利益集团理论分析了农民作为弱势的利益集团，不能够对政府的决策产生强有力的影响，从而产生农村教育规范和有效转移支付的问题。Roseenzweig（2004）也认为农村教育通过增加投入不是万能的，其还依赖于技术革新、市场和政治体制。秦晓（2007）指出在实现中国经济发展和“民富国强”的“现代化”、实现中国政治体制改革时，必须坚定不移地改变人民深层次的思想意识形态，提高农村和城市人口素质，兼顾城市、农村人口的既得利益和公平。

第三，农村教育与社会发展。农村教育与社会发展关系的研究，周宏宇等（2004）认为农村教育是构建和谐社会的基础，是农村社会经济协调发展的基础工程。李水山（2004）认为农村教育问题和“三农”问题不能脱离，否则不能解决农村发展的根本问题。杜育红等（2004）认为只有农村教育与农村发展的良性互动，才能实现我国二元社会向现代社会的转型，实现全面建设小康社会的目标。城乡二元结构差距的缩小，主要依靠农村居民自身素质的提高，以人促进农村经济的发展。中国自1978年改革开放以来，对农业的投入和加快农村建设的步伐一直没有停下。“十一五”计划主要强调建设社会主义新农村。2010年“中央一号”文件出台，以统筹城乡发展力度进一步夯实农业农村发展为主题，以发展农业带动整个农村社会的快速发展，缩小二元差距。

（5）农村教育与城市化的关系研究。城市化是指“人类生产和生活由乡村向城市转化的历史过程，表现为乡村人口向城市人口转化及城市不断发展完善的过程”（李少元，2003）。刘世清（2005）认为，随着我国城市化进程的不断前进，农村基础教育作为一项促进农村发展的系统工程，一方面不可避免地受到城镇化的影响，另一方面则又义不容辞地承担着促进农村城镇化进程的责任和义务。基于此，着眼于当前农村教育和城市教育现实差距，在加大新农村建设、为解决城乡二元体制、加大城市化进程的背景下，通过研究农村教育如何向城市教育靠拢，借鉴城市教育模式，谨慎地将城市和农村教育联系起来，以实现农村的发展（陈燕，2007）。然而，在研究城镇化进程中，农村教育一方面面临着不断适应现代农业发展和农村产业结构调整的挑战；另一方面，还面临劳动力的大量转移，开发农村人力资源的严峻任务。为此，农村教育需要以现代化思想观念为指导，将城市化建设、农村教育改革和可持续发展结合起来，城镇化进程对于我国农村基础教育的发展既是机遇也提出了严峻的挑战。

（三）国内外研究现状述评

国内许多学者从地理、经济、政治的视角探讨农村教育的范畴，认为农村教育是与城市教育相对应概念的农村地区的教育，是经济落后的农村地区的教育，是五级政府中乡镇和乡镇以下地区教育，是不具备城市化特征的地区教育（秦玉友、温恒福，2005；杜育红，2004）。农村教育包括扫盲、基础、成人和高等教育等（杜育红，2004），也是一种大教育，是指一切可能且应该为农村现代化发展服务的教育（李水山、张乐天，2003）。农村教育应该超越传统农业教育和培训的狭隘取向（FAO/UNESCO，2002），美国学者认为美国农村教育是通过多种文化教育实现不同民族的融合和“美国化”的过程（Olver，Jenny，Howley，1992）。农村教育的特征表现在层次偏低，结构与功能单一，偏远性、分散性、弱势性、易忽视性、不平衡性和差异性等方面（李水山、张乐天，2003；温恒福，2005）。长期以来，学者对农村教育含义和问题的研究主要定位于农村中的双基教育，培养目标确定为安于农村和农业的教育，很少从社会学的角度整体认识农村教育丰富的内涵，局限了农村教育研究的发展。

国内学者对我国农村教育中存在的问题研究，主要有以下几个方面：农村教育的观念仍以应试教育为核心，“城市中心”的价值趋向严重（苏选良，2003；苗培周，2005）；农村教育经费短缺是制约农村教育发展的一个根本性问题（苏选良等，2003；万小妹等，2004）；

目前我国的农村教育结构不合理，模式单一，功能单一，偏重于向高等院校、经济发达地区培养合格人才，轻视为本地发展培养急需人才（苏克良等，2003；梁克荫等，2005）。关于农村教育师资问题，陈培瑞、肖第郁等（2004）通过实际观察和实证调查得出：农村教师群体素质不容乐观，结构不合理、整体专业水平层次低。国内学者大多站在学校教育的圈子里对农村教育问题进行研究，忽视了对产生农村教育问题的政治、经济、文化等方面深层次的复杂社会因素的研究，造成明显的“农村教育问题研究近视论”现象。

国内外学者在不同学科视角下的农村教育研究。第一，基于狭义农村教育对策的研究，李水山等（2003）主要从农村和农业发展需要的角度提出增加投入，体制改革，资源整合，提高质量的对策。第二，基于经济发展与农村教育问题关系的研究，如彭佑元等（2005）宏观分析了农村教育的有效需求和政府对农村教育投入效用；孙志军等（2004）微观分析了农村家庭或个人的教育收益率，揭示了家庭收入与教育收益率的关系；Li 和 Urmanbetova（2002）研究了经济转型对农村教育收益率的影响。第三，基于政治体制与农村教育问题关系的研究，郭建如（2005）主要从教育财政和教育行政体制形成的教育体系科层化治理结构、教育资源等级式流动，分析对农村教育的政治影响；王一涛（2005）运用利益集团理论分析了农民作为弱势的利益集团，不能够对政府的决策产生强有力的影响，从而产生农村教育规范和有效转移支付的问题；Roseenzweig（2004）也认为农村教育通过增加投入不是万能的，其还依赖于技术革新、市场和政治体制。第四，基于社会发展与农村教育问题关系的研究，周宏宇等（2004）认为农村教育是构建和谐社会的基础，是农村社会经济协调发展的基础工程；李水山（2004）认为农村教育问题和“三农”问题不能脱离，否则不能解决农村发展的根本问题；杜育红等（2004）认为只有农村教育与农村发展的良性互动，才能实现我国二元社会向现代社会的转型，实现全面建设小康社会的目标。第五，基于社会学视角的农村教育问题研究，史卫东、张小枚、秦阿琳等（2005）分别运用了社区理论和社会分层理论探讨农村教育问题；龚继红、钟涨宝等（2005）运用韦伯、帕森斯和科尔曼有关社会行动理论，对中部地区不同经济发展水平的农村家庭的教育行为进行比较研究。

综上所述，虽然有许多国内外学者对农村教育问题，进行了多角度的研究，但还不够深入，大多注重对策、演绎和文献研究方法，批判性的和实证性的研究不多。绝大多数是“自上而下”的宏观社会和国家政府的层面、中观的学校组织层面的研究，对产生农村教育问题的深层次原因和农村教育问题对社会经济发展影响的战略性思考不足。缺乏对作为农村教育主体的农村人口和农户在农村教育中的观念和行为的微观分析。从社会学视角进行的农村教育问题研究，目前还不多见。

三　研究的理论基础与分析框架

（一）理论基础

1. 二元社会结构理论

二元结构理论描述的是二战后发展中国家的一种经济社会现象，是发展中国家经济社会发展的理论模型，首先是一种经济发展模式。在荷兰社会学家 J. 伯克于 1953 年出版的专著《二元社会的经济学和经济政策》中，二元结构把发展中国家的经济分为两大部门：传统农业部门和现代工业部门，传统农业部门包括农业、小型商业和某些服务业，现代工业部门包括制造业、采矿业和种植业。与此对应的是相对落后的广大的乡村和相对发达的城市。一个社会及其本质特征是由相互依存的社会精神、组织形式和生产技术共同决定的。当传统社会引进西方工业化的同时，也引进了西方的社会精神、组织形式和生产技术，以往的经济结构和社会结构由于同质性的破裂而呈现出二元性。现代城市社会和现代工业部门同传统农村社会和传统农业部门，在经济制度和社会文化等各个方面，都存在着巨大的差别。这些差别直接或间接地导致了城市和农村、工业和农业中的资源配置方式、个人效用函数以及人的行为准则的迥然不同。所以，在二元结构的社会中，社会矛盾的实质，在于工业社会及其现代性同农业社会及其传统性两种文化的冲突。

美国经济学家、诺贝尔经济学奖获得者 W. 刘易斯，在研究二元经济结构问题时，提出了工业化带动论。他认为二元经济发展的核心问题，是传统部门的剩余劳动力向现代工业部门和其他部门转移。美国经济学家、世界银行经济顾问 H. 钱纳里，提出了产业结构转变论。他认为经济发展就是经济结构的成功转变。经济结构成功转变的基本内容就是传统农业主导的经济结构，由于市场需要的变化，在城市工业化和农村工业化的过程中，发生资金投入、生产技术、资源配置的变化，从而转变为现代工业主导的经济结构。美国经济学家、诺贝尔经济学奖获得者 T. 舒尔茨比较研究了发达国家和发展中国家的工业化和现代化进程及现代生产要素的引入和配置，提出了现代要素引入论。他认为，二元经济结构的转变，关键在于传统农业的现代化。

任何发展中国家的工业化过程都不同程度地导致二元经济结构，我国的二元经济结构是社会生产方式矛盾运动和外部国际资本积累相互作用的结果。而且在20世纪50年代推进重工业的过程中，在二元经济结构的基础上还形成了具有中国特色的二元社会结构，形成了独具特色的二元经济结构和二元社会结构相互交织的二元经济社会结构。我国的二元社会结构是指国家采取行政手段，以户籍制度为核心，以城市和工业为利益导向，以二元就业制度、二元保障制度、二元教育制度、二元公共事业投入制度在内的一系列具体制度构建的将城乡分而治之的独特的社会状况和城乡格局。“一元”是居住在广大农村的数量众多的农民，“另一元”是具有城镇户籍的城市居民。

2. 社会系统理论

社会系统是指两个或者两个以上的行动者，行动者包括个体行动者或者集体行动者，通过他们之间的经济关系、政治关系和文化关系构成的系统。科尔曼认为社会行动是一个庞大的系统，由行为有机体系统、人格系统、社会系统和文化系统组成。四个系统既有自己的边界，又相互依存，相互作用。社会系统是一种行动者互动过程中的系统。行动者之间的关系结构就是社会系统的一种基本结构。社会系统中的行动者通过社会身份和社会发生联系。一种身份就是社会中的一种角色地位，角色是与这种地位相应的规范的行为。角色是相互性的，角色之间相互期待，由此而形成社会的角色结构。集体则是由一系列互动的角色组成的系统。社会制度是另一种结构单位，是由价值观和规范组成的，是围绕一定的功能焦点而组织起来的权利与义务的模式。社会互动中的角色与人格和文化有紧密的联系。在社会系统和其他系统之间，社会系统内部不同系统之间，存在着多种多样的输入和输出的交换关系，形成社会系统的过程。在输入和输出的过程中，存在着具有符号—文化性质的交换媒介，金钱、权力、影响、义务等都是具有符号性质的交换媒介，这些媒介在集体互动和个人互动中被使用，使社会秩序得以结构化。

3. 社会行动理论

帕森斯在《社会行动的结构》一书中指出，社会行动最基本的单位是单元行动。单元行动包括：一个行动者，即在各种不同的目标与用以达成目标的手段之间进行选择和决定的主体。行动目的，即引导行动过程所要达到的某一种事情的未来的状态。行动情境，即行动者能控制的手段和不能控制的条件要素。行动规范取向。单元行动就是由目的、手段、条件、规范等要素组成。每一行动都涉及主观目的，并构成行动中的意志自主因素。这种意志自主的努力使行动情境区分为手段和条件。规范作为一种主观要素对行动者的这种努力起着调节作用。规范是行动者内化的社会公认的行为准则，用以指导其行动。行动者在行动中存在着努力朝规范化实现行动意义的倾向。

科尔曼的理性行动理论。在理论视角上，理性行动理论以“理性人”为出发点，个体行动者是有目的的行动，“目的”是人们期望的将来的状态。行动者的行动原则是最大限度地实现个人利益。因此，行动者虽然可以采取直接实现个人利益的行动，但在更多情况下，行动者为了最大限度地实现个人利益，而交换对于事件的控制，在特定情况下，他们还会单方转让控制。不同的行动具有不同的效益，“理性（有目的性）与效益”并不局限于狭隘的经济含义，还包括社会的、文化的、情感的、政治的等目的。理性行动为了达到一定目的而通过人际交往或社会交换所表现出来的社会性行动，需要理性地考虑对其目的有影响的各种因素。

（二）分析框架

科尔曼（1990）指出社会科学的主要任务是解释社会系统行为，

系统包括不同组成部分，从水平上分析，它们低于系统。个人是社会系统的组成部分，制度或亚群体也是系统的组成部分。用系统组成部分的行为解释系统的行为是对系统行为进行内部分析，即系统行为的内部分析。系统行为由低于系统水平的系统组成部分，即个人或其他行动单位的行动综合而成，资料的收集在个体水平上或低于系统的水平上进行，对系统的解释以进行观察的单位为出发点较合乎情理，解决问题也是在这一水平上。对系统内部进行分析的解释方法与仅仅停留在系统水平的解释相比，更具有稳定性与概括性，因为系统行为是系统组成部分的行动结果。系统行为以个体行为和倾向为基础的内部分析是更基本的解释，更接近构成系统行为的理论，即提供对于系统行为的理解。

科尔曼认为，要实现对系统行为（宏观现象）的解释，包括解释三种类型的关系：宏观到微观的转变、个人有目的的行动以及微观到宏观的转变。个人行动的结果影响着他人的行动，这是宏观到微观的转变。个人行为的结合产生宏观水平的结果，这是微观到宏观的转变。

农村教育是一种系统层次的社会现象，对其进行解释需要遵从一般的解释规律，即实现宏观到微观、微观到宏观的转变。农村教育是一系列微观层面共同行动的结合，其中包括农户在教育中的行动、农村教育组织的行动。无论是农户的行动还是农村教育组织的行动都是有目的的行动，农户及农村教育组织的行为结果是农村教育发展的当前状态。因此本研究的分析根据以下的分析框架展开：农村教育问题是农村教育内部产生的一系列不协调的现象，是在中国二元社会结构背景下产生的，中国长期存在的二元社会结构，使农村教育在宏观政策环境中处于不利的位置，在这种不利的宏观环境下，作为个体的农户和农村学校出于自身的目的，在不利的环境中选择有利于自身利益的行为，这种行为导致农村教育的不协调和不平衡，并最终形成亟待解决的农村教育问题。因此，二元社会结构是导致农村教育产生的客观背景，农户教育行为和农村学校的行为是农村教育问题的直接表现。

本研究始终贯穿农户在农村教育中的主导性地位，农户需求是农村教育的出发点（了解农户教育需求）和终点（满足农户的教育需求）的思想观念。运用社会学的理论分析微观的农户教育需求行为与我国目前的农村教育组织行为。在此基础上，探讨我国农村教育问题的成因，教育的发展方向、途径、模式的政策选择。具体研究的逻辑框架如图 1 所示。

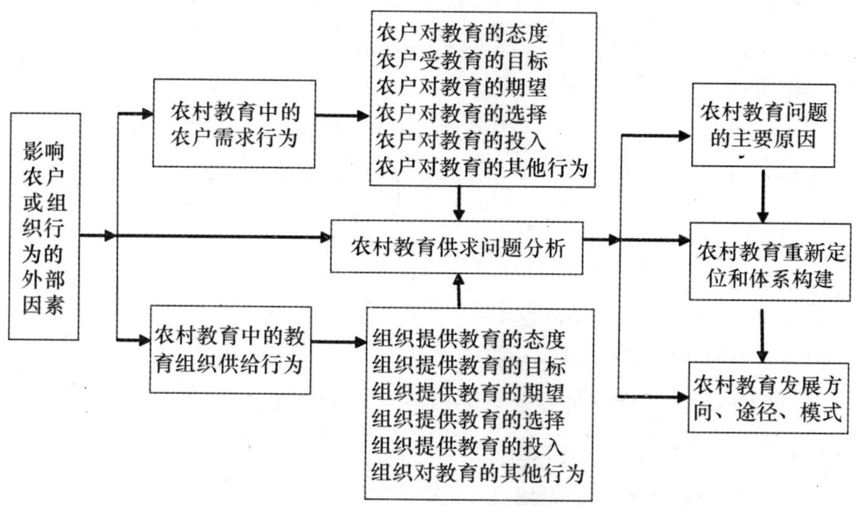

图 1－1　农村教育问题的社会学研究的逻辑框架

四　研究的方法

（一）资料收集

文献分析法：一是查阅国内外关于农村教育制度变迁、农村教育问题等相关文献，掌握国内外有关中国农村教育研究的理论动态；二是查阅政策、工作简报、地方县志及其相关统计报表、学术著作、期刊文献，收集有关农村教育背景和发展现状的资料。

问卷调查法：调查能够回答为何、何处、何时和如何之类的问题……主要的重点是寻求事实，如果一个调查被精心地组织、谨慎地引导，那么这个调查就会是一个相当容易并且能快速获得信息的好方法（［英］朱迪思·贝尔《社会科学研究的基本规则》北京大学出版社 2008）。本研究通过精心设计的调查问卷，采用结构式访问的方法收集有关农村教育的资料，主要涉及的调查内容：一是有关农户的教育行为的信息。包括农户家庭成员的受教育状况，农户对农村教育的态度、看法、农户对教育的期望，农户在教育中的投入，农户对教育的评价以及农户对农村教育政策的了解程度。二是有关农村教育组织的资料。包括农村学校教师队伍、教学条件、教育投入、教育目标和教育宗旨等。三是有关农村教师的行为。主要考察农村教师队伍的稳定性，通过问卷调查农村教师的流动意愿，分析农村教师的流动意愿的特征并探讨其影响因素。

农户样本抽取的方法：以2006年中国农村统计年鉴中的大陆农户为抽样总体，全国各省、市、县从东向西排列，各县市的农户数依次排列并计算其累加数和各县市农户数量所在的区间。如排在第一的是北京市，北京市有大兴区、怀柔区、平谷区、密云县、延庆县等，各县市的农户数依次为：115472户、69718户、98890户、11568户、75617户，按现在的排列顺序各县市农户数的累加数分别是115472户、185190户、284080户、295648户、371256户，各县市农户数所在的区间则分别为：1~115472户、115473~185190户、185191~284080户、284081~295648户、295649~371256户。其他省市县依次排在北京市的各县市后面，共排列中国大陆31个省、直辖市、自治区的2049个县市208552214户农户。这208552214户农户最终组成本课题抽样调查的总体。根据调查的可行性分析，本课题计划调查1050户农户，每个村调查25户，需要42个村，因为农户是按照县市统计的，故设计调查选取的村按照每个县市一个村的方法进行处理，即调查42个县市。按照随机抽样的原则，以42组农户（每组农户包括25户农户）计算抽样间距并随机选取第一个村所在的县市，并按照抽样间距抽取41个县市。在实际的调查中稍微做了一些处理，如湖北省的荆门市选取2个乡镇的2个村进行调查，四川省峨眉山市仙塘村计划调查25户，实际调查50户。这些细微处理的目的是增加样本的数量，在实质上并不影响样本的代表性。

农村学校样本的选取：根据农户抽样样本中所抽取的县市，每个县市随机抽取3所农村学校构成农村学校调查的总样本。计划调查126所学校，实际回收有效问卷113份，有效回收率为89.7%。农村学校样本与农户样本相对应的20个省份、45个县市118所学校。根据地区分布，其中东部地区占35.6%，中部地区占35.6%，西部地区占28.8%。能够比较客观地反映各地区学校的分布状况。

农村教师的问卷调查是在湖北省随州市实施的。调查的抽样主要以分阶段抽样的方法为主。根据不同的经济发展水平，抽取随州市的3个乡镇；然后以教师数量规模大小为主，在综合考虑学校地理位置的基础上，选出了分别位于村里、乡镇上、城郊等地的6所学校，涉及2所初级中学和4所小学；最后，学校的所有任课教师全部进入样本框，根据方便性原则，每所学校调查当天在校的任课教师进入样本，问卷调查主要采取当天发放当天回收的方式进行，共发放问卷300份，回收281份，其中有效问卷249份，有效回收率为88.6%。

调查过程的控制：本课题的调查员是华中农业大学在读的本科学生，他们分别来自被抽调县，精通被抽调县的地方方言，调查前开展了相应的培训工作并对调查问卷进行了试调查的测试。

访谈法：旨在收集不同背景特征的农户及农村学校在农村教育中的行为，包括其对农村教育的认知、评价及行为选择。本次研究访谈对象包括两类：一是普通农户，共访谈了55户；二是农村学校的负责人，共25人。通过提纲式的访谈方式对个别中小学教师进行深入访谈，以收集被调查者相关的更具生动性的、典型的个案资料。同时，通过对被访学校中相关管理人员的深入访谈，获取学校管理、整个学校教师队伍建设情况及相关的研究资料。对于相关访谈资料的记录整理，主要采取三级编码的方式，第一级为学校首字母，以学校名称首字母为代码；第二级为学校类别编码，以C或者X为代码，分别代表初中或小学；第三级为被访者个人的姓氏首字母，如万晨中学赵老师，则其编码为：WC-C-Z。

（二）资料的分析方法

对于研究中所收集到的资料，主要采用定量与定性相结合的分析方法进行处理。全部问卷资料在整理好之后统一进行编码，录入计算机，并利用专门的统计应用软件SPSS对问卷数据进行统计分析，主要包括基本的数据描述统计及双变量的交互列联分析。对于深度访谈所获得的资料，先进行整理归类，而后根据研究的需要对其做进一步的分析。

首先，以样本市县的数据运用 SPSS 对农户教育需求的目的、满意度、期望、服务选择和投资的影响因素 A = $(X_1, X_2, \cdots, X_n)$ 进行分析，得出农户对农村教育需求的行为特征和教育需求的结构特征。

其次，以样本市县数据分析组织提供的农村教育的影响因素 B = $(Y_1, Y_2, \cdots, Y_n)$，得出政府或组织提供农村教育影响因素。

再次，以样本市县的数据分析农村教师队伍对教育影响因素 Z = $(Z_1, Z_2, \cdots, Z_n)$，得出影响农村教师队伍稳定的因素以及对农村教育的影响。

最后，结合以上分析结果，采用专家法、标杆参照法以及归纳法，归纳农村教育存在的问题以及深层次原因，并对构建合理的农村教育模式提出思路，结合实际提出重点任务、路径和政策建议。

第二章　农村教育改革与发展概况

一　农村教育改革的历程

中共十一届三中全会以后，农村实行了卓有成效的体制改革。家庭联产承包责任制的实施，大大激发了广大农民劳动生产的积极性。在解决了农民和土地的结合以后，为了促进农民和科学技术的结合，进一步解放农村生产力，1982 年后，中共中央连续印发中央“一号文件”，提出了建立培养农村建设人才的教育体系，促进农业科技、教育、推广工作的结合。中共十二大更把农业确定为社会主义现代化建设的战略重点，进一步推动农村经济改革向纵深方向发展。

农村经济体制改革的深入，需要农村教育改革与之相适应。20 世纪 80 年代，农村教育改革应运而生，探索农村教育改革的实验方兴未艾。从 1986 年下半年开始，国家教委酝酿和组织开展了对农村教育的综合改革。农村教育综合改革紧紧围绕农村教育为农村经济和社会发展服务这一主题，端正农村教育办学方向，实行“三教统筹”“农科教结合”，推行“燎原计划”，实施“两减一免”，使农村教育逐步深入地开展起来，并取得了有价值的经验和可喜的成果。

（一）农村教育改革的启动（1982—1987）

自 1982 年起，连续 5 年的中央“一号文件”都特别关注农村工作。随着经济体制改革的发展，在一些商品经济发展良好的地区，乡镇企业异军突起。其蓬勃发展深刻地影响了包括农村经济、文化、教育、科技等社会生活的各个领域。随着农村经济发展方向的改变，产业结构的变革，农村对科技人员等各类人才需求巨大，而且十分迫切。这就需要农村教育事业的发展，来满足农村人才巨大缺口的填补。

然而，目前农村教育事业的发展并不适应农村现代化建设的需要。一些地区教育结构不合理，职业教育、成人教育力量薄弱，普通中小学贯彻教育方针措施程度不够。而考进城市大学学习各种专业的毕业生，由于各种原因很少回到农村。这样，农村培养出来的人才不断流失，农村人才数量匮乏。这种现象在经济水平较低的农村地区更为显著。因此，进行农村教育改革势在必行。

1. 初步提出农村教育改革的目标

1982 年 7 月，教育部原党组书记张承先在以《改革农村教育，更好地为社会主义建设服务》为题的谈话中指出："要通过改革，使我们农村的教育更加适应农民生产、生活的需要，更加适应建设社会主义新农村的需要"[①]。国务院于 1985 年提出"教育体制改革的根本目的是提高民族素质，多出人才、出好人才"[②]。这就是农村教育改革提出的阶段性的总体目标。

2. 改革的主要内容

本着教育体制改革要提高民族素质，多出人才、出好人才的宏观指导方向，国务院提出我国农村教育改革的主要内容有[③]：

（1）农村办学应当坚持多层次、多种规格和多种形式。我国农村情况千差万别，所以农村教育一定要从实际出发，因地制宜，要适应农村居民劳动、生活的特点，适应当地的财力物力条件、经济发展特点和文化教育的基准，适应不同地区、不同民族的需要。

（2）普及初等教育。普及初等教育的规划和措施，要落实到县和区乡、社队。省、直辖市、自治区应当参照教育部制定的基本要求，

---

① 农村教育改革研究丛书编委会编：《农村教育改革文献和资料选编》，教育科学出版社 1988 年版，第 54 页。

② 《中共中央关于教育体制改革的决定》，教育部网站，1985 年 5 月 27 日。

③ 国务院：《关于加强和改革农村学校教育若干问题的通知》，1983 年 5 月 6 日。

结合本地区的实际情况，确定普及的具体标准。对已经达到普及标准的县（市、区），应由省、直辖市、自治区检查验收，对普及工作成绩显著的地区、学校和个人，应予表彰奖励。把发展基础教育的责任交给地方，由地方负责、分级管理，有步骤地实行九年制义务教育。在实行义务教育的过程中，建立一支有足够数量、合格且稳定的师资队伍是关键，因此，提高教师社会地位和生活待遇是需要采取的措施。与此同时，也需要对现有教师进行认真的培训和考核，促进教师间的相互学习和自身进步，对有意愿担任教师的人才需要进行考核，只有具备合格学历或有考核合格证书的才能担任教师职务。

（3）改革农村中等教育结构，大力发展职业技术教育。各地要根据本地区的实际需要与可能，统筹规划，有步骤地增加一批农业高中和其他职业学校。农村各类职业学校要以教学为主，对文化科学基础知识、专业知识和技能都要认真教好，还要讲授农村经济政策和科学管理知识。要把教学、生产劳动与科学技术的推广应用等活动密切结合起来。农村普通高中也要进行教学改革，开设必要的职业技术课和劳动课，有关课程要注意联系生产实际。初中也要增设劳动技术课，也要重视对没有升学的高中、初中和小学的毕业生的职业技术教育，通过举办农民技术学校、短期培训、专题讲座等，使他们获得一技之长。随后，1985 年，国务院颁布的《中共中央关于教育体制改革的决定》，进一步明确了要大力发展职业技术教育。

（4）改革教育管理体制。面对我国教育事业管理权限划分界限不清晰，教育结构不合理，层次比例失调等现实问题，中央认为，必须从教育体制入手，系统地进行改革。不但加强宏观管理，还要坚决实行简政放权，扩大学校的办学自主权。在调整教育结构的同时，还要改革同社会主义现代化不相适应的教育思想、教育内容、教育方法。发展基础教育，需将责任分级交给地方，实行省、市（地）、县、乡分级办学分级管理的办法；发展职业技术教育，需建立一个结构合理的职业教育体系，并且需主要发展中等职业技术教育，同时积极发展高等职业技术院校，建立一个行业配套、结构合理并能与普通教育相互沟通的职业技术教育体系。

3. 改革取得的成果

农村教育改革不仅出现了一系列理论研究成果，而且一系列农村教育改革实验也取得了相应的成果。

1983 年，中央教育科学研究所邹天幸、滕纯等与地方教育工作者合作，对跨 13 个省的 13 个县经济与教育的调查，得出《中国农村教育的研究》，为我国农村教育改革，从实情出发探出改革的路子。1985 年，中央教育科学研究所的华子扬、李少元等确立“农村经济较发达地区教育改革实验研究”课题，成立了课题组，经过调查研究，确定了辽宁省海城县、北京市昌平县和山东省平度县作为农村教育改革实验县，并经过 3 年的改革实验，出版了《改革中的昌平农村教育》、《生机勃勃的山东平度教育》、《海城农村教育在改革中前进》3 项有分量的实验研究成果。[①] 湖北省教科所游心超等编著了《农村教育整体改革——理论与实践》，这些研究分别对农村教育改革的整体化、农村教育整体改革的提出、怎样进行农村学校教育整体改革以及农村教育体制和机制等进行了理论与实践相结合的初步探索。

1987 年初，通过 1986 年下半年的考察，国家教委在河北省的阳原、青龙、顺平三个贫困县进行了教育改革实验。同年 7 月，国家级重点课题“农村教育整体改革实验研究”由中央教研所所长吴畏牵头，对江苏宜兴、湖北潜江、辽宁海域、安徽当涂等十余个贫困县进行农村教育改革实验。从 1987 年初到 1988 年末，河北省农村教育改革实验区的各项改革实验都取得了积极的成效，当地领导干部和群众的教育观念发生了根本性变化，端正了办学方向，教育与经济“两张皮”的状况逐步改观，呈现出教育与经济相辅相成、相互促进的良性循环，各类教育有了新的发展。

4. 改革的主要特点

我国农村教育不能适应地区经济发展的需要，这是该阶段农村教育主要的时代特点。农村教育改革的要求非常迫切，农村教育提出的改革内容体现了我国农村教育改革的如下几个特点：（1）综合性。农村教育改革是一项系统综合性工程，它整体统筹了农村教育内部和外

---

① 李少元：《农村教育论》，江苏教育出版社 2000 年版，第 46—47 页。

部的各种因素，而并非是“头痛医头，脚痛医脚”的权宜之计。其综合性在此阶段体现在农村教育改革既强调对农村教育观念、投入体制、教育机制、学制、管理体制、办学体制等教育内部诸因素的综合统筹，又兼顾农村教育与政治、经济、社会的协调发展。（2）大众性。我国农村教育改革把普及初等教育，大力发展职业教育和成人教育同时提出作为改革发展的内容，三种教育同时发展，覆盖对象年龄范围广，具有大众性。这也是与我国国情相符合的。我国是一个农业大国，全国2.2亿在校学生中约有80%在农村学校。农村人口占我国人口的75%，因此，农村教育改革是农民大众的教育，始终坚持为农民群众服务的原则，使农村受教育的群体范围不断扩大。（3）实践性。我国农村教育改革始终遵循着试验—总结—试验的路线，注重改革的实践操作，在实践中发展，在实践中创新，在实践中总结经验、深化理论，从而不断推动农村的发展。

（二）农村教育改革的推进（1987—1993）

我国农村教育改革全面启动后，反响很大。国家教委、河北省政府共同开展的农村教育改革实验在全国许多地方产生了积极影响。在总结实验经验的基础上，国家教委决定在全国全面推进教育改革，实施一系列改革计划，提出“三教统筹，农科教结合”的管理模式，实施“燎原计划”，建立试验区，也取得了一定的成果。

1. 改革的主要目标

农村教育改革的实践证明我国农村教育在一定程度上脱离实际，尤其受到片面追求升学率思想的影响，农村教育的潜力和社会效益没能得到充分发挥。因此，亟须使农村教育更好地为提高农业劳动者的素质服务，提高农业劳动者的素质，增强农民吸收、运用新技术的能力，使农业科学技术得到普及推广，迅速转化为生产力，使农村教育符合农村经济体制改革要求，便成为农村教育改革推进阶段的宏观目标。① 国家计划在“燎原计划”中实现“七五”期间拟在全国500个县内建设1500个实施“燎原计划”的示范乡。“八五”期间争取扩展

① 国家教委：《关于组织实施“燎原计划”的请示》，1988年5月4日。

到全国大多数县，使一万个乡达到示范乡的水平。建立百县农村教育改革试验区，对“燎原计划”的实施情况进行检查和反馈。

2. 改革的主要内容

随着国家对农村教育改革实验范围的扩大，改革实验取得的一系列成果，但随之也带来一些问题，国家教委意识到“目前影响我国农业发展的一个关键因素，是农业劳动者文化技术素质不高，吸收和运用科学技术的能力不足以及经营管理水平低。据农业部门的资料介绍，有70%的现成农业科技成果得不到推广；全国仍有2/3的中、低产田；每年因防疫不好而病死的牲畜高达10%。因此，尽快采取有效措施提高农业劳动者的素质，是农业进一步发展的关键之一。”① 由此，国务院继续推进农村教育改革，推出一系列重大举措，实施“农科教结合”“三教统筹”，推行“燎原计划”等。主要内容有：

（1）推进农科教统筹结合。积极推进农科教结合，是指在农业发展和农村经济建设中，以振兴农业为中心，以促进农村经济发展为目的，以推动先进的科学技术为动力，以开展教育培训、提高农民文化技术素质为手段，把经济发展、科技推广、人才培训紧密结合起来；通过政府统筹安排，使农业、科技、教育等部门的人力、物力、财力得以综合利用，形成科教兴农的强大合力，取得最佳的整体效益。农科教结合作为科教兴农的具体形式，其实质是使农业发展和农村经济建设转移到依靠科技进步和提高劳动者素质的轨道上来，是促进教育为农村建设服务的基本途径。农科教统筹结合是基层广大干部群众和科技、教育工作人员在农村改革实践中创造出的一条重要经验。农科教结合的主要内容包括：统筹制定发展规划；统筹协调各部门的人才培训、技术推广和开发项目；统筹协调和组织科技培训与推广队伍；统筹利用现有教育设施；在经费渠道和用途不变的前提下统筹合理使用农科教各项培训经费等。②

（2）实行“三教统筹”。我国农村教育主要是中等和中等以下的基础教育、职业教育和成人教育。长期以来，我国农村教育结构单

① 国家教委：《关于组织实施“燎原计划”的请示》，1988年5月4日。

② 李少元：《农村教育论》，江苏教育出版社2000年版，第364页。

一，其主要以普通学校为主，职业教育和成人教育力量相对薄弱，严重影响了农村教育的整体功能。为使农村教育真正转向为以经济建设为中心的当地建设服务上来，我国就必须根据当地经济和社会发展的需要调整教育结构，加强职业教育、成人教育，实现三教（基础教育、职业教育、成人教育）相互沟通、协调发展。[①] 国务院同时提出，要注意加强农村教育结构中的薄弱环节，大力发展职业教育，实行三教统筹，因为这些途径都是提高农村教育功效的基础环节。三教统筹要求基础教育、职业教育和成人教育三类教育各尽其职、有机衔接，共同完成劳动力再生产的教育任务；要求三类教育结构合理、分工管理、横向协调；在办学条件、教学设施、师资等方面因地制宜，相互沟通。

（3）实施“燎原计划”。“燎原计划”来自农村教改的实践，具有很强的生命力。其主要内容：一是在做好普及义务教育工作的基础上，积极开展与当地建设密切结合的实用技术和管理知识的教育，培养大批新型的农村建设者；二是对农村中小学体制的改革，加强职业技术教育，并且职业技术教育要因地制宜，灵活适用；三是对由于一些沿海地区发展外向型经济战略的逐步落实而引起转移的农村劳动力，进行相应的劳动技术培训，以配合农村产业结构的调整。

“燎原计划”在实施步骤上，要求逐县、逐乡推广农村教改先进典型经验，从而带动周围的县和乡，逐步形成燎原之势。在实施过程中，“燎原计划”与“星火计划”“丰收计划”紧密配合。通过“燎原计划”的实施，在“星火计划”“丰收计划”开发的新技术与农村经济之间，架起教育的“桥梁”。[②] 同时，使科技兴农加上教育二字，成为“科教兴国”，对农村经济和社会起到重要作用，使科学技术大面积地得到推广应用，转化为生产力。依靠科技进步和提高劳动者的素质，以社会工程的方式实施科教兴农，使科技星火形成燎原之势，结出科教兴农的丰收之果，这是“燎原计划”的实质。

---

① 李少元：《农村教育论》，江苏教育出版社 2000 年版，第 363 页。

② 国家教育委员会：《关于印发“燎原计划”两个文件的通知》，1988 年 1 月 18 日。

（4）百县农村教育改革试验区的建立。1989 年 5 月 20 日，国家教委《关于在全国建立“百县农村教育综合改革实验区”的通知》中指出：“为了更好地指导农村教育改革，实施‘燎原计划’，国家教委决定会同各省（自治区、直辖市），在实施‘燎原计划’的县中首先重点抓好约 100 个县，作为全国百县农村教育综合改革实验区。这样，通过实验区为实施‘燎原计划’提供经验和示范，又通过实施‘燎原计划’推动全国的农村教育改革。”①

1990 年 10 月，国家教委颁发了《全国农村教育综合改革实验区工作指导纲要（试行）》，对农村教育综合改革的指导思想与原则、目标与任务、措施与条件、领导与评估等都提出了明确的规定和要求。《纲要》指出：“农村教育综合改革实验要全面贯彻教育方针，坚持教育必须为社会主义现代化建设服务，教育必须与生产劳动相结合，培养德、智、体、美、劳诸方面都得到发展的社会主义建设者。要把德育放在首位。要端正教育思想，改革管理体制，调整教育结构，改进教学内容和方法；坚持三教（基础教育、职业技术教育、成人教育）统筹，实行农科教统筹结合；逐步建立适应农村社会主义现代化建设需要的教育体制，逐步形成教育与经济和社会发展相互促进、良性循环的机制；提高教育质量和办学效益，使教育在农村社会主义建设事业中发挥较大作用。”还主张，要积极发展农村成人教育，重点办好乡镇农民文化技术学校，积极发展农村农民技术文化学校。要充分发挥农村成人教育在实施“燎原计划”中的重要作用，积极实施“燎原计划”。同年，“燎原计划”开展得如火如荼，遍及全国 26 个省、自治区和直辖市，推广到 955 个县、3942 个乡，涉及农村 2 亿人口。

3. 改革取得的成果

随着农村教育改革的推进，改革试验区的建立，从全国来看，凡是进行农村教育改革实验的县市，都取得了明显的成绩，其主要表现

① 国家教育委员会：《关于在全国建立“百县农村教育综合改革实验区”的通知》，1990 年。

在以下几方面①：

（1）各级领导日益重视农村教育，把农村教育改革和发展提到了农村社会主义建设的重要战略地位。不少省委、省政府直接抓农村教育改革工作。如山西省召开全省农村教育改革经验交流会，发布了《关于加快和深化农村教育改革若干问题的试行意见》，明确指导思想、推动教育改革工作；河北省建立农村教育改革试验区后，先后召开了5次专门研究和部署试验区工作的会议，也制定了相应的农村教育改革工作指导纲要，不断发展壮大试验区。

（2）以教促富、兴教为农，调动了群众积极性，办学条件也得到了改善。农民教育观念得到了改变，不再把教育当作与自己无关的事情。农村教育改革，把各级教育的服务方向转到了为当地经济建设服务的道路上。同时，农民通过教育改革也直接感受到了教育的兴农致富的作用，掀起了集体筹资办学的热潮，改善了办学条件。

（3）实行“三教统筹”使各类教育得到了协调发展。基础教育引进职业技术教育因素，改革教学内容，提高了教学质量。多年的实践也表明，许多地方实行“三教统筹”，不仅使职业和成人教育得到了发展，也使基础教育质量显著提高。并且实施农科教结合也促进了教育思想的变化，使教育与经济建设紧密结合；提高了农民采用适用技术的积极性，加速了科技成果向现实生产力的转化。国家教委于1987年在河北省首先进行改革实验的阳原、顺平、青龙这三个贫困县，经过多次调查，不仅职业教育、成人教育有了较大发展，教育结构趋于合理，而且基础教育质量在其所在地区都有明显提高。② 然而，“三教统筹”作为特定历史条件下的一种管理模式，不可避免地存在着诸多局限性，主要表现在：其一，“三教统筹”强调统筹权关键在县级政府，这虽然为统筹正常运行提供了保障，但过分强调政府行为，行政化教育色彩浓厚，忽略了不同层次、不同类型的教育因素的个性发展；其二，囿于传统的社区公办教育的范畴和正规性社区教

① 改革开放教育基本经验研究课题组：《改革开放30年中国教育重大历史事件》，教育科学出版社2008年版，第116—117页。

② 李少元：《农村教育论》，江苏教育出版社2000年版，第364页。

育，对于其他教育主体（如民办教育、公有民办教育）统筹领导不够；其三，着眼于为社区经济建设直接服务，对教育资源的整合带有强烈的功利色彩，忽视了人的全面发展和终身发展，缺乏社区发展的文化底蕴；其四，由于特定的政治、经济、文化原因，一些地方普、职、成三教尚未真正结合，主要是教育多头领导，缺少沟通，有些地方农科教统筹机构形同虚设，而且保障体系与统筹的要求不相适应。

（4）本着教育为当地经济服务的思想，我国农村教育实行“农科教结合”，实施“燎原计划”，促进了当地农村经济的发展，也带来了相应的经济效益。

（5）我国农村教育改革的经验，在国际上产生了积极的影响。1991 年，我国山东省泰安市举行的农村教育国际研讨会，来自世界五大洲 24 个国家的代表以及联合国教科文组织、联合国开发计划署、联合国儿童基金会和世界银行等国际组织的代表参加了会议。会议最后形成的报告指出：“农村学校作为经济生产能力与社会进步的源泉这一概念，在中国创造了最了不起的奇迹。”此后，为了更好地开展农村教育国际交流和合作，经联合国教科文组织第 27 届大会决定，“农村教育国际培训与交流中心”在我国河北省保定市落成。它的建立，使中国农村教育改革的经验在国际上，尤其是在发展中国家产生了积极的影响。

4. 改革的主要特点

随着农村教育改革的全面推进，“三教统筹”的实施，推进农科教统筹结合，“燎原计划”的实行，我国农村教育改革进入了全面推进阶段。此阶段我国政府全力落实各项政策。所有政策，无论是“三教统筹”“燎原计划”，还是“农科教结合”，都是围绕一个中心制定并实施的，那就是提高农业劳动者的素质，增强农民吸收、运用新技术的能力，使农业科学技术得到普及推广，迅速转化为生产力。

（三）农村教育改革的深化与扩展（1993—2001）

1. 改革的主要目标

国务院对于该阶段农村教育改革的目标为：全国基本普及九年义务教育，基本扫除青壮年文盲，大力推进素质教育；完善职业教育培训和继续教育制度，城乡新增劳动力和在职人员能够普遍接受各种层次和形式的教育与培训；深化改革，建立起教育新体制的基本框架，主动适应经济社会发展。[①]

2. 改革的主要内容

农村教育改革和“燎原计划”提出后，得到社会上关心农村工作的各界人士的支持，改革实验范围迅速扩大。1993 年，中共十四届三中全会通过《中共中央关于建立社会主义市场经济体制若干问题的决定》，明确了在 20 世纪末初步建立社会主义市场经济体制的任务。经济体制改革的深入必然促进教育体制改革的进一步探索。此时，普及义务教育成为国家发展的重要目标，国务院也将“两基”作为 20 世纪 90 年代农村教育改革的“重中之重”。此阶段的主要改革内容有：

（1）支持西部和贫困地区教育，加大财政投资力度。为了落实中共中央、国务院“科教兴国”战略，帮助贫困地区加快实施普及义务教育，促进当地人民群众脱贫致富，在中共中央、国务院的关怀下，中央教育专项投资最大的“国家贫困地区义务教育工程”于 1996 年开始实施。这是我国有史以来中央专项基金投入最多、规模最大，旨在帮助西部和贫困地区普及义务教育的宏大教育工程。这也是新中国成立以来实施的第一期扶贫教育工程。从 1996 年至 2000 年为期长达 5 年。为实施这一工程，中央财政投入 39 亿元，地方财政配套 87 亿元，共计 126 亿元。一期“工程”实施范围集中在 22 个省、自治区、直辖市及新疆生产建设兵团的 852 个贫困县。该工程取得了一定的成果。加快了中西部“两基”的进程，提高了贫困地区学校教学水平，改善了贫困地区办学条件。

除此之外，国务院还要求各级人民政府要完善并落实中小学助学金制度。从 2001 年开始，对贫困地区家庭经济困难的中小学生进行免费提供教科书制度的试点，在农村地区推广使用经济适用型教材。采取减免学杂费、书本费、寄宿费等办法减轻家庭经济困难学

---

① 教育部：《面向 21 世纪教育振兴行动计划》，1998 年 12 月 2 日发布，载教育部网站。

生的负担。[①]

（2）大力发展农村职业教育和成人教育。[②] 1993 年 2 月 13 日，中共中央、国务院印发的《中国教育改革和发展纲要》（以下简称《纲要》）提出："职业技术教育是现代教育的重要组成部分，是工业化和生产社会化、现代化的重要支柱"。"各级各类职业技术学校都要主动适应当地建设和社会主义市场经济的需要"。要建立、健全适应社会主义市场经济和社会进步需要的职业教育制度，形成全社会兴办多形式、多层次职业技术教育的局面。基本普及九年义务教育的地区，应以发展初中后职业技术教育为重点；尚未普及九年义务教育的地区，对不能升入初中的小学毕业生应实行职业技术培训；各地要积极发展多样化的高中后教育，对未升入高等学校的普通高中毕业生进行职业技术培训。普通中学也要分别不同情况，适当开设职业技术教育课程。要在政府的指导下，提倡联合办学，走产教结合的路子，更多地利用贷款发展校办产业，增强学校自我发展的能力，逐步做到以厂（场）养校。要认真实行"先培训，后就业"的制度。

成人教育是传统学校教育向终生教育发展的一种新型教育制度，对不断提高全民族素质，促进经济和社会发展具有重要作用。20 世纪 90 年代，要适应经济建设、社会发展和从业人员的实际需要，积极发展。要本着学用结合、按需施教和注重实效的原则，把大力开展岗位培训和继续教育作为重点，重视从业人员的知识更新。国家建立和完善岗位培训制度、证书制度、资格考试和考核制度、继续教育制度。大力发展农村成人教育，积极办好乡镇成人文化技术学校，全面提高农村从业人员的素质。抓紧扫除青壮年文盲，坚持标准，讲求实效，把文化教育和职业技术教育结合起来。各级政府要增加扫盲拨款，设立社会扫盲基金，并加强领导，把扫盲任务落实到乡、村。《纲要》指出："成人学历教育要加强和普通学校的联系与合作，努力体现成

① 《国务院发布关于基础教育改革与发展的决定》，2001 年 5 月 29 日印发，载教育部网站。

② 本节引自《中国教育改革和发展纲要》，中共中央、国务院 1993 年 2 月 13 日印发，载教育部网站。

人教育的特色，注重提高质量。不具备颁发学历文凭资格的各种成人教育机构，可以发给毕业生写实性学习证书；毕业生要取得国家承认的学历文凭，可以参加国家组织的文凭考试或自学考试。要完善和发展自学考试制度，鼓励自学成才。"①

（3）深化中等以下教育体制改革，继续完善分级办学、分级管理的体制。《中国教育改革和发展纲要》指出，要"积极推进农村教育、城市教育和企业教育综合改革，促进教育同经济、科技的密切结合。县、乡两级政府要把教育纳入当地经济、社会发展的整体规划，分级统筹管理基础教育、职业技术教育、成人教育，统筹规划经济、科技、教育的发展，促进'燎原计划'与'星火计划'、'丰收计划'的有机结合，落实科教兴农战略。要积极推进城市教育综合改革，探索城市教育管理的新体制。"

1998 年国务院印发的《面向 21 世纪教育振兴行动计划》在提出"实施跨世纪素质教育工程"和"跨世纪园丁工程"中，强调要求至 2000 年要如期实现基本普及九年义务教育、基本扫除青壮年文盲的目标，是全国教育工作的"重中之重"。"两基"已进入攻坚阶段，要确保全国目标的实现。在"十五"计划期间继续实施"国家贫困地区义务教育工程"，重点放在山区、牧区和边境地区。进一步加强教育督导工作，健全督导机构，完善督导制度，保证"两基"的质量和顺利实施"跨世纪素质教育工程"，整体推进素质教育，全面提高国民素质和民族创新能力。认真解决边远山区和贫困地区中小学教师短缺问题。要进一步完善师范毕业生的定期服务制度，对高校毕业生（包括非师范类）到边远贫困的农村地区任教，采取定期轮换制度，并享受倾斜政策。②

（4）继续农村基础教育体制的改革。2001 年 5 月 29 日，国务院颁布了《关于基础教育改革与发展的决定》（以下简称《决定》）。

---

① 《中国教育改革和发展纲要》，中共中央、国务院 1993 年 2 月 13 日印发，载教育部网站。

② 教育部：《面向 21 世纪教育振兴行动计划》，1998 年 12 月 2 日发布，载教育部网站。

《决定》进一步明确了基础教育的作用，指出它是科教兴国的奠基工程，对培养各级各类人才，促进社会主义现代化建设具有全局性、先导性的作用。《决定》对农村基础教育给予了特别关注，明确提出要完善管理体制，保障经费投入，推进农村义务教育持续健康的发展。主要改革措施有：第一，进一步完善农村义务教育管理体制，实行在国务院领导下，由地方政府负责、分级管理、以县为主的体制，并且较具体地划分了中央政府、省级政府、地（市）级政府、县级政府和乡镇政府要承担的责任。第二，要求因地制宜调整农村义务教育学校布局。第三，要求规范义务教育学制。“十五”期间，国家将整体设置九年义务教育课程。现实行“五三”学制的地区，2005 年基本完成向“六三”学制过渡。有条件的地方，可以实行九年一贯制。第四，加强中小学教师编制管理，大力推进中小学人事制度改革。第五，要求各级人民政府完善并落实中小学助学金制度。第六，坚持依法治教，完善基础教育法制建设，将依法治教与以德治教结合起来。第七，要求大力推进中小学人事制度改革。全面实施教师资格制度，严把教师进口关。第八，要求加强和完善教育督导制度，建立对地区和学校实施素质教育的评价机制。

3. 改革取得的成果

此阶段，农村教育改革进入深化阶段，国家实行的一系列举措取得明显成效。自 1996 年国家教委、财政部与 12 个省实施“国家贫困地区义务教育工程”以来，共落实资金 26.6 亿元，到 2000 年底，一期“工程”圆满结束，完成了各项任务，实现了规划目标。“工程”取得的主要成效有：一是加快了中西部地区“两基”进程。到一期“工程”结束，852 个项目县中，有 428 个项目县通过了国家“两基”验收。二是极大地改善了贫困地区义务教育办学条件。通过实施“工程”，共新建项目中小学 3842 所，改、扩建项目中小学 28478 所。项目县中小学校舍面积由 1.3 亿平方米增加到 1.88 亿平方米，增加了 5800 万平方米；危房比率由 10% 左右下降到 3% 以下。购置课桌凳 653 万套，添置图书 1 亿多册，配备教学仪器设备近 40 万台（套）。三是教师教学水平有了较大提高。五年中，共培训中小学教师 46.6 万人次，培训校长 7.22 万人次，使项目县小学教师学历合格率达到了94%，初中教师学历合格率达到了87.7%，小学、初中校长学历全部达标。四是有力地推动了中小学布局调整。通过实施“工程”，项目县学校共减少1.67万所，增加学生320万人，校均规模达到168人，生师比达到22.7∶1；初中在校学生增加了153万人，校均规模达到660人，生师比达到18.2∶1。校均规模的扩大，生师比的提高，使教育资源得到了更有效的利用。

农村教育体制的改革，使农村教师待遇得到提高，教师素质也大幅度提升。教师住房得到很大改善，1991—2001年，全国教职工住房建设共完成投资1400多亿元，建成教师住宅1.9亿平方米，约270万套，使数百万户教职工家庭喜迁新居，还有相当数量的教师改善了居住条件。

农村职业教育和成人教育的改革，使两种教育呈现出前所未有的可喜局面。职业技术教育的经费渠道进一步拓宽，除了靠国家财政拨款和社会支持外，各地也采取了一系列措施增加对职教的投入。如青岛市实行所有在青岛单位按职工工资总额的8%缴纳职教统筹费。江苏省政府决定将职工培训费从工资总额的1.5%提高到2.5%，多征部分全部用于职业技术教育。成人教育的发展，不仅有力地推动了传统学校教育向终身教育的转变，也促进了终身学习思想的传播和学习社会化的形成。1992年以来，扫盲工作取得重大进展，顺利实现了扫盲工作第一阶段的规划目标。全国已有80%以上的乡镇和40%以上的行政村建立了成人文化技术学校，初步形成了县、乡、村农村成人教育培训网络，培训农村劳动者累计3.05亿人次。成人高、中等学历教育适应需求稳步发展，通过深化管理体制改革和加强宏观调控、增加投入、开展评估等措施，办学质量和效益得到了提高，发展方向趋向多样化、职业性和实际应用。23个省市广播电视大学试招专科“注册视听生”，15个省市开展了高等教育学历文凭考试试点，积极探索成人学历教育开放办学的新路子。这一阶段成人高等教育共毕业生、专科生339万多人，成人中专毕业349万多人。高中等教育自学考试也有很大发展，自学考试制度日趋完善。①

① 尹鸿祝：《中国教育十年录》，高等教育出版社2003年版，第467页。

4. 改革的主要特点

此阶段主要是对基础教育体制进行改革。在加强宏观管理的同时，也坚决实行简政放权，扩大学校的办学自主权；调整了教育结构，改革了劳动人事制度。在实行九年制义务教育方面，我国实行的是基础教育由地方负责、分级管理的原则，把发展基础教育的责任交给地方，有步骤地实行九年制义务教育，调整中等教育结构，大力发展职业技术教育。这些措施都是我国农村教育改革有着鲜明时代特征的对策。

（四）农村教育发展新阶段（2001 年至今）

1. 改革的主要目标

2003 年国务院在《关于进一步加强农村教育工作的决定》中指出："要明确农村教育在全面建设小康社会中的重要地位，把农村教育作为教育工作的重中之重。"具体目标是加快推进"两基"攻坚，力争用五年时间完成西部地区"两基"攻坚任务。大力发展职业教育和成人教育，实施农村中小学课程和教学改革，发展农村高中阶段教育和幼儿教育。完善教育经费保障机制。加快推进农村中小学人事制度改革，大力提高教师队伍素质。实施农村中小学现代远程教育工程，促进城乡优质教育资源共享，提高农村教育质量和效益。

2. 改革的主要内容

随着中共十六大的召开，为了贯彻落实十六大精神，立足于全面建设小康社会的大局，国务院作出了《关于进一步加强农村教育工作的决定》，《决定》的出台是新一届政府在新的形势下实施科教兴国战略，推进农村小康建设和城乡协调发展的新的重大举措。在《决定》中，指出农村教育改革新阶段的主要内容有以下几方面：

（1）农村中小学现代远程教育工程。我国很多农村地区交通不便、信息闭塞，中小学面广点多，优质教育资源匮乏。提高农村教育质量和效益，实现城乡优质教育资源共享，按常规方式难以在短期内得到解决。然而现代信息技术和远程教育技术，为我们实现农村教育的跨越式发展提供了可能。国务院决定，[①] 在2003年继续试点工作的基础上，争取用五年左右的时间，使农村初中基本具备计算机教室，农村小学基本具备卫星教学收视点。各地要根据国家的整体规划和统一部署，高度重视，多渠道筹措配套资金。教育部门要认真抓好试点，积极推进，不断总结经验。国务院有关部门要加强指导，积极配合创造必要条件。信息技术是推动教育改革的革命性力量。农村学校的教育信息化建设，对于向广大农村地区尤其是边远贫困地区的青少年学生提供良好的受教育机会和条件、提高教育农村学校质量具有重大的作用。主要采取了三个方面的措施：一是全力构建遍及全国农村中小学的现代远程教育网络，使所有农村初中具备计算机教室，所有农村小学具备卫星教学收视点。二是要通过现代远程教育网络，把全国的教育力量和优质的教育资源利用起来，加快农村教育课程资源和教学资源建设。三是要使农村中小学远程教育网络，成为推动农村党员教育、普及卫生知识、传播先进文化、提供经济信息和开展农民培训的基本平台和重要途径。[②]

（2）国家西部地区“两基”攻坚计划（2004—2007年）。所谓“两基”，即基本普及九年义务教育和基本扫除青壮年文盲。国家西部地区“两基”攻坚计划是国家有关部门经国务院批准制订的旨在解决西部“两基”问题的计划，是中共中央、国务院扶持国家西部地区基本普及九年义务教育、基本扫除青壮年文盲，提高国民素质，缩小东西部地区差距，促进当地经济发展和社会进步的一项重大举措。西部地区“两基”攻坚的主要措施有：第一，加快农村寄宿制学校建设。第二，扶持西部农村地区家庭经济困难学生就学。第三，实施农村中小学现代远程教育。第四，大力加强西部农村地区教师队伍建设。第五，深化教学改革，提高教育质量。第六，加大教育对口支援力度。第七，明确地方各级人民政府在“两基”攻

① 国务院：《关于进一步加强农村教育工作的决定》，2003年9月17日发布。

② 周济：《学习〈决定〉贯彻〈决定〉落实〈决定〉努力办好让人民满意的农村教育》，2003年9月19日。

坚中的责任。①

（3）农村义务教育经费保障机制改革②。国务院要求按照“明确各级责任、中央地方共担、加大财政投入、提高保障水平、分步组织实施”的基本原则，逐步将农村义务教育全面纳入公共财政保障范围，建立中央和地方分项目、按比例分担的农村义务教育经费保障机制。中央重点支持中西部地区，适当兼顾东部部分困难地区。农村义务教育经费保障机制改革内容有：

一是实行“两免一补”政策，即国家全部免除农村义务教育阶段学生学杂费，对贫困家庭学生免费提供教科书并补助寄宿生生活费。免学杂费资金由中央和地方按比例分担，西部地区为8:2，中部地区为6:4；东部地区除直辖市外，按照财力状况分省确定。免费提供教科书资金，中西部地区由中央全额承担，东部地区由地方自行承担。补助寄宿生生活费资金由地方承担，补助对象、标准及方式由地方人民政府确定。

二是提高农村义务教育阶段中小学公用经费保障水平。在免除学杂费的同时，先落实各省（自治区、直辖市）制定的本省（自治区、直辖市）农村中小学预算内生均公用经费拨款标准，所需资金由中央和地方按照免学杂费资金的分担比例共同承担。在此基础上，为促进农村义务教育均衡发展，由中央适时制定全国农村义务教育阶段中小学公用经费基准定额，所需资金仍由中央和地方按上述比例共同承担。中央适时对基准定额进行调整。

三是建立农村义务教育阶段中小学校舍维修改造长效机制。对中西部地区，中央根据农村义务教育阶段中小学在校生人数和校舍生均面积、使用年限、单位造价等因素，分省（自治区、直辖市）测定每年校舍维修改造所需资金，由中央和地方按照5:5比例共同承担。对东部地区，农村义务教育阶段中小学校舍维修改造所需资金主要由地

---

① 教育部、国家发改委、财政部、国务院西部开发办：《国家西部地区“两基”攻坚计划（2004—2007年）》（国办发〔2004〕020号），载教育部网站。

② 国务院：《关于深化农村义务教育经费保障机制改革的通知》（国发〔2005〕43号），2005年12月24日印发。载教育部网站。

方自行承担，中央根据其财力状况以及校舍维修改造成效等情况，给予适当奖励。

四是巩固和完善农村中小学教师工资保障机制。不但中央要按照现行体制对中西部及东部部分地区农村中小学教师工资经费给予支持，而且省级人民政府也要加大对本行政区域内财力薄弱地区的转移支付力度，确保农村中小学教师工资按照国家标准按时足额发放。

五是继续进一步发展有中国特色的职业教育。2005 年是规划和部署建设有中国特色的职业教育改革和发展的重要一年。国务院总结了近年来职业教育改革与发展的经验，分析了存在的问题，出台了《国务院关于大力发展职业教育的决定》（国发〔2005〕35 号），召开了全国职业教育工作会议，加强了对职业教育工作的领导和支持，规划和部署了当前和今后一个时期职业教育改革和发展工作。

我国要促进社会就业，必须大力发展职业教育，普遍提高城乡劳动力的就业、创业能力。目前，我国农村劳动力的整体文化水平较低，缺乏职业技能。必须在农村普及九年义务教育的同时，大力发展职业教育和技能培训，使广大农民适应工业化、城镇化和农业现代化的要求，这同时也是我国现代化建设的一项重大战略性任务。

因此，我们要适应经济社会发展对劳动力需求的变化，把发展各种形式的职业教育作为促进城市就业的重要措施，特别要加强新增劳动力和下岗失业人员的技能培训，提高城市就业率。解决“三农”问题，必须实行城乡统筹，一方面要引导农村富余劳动力向非农产业和城镇转移就业，推进工业化和城镇化；另一方面要大力发展现代农业，推进社会主义新农村建设。这都需要加强职业教育，提高农村劳动力的整体素质。因此，加强职业教育建设，是我国农村教育改革的新重点。

3. 改革取得的成果

我国农村教育改革近年取得的成绩有：首先，在农村教育经费改革方面，“两免一补”政策是我国义务教育公共政策上的一个创举，惠及 1.5 亿农村子女。农民群众的教育负担得到切实减轻，“种田不交税”的同时，又实现了“上学不交费”，解决了农村子女上学难的问题，广大农民欢欣鼓舞。在新机制实施的过程中，各个省份做到了：第一，各地区党政领导重视，组织机构落实，健全制度，强化管理。各地区能够根据中央文件规定制定政策文件，成立专门的新机制领导小组，有专门的组织机构管理、落实新机制的实施，为新机制的顺利进行提供了有效的制度保障；第二，严格执行“一费制”，学校收费行为进一步规范。各改革地区农村学校除了按“一费制”标准向学生代收课本费、作业本费和寄宿生住宿费外，没有收取其他任何费用；第三，县级教育局成立预算中心，“校财局管”规范了中小学校预算行为；第四，蹲点调研，确保新机制专项资金落实到位。蹲点调研在蹲点地区重点开展了政策宣讲、情况调研和信息上报工作。蹲点调研对蹲点地区新机制的实施情况进行了全过程跟踪，掌握了第一手情况，及时发现新情况、新问题，为进一步完善政策和改进工作方法，加强工作的针对性、有效性提供参考和依据。①

其次，在远程教育改革方面，广播电视教育的发展使近亿农民通过绿色证书教育和实用技术培训学到了实用农业生产知识。中国教育电视台通过卫星电视进行大规模中小学在职教师和校长培训，已有200多万名中小学教师通过继续教育节目获得新知识。在卫星宽带网的发展方面，教育部现代远程教育扶贫示范工程项目投入1.6亿元，向西部贫困地区学校传输优秀教育资源。

最后，我国职业教育结构日趋合理，职业教育体系灵活开放、特色鲜明。在我国，中等职业学校的专业门类经过调整后，共形成了470多个指导性专业方向，可以覆盖我国全部第一、二、三产业的职业岗位。同时，还确定了与我国支柱产业相对应、覆盖面宽、需求量大的83个重点建设专业。另外，伴随我国农民职业技术教育培训体系的建立，农民职业技术教育培训在广大农村得到了推广，有效地提高了农民科技素质，促进了农业和农民的增收。

4. 改革的主要特点

新阶段的农村教育改革主要提出农村义务教育保障机制，发展远程教育，继续其他教育改革措施。

---

① 杨东平主编：《深入推进教育公平》，社会科学文献出版社2008年版，第33—35页。

农村义务教育保障新机制的主要特点：一是从理顺机制入手，并与现有政策相衔接。农村基础教育，尤其是义务教育，作为社会公共产品，理应由各级政府提供。然而，各级政府财力差异很大，各地经济发展水平也极不平衡，改革从理顺机制入手，明确了各级政府的投入责任，特别是与现行财政体制相适应，实行中央与地方分担经费的办法，而且实行有区别的经费分担政策。二是确立有限目标，从免杂费开始。一般来说，义务教育免费范围的大小和内容，与一个国家的经济发展水平有很大关系。在工业化福利国家，免费教育就是从学费、交通、学校饮食方面让受教育者很少或者不承担任何费用。在我国，考虑到经济发展的实际情况和公共财政体制仍未健全，只能分阶段实行部分免费，因此，我国农村教育从免杂费开始，确立优先目标是符合我国基本国情的。三是关注政策推进步骤，采取分年度、分地区推进的渐进路径。我国实行免费义务教育采取按贫困状况逐级扩张和按区域逐渐扩张相结合的方式。先从西部地区各省份、新疆地区免除学杂费，然后免除东中部地区学杂费，确保农村和城市“低保”家庭学生也能享受到免除学杂费的政策。四是回归公办教育本义，促进教育公平和均衡发展。无论是免费还是缴费的义务教育，其经费都来自国民收入，但是缴费的教育会导致经济弱势群体无法得到教育。另外，学校为收费主体，也很难使收费收入得到重新分配，加大了学校间的差距，并且也难以控制学校乱收费现象。因此，新机制的建立，使义务教育向完全免费方向过渡又进了一步。

远程教育的改革，使得农民教育得到最大限度地利用有限的教育资源，近20年来，中国农业远程教育的主体是农业广播电视学校，其发展有着鲜明的特点：一是实行有统有分，统分结合的办学机制。即中央负责具有全国性和基础性的统开专业和课程的建设，并实行统一教学计划、统一辅导大纲、统一教材、统一命题和统一考试。各地方农广校负责选开和实施中央校统开专业和课程的教学，并根据当地的实际情况和需要，设置自开专业和实用技术培训课程。二是开展多层次、多学科农业远程教育。近20年来，农广校十分重视根据经济发展需要进行自身改革和创新，办学形式和办学层次趋于多样，专业设置不断扩展。目前，农广校办学形式既有学历教育，又有非学历教育；既有脱产、半脱产学习，又有业余学习。办学层次除中专学历教育外，还开展了专业证书教育、职业技能教育、绿色证书教育、实用技术培训以及依托农业院校开展的联办大专教育。另外，农广校紧紧围绕中国农村经济发展和农业生产的需要，结合国家及农业部门的“农村基层干部培训”“丰收计划”“星火计划”“燎原计划”“绿色证书培训”工程、农业行业资格证书等活动，不断拓展培训领域，取得了巨大的成绩。三是媒体教学与面授辅导相结合，弥补了单纯媒体教学的不足。媒体教育既不能有效地将农村劳动者对科技文化知识的需求转变为接受系统教育的动力，又缺乏质量上的约束；传统的课堂教育不能召集所有的农民学习和辅导。因此，农广校采取了媒体教学和面授辅导相结合的办法，在充分利用广播电视进行媒体教学的同时，利用农广校建立起来的五级教学网络和声像教材进行集中学习辅导，避免了两种途径单独使用的弊处。四是以广播电视为主，开发利用多种媒体进行远程教育。五是学以致用，就地培养就地使用。

二　当前农村教育发展的概况

《国务院关于进一步加强农村教育工作的决定》指出：“农村教育在全面建设小康社会中具有基础性、先导性、全局性的重要作用，农村教育在构建具有中国特色的现代国民教育体系和建设学习型社会中具有十分重要的地位。”作为促进农村经济发展和社会进步的基础，农村教育是促进农村产业结构调整、推进工业化和城镇化进程、从根本上解决“三农”问题的关键所在。发展农村教育、办好农村学校直接关系到8亿农民的切身利益，关系到新农村建设的进程，关系到科学发展观“五个统筹”的贯彻落实，是加强农村精神文明建设、促进农村经济和社会协调发展的战略性举措。我国农村人口众多，农村教育在整个教育中占有重要的战略地位，但我国农村教育基础薄弱是不争的事实，因此农村教育是我国教育的重点和难点，农村教育的成效如何，直接关系到我国教育的整体质量。国家统计局最新资料显示：中国农村人口占全国总人口的54.3%；在农村就业人口中，文盲占9.5%，小学及初中文化程度人口占86.2%，高中以上学历人口仅占

4.3%，农村教育质量亟待提高。

近年来，中共中央、国务院有关“三农”问题的一系列会议和文件都把农村教育的发展作为重要内容。改革开放以来，特别是进入21世纪以来，我国农村教育事业取得了巨大成就。“普九”工作成果显著，多数农村地区实现了“两基”目标，职业教育和成人教育得到了较快发展，“治穷先治愚”的思想深入人心，农民受教育状况普遍改善，人口素质大大提高。然而，由于我国农村教育面广、量大、点多、线长，农村教育仍然存在很多问题，许多不适应农村社会经济发展和农民需求的状况仍然存在，农村教育整体薄弱的状况还没有得到根本扭转。

农村教育既是农村发展的基础性条件，也是农村发展状况的重要表现之一。当前，教育对于促进经济社会发展的巨大作用已经成为大家的共识，农业要发展、农村要进步、农民要致富都要靠人才，而人才的培养主要靠教育。从20世纪80年代以来，在中央政府的重视下以及农村改革和农村经济发展的带动下，农村教育获得了长足的进展。可以说改革开放30年来，尤其是中共十六大召开以来，我国农村教育发展步入了快车道，取得了非常大的成绩。农村义务教育被全面纳入了国家财政的保障范围，实现了义务教育体制的深刻变革，农村中小学校的面貌发生了根本性的变化，全国农村共有1.5亿义务教育阶段的学生全部免除了学杂费，并且获得了免费的教科书，有1100万家庭经济困难的寄宿生享受到了一定的生活补助，全国农村基本上实现了免费义务教育。与此同时，农村职业教育和成人教育也得到了不断的发展。农村教育服务三农的能力得到了显著的增强。近些年来，我国农村教育事业取得的成就主要有以下几个方面：

（1）将农村义务教育全面纳入了国家财政的保障范围，农村义务教育经费投入持续增加。从2005年起，国家开始免除国家扶贫开发工作重点县农村义务教育阶段贫困家庭学生的书本费、杂费，并补助寄宿学生生活费；从2006年起，用了两年时间从西部到东部全部免除农村义务教育阶段学生的学杂费，对贫困家庭学生免费提供教科书并补助寄宿生生活费。将农村义务教育全面纳入国家财政保障范围，建立中央和地方分担的农村义务教育经费保障机制，使农村1.5亿中小学生的家庭普遍减轻经济负担。对农村义务教育经费保障机制改革，政府按照“明确各级责任、中央地方共担、加大财政投入、提高保障水平、分步组织实施”的基本原则，逐步将农村义务教育全面纳入了公共财政保障范围，初步建立起了中央和地方分项目、按比例分担的农村义务教育经费保障机制。

此外，在新的农村义务教育经费保障体制下，政府对农村义务教育阶段的投入不断增加。2007 年，农村义务教育投入总额 2992 亿元，与 2006 年相比年增长的比例达到了 37.4%，比 2003 年增加了 1627 亿元，增长 119%，年均增长 21.7%。同期，全国教育经费总投入年均增长率为 18.3%，农村义务教育投入的年均增长速度比全国教育经费总投入的年均增长速度高 3.4 个百分点。而且，农村义务教育投入增长的主因是财政性经费，尤其是预算内拨款增幅较大，体现了“政府负责”的原则。由于 2007 年开始在全国实施农村义务教育经费保障机制改革，2007 年比 2006 年预算内拨款增长 40% 多。对农村义务教育的财政性经费大幅增加，政府对农村义务教育投入占义务教育总投入的比例上升了 9.5 个百分点，而同时城镇义务教育投入占义务教育总投入的比例在下降，体现了“倾斜农村”的原则。

（2）全国义务教育普及程度继续加深，小学净入学率、巩固率、升学率进一步提高，初中毛入学率、巩固率、升学率也得到迅速提升。1993 年中共中央、国务院确定了到 2000 年基本普及九年义务教育的目标。1994 年中共中央、国务院召开了全国教育工作会议，重点部署在全国分三片地区，笼统称作东部、中部、西部地区实施“普九”，推进义务教育的实施。到 2000 年，我国 85% 的人口地区基本实现了普及九年义务教育的目标。因为当时城市的小学、初中教育已经基本得到普及，“普九”实际上就是推进农村义务教育的过程。进入 21 世纪我国的“普九”工作并没有放松，在国家各级政府的重视下，2007 年我国普及九年义务教育地区人口覆盖率达到 99%（如表 2 - 1 所示）。其中西部地区普及九年义务教育地区人口覆盖率由 2003 年的 77% 提高到 98%，提高了 21 个百分点。

表 2－1　　2002—2007 年“普九”人口覆盖率变化情况　　（单位:%）

	2002 年	2003 年	2004 年	2005 年	2006 年	2007 年
“普九”人口覆盖率	91	91.8	93.6	93.9	98	99

2007 年全国小学净入学率达 99.5%，初中毛入学率达到 98%（如表 2－2 所示），分别比 2002 年提高了 0.9 个和 8 个百分点。

表 2－2　　2002—2007 年全国小学、初中入学率情况　　（单位:%）

	2002 年	2003 年	2004 年	2005 年	2006 年	2007 年
小学净入学率	98.6	98.7	98.6	99.2	99.3	99.5
初中毛入学率	90.0	92.7	94.1	95.1	97.0	98.0

2007 年全国小学五年巩固率达到 99.4%，比 2002 年提高了 0.6 个百分点，初中三年巩固率达到 94.66%，比 2002 年提高了 5.27 个百分点。如表 2－3 所示。

表 2－3　　2002—2007 年全国小学、初中巩固率情况　　（单位:%）

	2002 年	2003 年	2004 年	2005 年	2006 年	2007 年
小学五年巩固率	98.8	98.8	98.8	98.4	98.8	99.4
初中三年巩固率	89.39	91.96	92.76	92.68	93.83	94.66

2007 年全国小学毕业生升学率达到 99.9%，比 2002 年提高了 2.9 个百分点，初中毕业生升学率达到 79.3%，比 2002 年提高了 21 个百分点。如表 2－4 所示。

表 2－4　　2002—2007 年全国小学、初中毕业生升学率情况　　（单位:%）

	2002 年	2003 年	2004 年	2005 年	2006 年	2007 年
小学升学率	97.0	97.9	98.1	98.4	100	99.9
初中升学率	58.3	59.6	63.8	69.7	75.7	79.3

(3) 西部地区"两基"目标如期完成,农村寄宿制学校建设工程成效显著。截止到2007年底,西部地区"两基"人口覆盖率达到了98%,与2003年初的77%相比,提高了21个百分点,超出计划目标(85%)13个百分点;西部各省(自治区、直辖市)初中毛入学率均超过计划提出的90%;西部地区到2007年底累计扫除600多万文盲,青壮年文盲率下降到5%以下,西部各省份均实现了攻坚目标。

自2004年启动"农村寄宿制学校建设工程"以来,中央共投入专项资金100亿元改善中西部地区的办学条件和寄宿条件。工程共覆盖中西部地区953个县,新建、改扩建7651所项目学校。按照"攻坚计划"要求,工程建设以农村初中为主,目前已建成农村初中5113所;重点支持410个攻坚县和其他地区的贫困县、革命老区县、人口较少民族县;新建、改扩建的学校多数布局在县城周边和人口较多的大乡镇,同时兼顾高海拔地区和边远地区。西部地区新增校舍面积1076万平方米,其中,410个攻坚县新增972万平方米,学生人均校舍面积从2003年的3.92平方米增加至2006年的4.66平方米,极大地改善了农村学校办学条件,满足了195万新增学生的就学需求,超出"攻坚计划"目标完成。2007年,全国义务教育阶段寄宿生总规模达到2992.4万人,比上年增加67.9万人,增长2.3%。其中,西部农村小学寄宿生比例达到11.6%,西藏自治区、内蒙古自治区、云南省、青海省超过20%。西部农村初中寄宿生比例达到53.6%,西藏自治区、广西壮族自治区和云南省超过70%。2007年全国小学和初中寄宿生人均宿舍面积均得到增加,12个省份的农村初中寄宿人生均宿舍面积比上年增加0.3平方米,西藏自治区生均增加1.7平方米,生均住宿面积达到3.8平方米。

(4) 农村中小学现代远程教育工程成效明显,办学条件得到较大改善。2007年底,工程超出计划投资共投入111亿元,用于配备教学光盘播放设备、卫星教学收视系统和计算机教室和多媒体设备,共覆盖中西部农村教学点78080个,农村小学250552所,农村初中29729所。农村小学和初中联网率分别达到80%以上和90%以上。

2007年农村地区小学建网学校比例为8.68%,比2002年提高了

6.75 个百分点；初中建网学校比例为 32.36%，比 2002 年提高了 20.27 个百分点。如表 2－5 所示。

表 2－5　　2002—2007 年全国农村地区小学、初中建网学校比例情况

（单位:%）

	2002 年	2003 年	2004 年	2005 年	2006 年	2007 年
小学	1.93	2.82	3.97	5.89	7.61	8.68
初中	12.09	12.63	16.79	23.04	28.62	32.36

2007 年农村地区小学每百名学生拥有计算机 3.3 台，比 2002 年增加了 1.96 台；初中每百名学生拥有计算机 5.49 台，比 2002 年增加了 3.31 台。如表 2－6 所示。

表 2－6　　2002—2007 年全国农村地区小学、初中每百名学生拥有计算机

（单位：台）

	2002 年	2003 年	2004 年	2005 年	2006 年	2007 年
小学	1.34	1.75	2.23	2.72	3.31	3.3
初中	2.18	2.81	3.34	4.10	4.93	5.49

2007 年农村地区小学自然实验仪器达标学校比例为 53.14%，比 2002 年提高了 5 个百分点；初中理科实验仪器达标学校比例为 72.82%，比 2002 年提高了 4.2 个百分点。如表 2－7 所示。

表 2－7　　2002—2007 年农村地区小学、初中实验仪器达标比例情况

（单位:%）

	2002 年	2003 年	2004 年	2005 年	2006 年	2007 年
小学自然实验仪器达标学校比例	48.15	48.55	49.69	51.08	51.69	53.14
初中理科实验仪器达标学校比例	68.62	69.51	69.92	71.27	71.64	72.82

2007 年农村地区小学有图书 119374.99 万册，比 2002 年增长 6.24%；初中有图书 75861.59 万册，比 2002 年增长 15.27%。如表 2-8 所示。

表 2-8　　2002—2007 年全国农村地区小学、初中图书情况　　（单位：万册）

	2002 年	2003 年	2004 年	2005 年	2006 年	2007 年
小学	112359.28	112894.64	113446.15	119903.02	121242.55	119374.99
初中	65813.03	68057.91	70582.64	73289.90	75900.00	75861.59

（5）创新农村教师补充机制，农村教师合格率和整体素质进一步提高。为了缓解“两基”攻坚地区教师不足、素质不高的问题，国家创新教师补充机制，实施“农村义务教育阶段学校教师特设岗位计划”，2006 年、2007 年两年共从应届大学毕业生中招聘特岗教师 3.3 万名，覆盖了 12 个省（自治区、直辖市）和新疆生产建设兵团 395 个县级单位的 4074 所农村中小学。此外，2007 年开始实施 6 所部属师范学校师范生免学费政策和高校毕业生“三支一扶”计划，为农村地区补充了大量优秀教师，大大改善了一些农村学校教师素质低、教学观念落后的状况。

在政府推动下，农村地区小学专任教师学历合格率进一步提高。2007 年农村地区小学专任教师学历（高中及以上学历）合格率达到 98.97%，比 2002 年提高了 1.88 个百分点；农村地区小学高一级学历（大专及以上学历）教师比例大幅度提高，2007 年达到 63.35%，比 2002 年提高了 34.73 个百分点；农村地区小学高级及以上职称教师比例达到 46.95%，比 2002 年提高了 14.02 个百分点。如表 2-9 所示。

表 2-9　　2002—2007 年全国农村地区小学教师学历、职称情况（单位：%）

	2002 年	2003 年	2004 年	2005 年	2006 年	2007 年
高中及以上学历教师比例	97.09	97.22	98.08	98.43	98.72	98.97

续表

	2002 年	2003 年	2004 年	2005 年	2006 年	2007 年
大专及以上学历教师比例	28.62	31.77	44.25	52.21	58.50	63.35
具有高级及以上职称教师比例	32.93	32.70	37.69	41.04	44.55	46.95

2007 年农村地区初中专任教师学历（大专及以上学历）合格率达到 96.74%，比 2002 年提高了 7.85 个百分点；初中高一级学历（本科及以上学历）教师比例达到 41.39%，比 2002 年的 14.11% 提高了 27.28 个百分点；中学一级及以上职称的教师比例达到 45.60%，比 2002 年提高了 15.2 个百分点。如表 2－10 所示。

表 2－10　2002—2007 年全国农村地区初中教师学历、职称情况（单位：%）

	2002	2003	2004	2005	2006	2007
大专及以上学历教师比例	88.89	88.74	92.81	94.50	95.81	96.74
本科及以上学历教师比例	14.11	14.28	22.73	28.96	35.27	41.39
中学一级及以上职称教师比例	30.40	30.24	36.01	39.36	43.02	45.60

（6）农村职业教育和成人教育开始逐步得到重视，并取得了较快发展。中共十七届三中全会明确提出，要实现农村人人享有接受良好教育的要求，并对农村教育进行了全面的部署。特别提出了要大力办好农村教育事业，发展农村教育，促进教育公平，提高农民科学文化素质，培育有文化、懂技术、会经营的新型农民。明确要求要加快普及农村高中阶段教育，重点加快发展农村中等职业教育并逐步实行免费。健全县域职业教育培训网络，加强农民技能培训，广泛培养农村实用人才。

近年来，农村中等职业教育得到了较快发展。第一，面向农村的中等职业教育招生规模不断扩大。2007年中等职业教育招生规模810万人，面向农村招生达到640万人，大约80%是来自农村，普通高中规模大体相当。2007年和2001年相比，中等职业教育在农村的招生规模扩大了320万人，在校生规模扩大了660万人。2001—2007年，中等职业学校累计培养2300万毕业生，这些学生一部分留在农村，推动新农村建设，大部分转移到城镇第二、三产业，这对于促进农村新增劳动力稳定转移，促进农民增收致富，促进我国工业化、城镇化和社会主义新农村建设发挥了非常重大的作用。第二，农村职业学校办学条件得到改善，基础能力建设加快。2003—2007年，中央财政累计投入58亿元，重点支持职业教育实训基地、县级职教中心和示范性中等职业学校的建设，项目共2311个，其中有1000多个安排在农村，使这些学校的条件大幅度改善，出现了一批规模大、办学条件好、办学质量高的农村职业学校，一些地方出现了规模上万人的职业学校。第三，职业技术院校家庭经济困难学生资助政策体系开始得到建立和健全。2006年中央财政安排8亿元资助80万学生，2007年开始建立、健全职业院校学生的资助政策体系。国家用于中等职业学校学生资助经费每年约180亿元，中等职业学校在校一、二年级所有农村户籍的学生和县镇非农户口的学生，以及城市家庭经济困难学生都可以得到每年1500元的生活补助，资金面达到90%。这使得农村学生接受职业教育的机会显著增长，对增强职业教育的吸引力，扩大面向农村的职业教育规模，促进教育发展和教育公平起到了重要作用。

除职业技术教育外，国家也开始注重发展成人教育，加强农民技能培训，努力提高农民就业和增收能力。近年来，教育部高度重视面向农村劳动力的培训，先后启动了农村实用技术培训计划，动员教育系统的职业学校、成人学校努力培养新型农民。2000年以来，农民实用技术培训毕业生累计达到5亿人次，其中2007年培训4554万人次。教育部组织实施了农村劳动力转移培训计划，2004—2007年共培训农村转移劳动力1.38亿人次，其中技能培训5411万人次，农民工培训1755万人次，2007年开展农村劳动力转移培训和农民工培训3816万人次，取得了明显的发展。

第三章　农村教育中农户行动策略

对社会行动理论做出巨大贡献的当属帕森斯。帕森斯以“分析的实在论”为方法论基础，建构了他的一般社会行动理论，并深入地分析了社会行动的结构。帕森斯认为，作为单元的社会行动是由一些构成元素组成的，其中每一个元素都是一个“单位行动”，每一个单位行动都包括：行动者，指作为行动主体的个人；行动的“目的”或“目标”，是行动者所要达到的未来目标；行动的“手段”，是行动者达到目标可供选择的手段；行动的“条件”，是指行动者面临的各种环境条件，包括行动者的生物要素和各种生态约束，同时也包含了某些规范性或定则性的条件，这些客观条件影响着行动者对目标和手段的选择；“规范”，指行动者认同的价值观、行为规范和其他观念，它们也影响着目标和手段的选择。在农村教育系统中以农户为单元的行动结构，包含了作为行动主体的农户，即“行动者”，农村教育中，接受教育的对象尽管是单个的农民或者农民的子女，实际上采取相应行动的单元是农户，农户在家庭内部分配教育资源；在农村教育中，农户的任何行动策略都有其相应的目标导向，即农户教育行动的目的或目标；在实行农户教育行动的目标过程中，农户面临各种环境条件，包括国家的教育政策、社区的文化环境、家庭的经济条件等，这些因素势必会影响农户的行动策略；根据农户内外环境条件的状态，农户所选择的最有利于家庭的行动策略即为农村教育中农户的行动“手段”。

农村教育分为农村基础教育即义务教育（小学和初中教育阶段）、职业教育和成人教育。城乡二元社会结构体制下，农村劳动力的流动开阔了农民视野，通过对城市教育和农村教育的对比，农户的教育观念发生了相应的变化。因此，从农户的视角分析农村的教育观念，是推动农村教育和农村社会发展的前提条件。然而，农村教育经费短缺[①]、教育师资队伍不稳定问题，加上学校为达到“普九”标准而举债建设[②]等一系列的限制因素使得农村学校的教育供给无法满足农户的教育需求，这种教育失衡的局面短期内无法彻底得到改变。只有充分了解农户的教育观念，基于当前农户对教育的需求，有针对性地进行教育投入，提高农村学校的教育供给水平，才能实现农村教育需求与供给的合理结合，实现农村社会的可持续发展，缩小城乡二元结构差距。

本章通过对农村教育中农户的行动目标、行动手段、行动条件的分析，揭示农村教育中农户的行动特征及其需求。

一　调查区域概况及调查样本特征

（一）样本抽样的基本情况

本课题组于2007年2—3月，根据随机抽样的方法在全国抽取了20个省、直辖市、自治区42个县市43个乡镇43个行政村进行农户调查。见表3-1，这20个省、直辖市、自治区分别是：河北省、福建省、天津市、山东省、浙江省、广东省、江苏省、山西省、安徽省、河南省、湖南省、江西省、湖北省、黑龙江省、重庆市、贵州省、内蒙古自治区、广西壮族自治区、云南省、四川省。

---

① 苏选良：《当前农村教育存在的问题及解决的对策》，《教育探索》2003年第2期；万小妹：《制约农村教育发展的主要因素及对策》，《湖南师范大学教育科学学报》2004年第1期。

② 袁桂林：《促进农村各类教育协调发展》，《教育研究》2003年第8期。

42 个县市分别是昌黎县、灵寿县、安溪县、荔城区、宝坻县、蓟县、邹平县、费县、莒南县、温岭市、海宁市、海丰县、遂溪县、启东市、张家港市、孝义市、灵石县、六安市、濉溪县、固始县、济源市、襄城县、新县、宁乡县、洞口县、余平县、彭泽县、荆门市、黄陂区、牡丹江市、肇东、永川县、万州区、黄平县、六枝特区、磴口县、武川县、北海市、阳朔县、玉溪、峨眉山市、兴文县。43 个乡镇分别是：未各庄镇、塔上镇、湖头镇、振辰镇、史各庄镇、辛梓镇、青阳镇、费城镇、汀水镇、城南镇、海昌街道、附城镇、洋青镇、少直镇、锦丰镇、大孝堡乡、交口乡、翁墩乡、百善乡、观唐乡、亚桥乡、汾陈乡、郭家河乡、清华铺乡、花园镇、洪家嘴乡、棉船镇、麻城镇、漳河镇、祁家湾镇、沿江乡、西八里镇、大安镇、大周镇、浪洞乡、新华乡、补隆淖镇、哈乐镇、南康镇、福利镇、北城镇、新萍乡、古宋镇。43 个村分别是：崔庄、塔上、美溪村、东阳村、西马村、辛撞村、刘家、南季家疃村、高家埠村、广联村、双山村、新山村、司马塘村、富兴村、郁桥村、长兴村、马家庄村、孔数村、王庄、王庄村、中马头村、徐庄村、郭家河村、四海村、泡洞村、童家村、金洲村、板庙村、三化、罗家塘上、立新村、太平山、荷花、宋家村、毛坝村、田坝村、河壕村、大麻会沟村、江仄村、夏村、夏井村、仙塘村、小河村。共发放问卷 1100 份，收回有效问卷 1044 份，问卷有效回收率为 94.9%。所抽取的省份按照区域划分为东、中、西部，其中东部有河北省、福建省、天津市、山东省、浙江省、广东省、江苏省；中部有山西省、安徽省、河南省、湖南省、江西省、湖北省、黑龙江省；西部有重庆市、贵州省、内蒙古自治区、广西壮族自治区、云南省、四川省。其中东部省份共调查 15 个行政村的 364 户农户，占总样本的 34.9%；中部省份共调查 17 个行政村的 384 户农户，占总样本的 36.8%；西部省份共调查 11 个行政村的 296 户农户，占总样本的 28.3%。

表 3－1　　农户样本来源分布表

地区	省份（20 个）	县市（42 个）	乡镇（43 个）	村（43 个）	样本（户）	总计（户，百分比）
东部省份	河北省	昌黎县	未各庄镇	崔庄	24	364（34.9%）
		灵寿	塔上镇	塔上	25	
	福建省	安溪县	湖头镇	美溪村	25	
		荔城区	振辰镇	东阳村	18	
	天津市	宝坻	史各庄镇	西马村	24	
		蓟县	辛梓镇	辛撞村	25	
	山东省	邹平县	青阳镇	刘家	25	
		费县	费城镇	南季家疃村	25	
		莒南县	汀水镇	高家埠村	25	
	浙江省	温岭市	城南镇	广联村	25	
		海宁市	海昌街道	双山村	25	
	广东省	海丰县	附城镇	新山村	23	
		遂溪县	洋青镇	司马塘村	25	
	江苏省	启东市	少直镇	富兴村	25	
		张家港	锦丰镇	郁桥村	25	
中部省份	山西省	孝义市	大孝堡乡	长兴村	26	384（36.8%）
		灵石县	交口乡	马家庄村	25	
	安徽省	六安市	翁墩乡	孔数村	15	
		濉溪县	百善镇	王庄	24	
	河南省	固始县	观唐乡	王庄村	24	
		济源市	亚桥乡	中马头村	24	
		襄城县	汾陈乡	徐庄村	16	
		新县	郭家河乡	郭家河村	24	
	湖南省	宁乡县	清华铺乡	四海村	13	
		洞口县	花园镇	泡洞村	25	
	江西省	余平县	洪家嘴乡	童家村	17	
		彭泽县	棉船镇	金洲村	25	

续表

地区	省份(20个)	县市(42个)	乡镇(43个)	村(43个)	样本(户)	总计(户,百分比)
中部省份	湖北省	荆门市	麻城镇	板庙村	25	384（36.8%）
			漳河镇	三化	25	
		黄陂区	祁家湾镇	罗家塘上	25	
	黑龙江省	牡丹江市	沿江乡	立新村	26	
		肇东	西八里镇	太平山	25	
西部省份	重庆市	永川县	大安镇	荷花	25	296（28.3%）
		万州区	大周镇	宋家村	25	
	贵州省	黄平县	浪洞乡	毛坝村	24	
		六枝特区	新华乡	田坝村	25	
	内蒙古自治区	磴口县	补隆淖镇	河壕村	24	
		武川县	哈乐镇	大麻会沟村	25	
	广西壮族自治区	北海市	南康镇	江仄村	25	
		阳朔县	福利镇	夏村	23	
	云南省	玉溪	北城镇	夏井村	25	
	四川省	峨眉山市	新萍乡	仙塘村	50	
		兴文县	古宋镇	小河村	25	

说明：目前，国家统计局对东中西部划分的解释还是按照2003年发布的标准，即我国大陆区域经济的产生，应该说是依据其经济发展水平与地理位置相结合长期演变而形成的，我国大陆区域整体上可划分为三大经济地区（地带）。三大经济地区由于自然条件与资源状况的不同，因而有着各自的发展特点。其中，东部地区包括北京、天津、河北、辽宁、上海、江苏、浙江、福建、山东、广东、广西、海南12个省或自治区或直辖市；中部地区包括山西、内蒙古、吉林、黑龙江、安徽、江西、河南、湖北、湖南9个省或自治区；西部地区包括四川、贵州、云南、西藏、陕西、甘肃、宁夏、青海、新疆9个省、自治区。一般来说，广西和内蒙古虽然不是西部地区，但是同样享受西部大开发政策，因而现在也有研究将广西和内蒙古也归并到西部地区，因此，本研究中也将广西和内蒙古列为西部地区。

（二）样本基本特征

1. 被访者基本特征

本调查的被访者（主要为农户户主或当家人）的特征主要表现（如表3－2所示）：一是男性占绝大多数，在家庭中占主导地位。被访男性有869位，占样本总数的83.2%；女性被调查者175位，占样本总数的16.8%。被访对象性别不平衡的状况真实地反映了当前农村实际状况，男性在农村仍是家庭重大事情的主要决策者，同时也可以发现，部分女性在家庭中的决策地位开始凸显。二是样本中被访者的年龄呈菱形分布。被访者的年龄主要集中在31~50岁，占样本总数的76.9%。这个年龄段的被访者的子女一般正在读小学或者初中，他们对农村义务教育有深切的体会。30岁及以下的被访者占8.7%；31~40岁的被访者占39.6%；41~50岁的被访者占37.2%；而51岁以上的被访者占14.5%。三是样本中被访者的文化程度普遍不高。76.6%的集中在初中及以下文化水平，其中未上过学的有3.8%；小学文化程度的被访者占25.0%；初中文化程度的被访者占47.8%；高中或中专文化程度的被访者占19.8%；大专及以上文化程度的被访者占3.6%。四是样本中94.0%的被访者已婚，2.8%的被访者未婚。五是样本中被访者以农村务农的居多，占43.8%，在农村务工的占22.3%，在城镇工作的占21.5%。

表3－2　被访者基本特征

项目	维度	频次	百分比（%）
性别	男	869	83.2
	女	175	16.8
年龄	30岁及以下	91	8.7
	31~40岁	414	39.6
	41~50岁	388	37.2
	50岁以上	151	14.5
文化程度	未上学	40	3.8
	小学	261	25.0
	初中	499	47.8
	高中或中专	206	19.8
	大专及以上	37	3.6

续表

项目	维度	频次	百分比（%）
婚姻状况	未婚	29	2.8
	已婚	981	94.0
	离婚	20	1.9
	丧偶	14	1.3

2. 被访农户基本特征

被调查农户的基本特征表现（见表3－3）：一是被调查农户产业结构较为多样化，但种植业仍是主业。55.7%的农户以种植业为主，23.7%的农户以服务业为主，19.4%的农户以工业为主，18.6%的农户以副业为主，以渔业和牧业为主的农户分别仅有1.1%和1.2%。二是农户家庭年收入比较均衡。从2006年家庭纯收入方面来看，23.5%的农户的收入集中在5000～15000元之间；30.5%的农户收入在5000～10000元之间；196户，占18.9%的农户的家庭年收入在20000元以上。三是农户对家庭经济状况的评价较高。6.5%的农户认为家庭比较富裕，36%的农户认为家庭经济略有结余，39.1%的农户认为家庭经济状况是基本够用，14.9%的农户认为家庭经济有困难，3.5%的农户觉得家庭非常困难。四是农户家庭的子女数量仍以多孩为主。其中：44.7%的农户只有1个小孩；而423户占40.6%的农户有2个小孩；116户，占11.1%的农户有3个小孩；2.1%的农户有4个小孩。

表3－3　　调查农户家庭基本情况

项目	维度	频次	百分比（%）
家庭主要从事的职业	种植业	580	55.7
	工业	202	19.4
	渔业	11	1.1
	副业	194	18.6
	牧业	13	1.2
	服务业	247	23.7

续表

项目	维度	频次	百分比（%）
2006 年家庭纯收入（元）	5000 元以下	131	12.6
	5000～10000	316	30.5
	10000～15000	238	23.0
	15000～20000	155	15.0
	20000 元以上	196	18.9
家庭经济状况评价	富裕	68	6.5
	略有节余	376	36.0
	基本够用	408	39.1
	有些困难	155	14.9
	非常困难	36	3.5
家庭子女状况	1 个	466	44.7
	2 个	423	40.6
	3 个	116	11.1
	4 个	22	2.1
	5 个及以上	6	0.6
在读子女的数量	0 人	10	1.0
	1 人	600	69.8
	2 人	221	25.7
	3 人	37	4.3
	4 人	8	0.2

说明：家庭主要从事职业为多选题。

二　农户家庭成员受教育的现状

“三农问题”始终是关系我国改革开放和现代化建设全局的重大问题，其中农民问题是根本，农村的教育问题是我国教育事业发展中的重点和难点，事关整个农村工作的全局。新中国成立以来，党和国家一直致力于农村教育事业的发展，特别是改革开放 30 年以来，在中共中央和国务院的领导下，在各级地方党委和政府的重视下，在全社会教育工作者的共同努力下，农村教育事业取得长足发展，相对而言，农村教育仍是整个教育系统中最为薄弱的环节。本研究在调查中对调查户的全部人口的教育状况进行了调查，农民的受教育程度在一定程度上反映了当前农村教育的基本状况。如表 3－4 所示。

在样本 1044 户农户的调查中共获取 3964 人的人口教育状况，其中 7.7% 的人口处在未上过学状态，在扣除正在念小学的 325 人后，仍有 261 人 6.5% 的人口是小学未毕业的教育程度；12.1% 的人口是小学文化程度；扣除在读的初中生人口后，有 252 人 6.3% 的人口初中未毕业；26.9% 的人口初中文化程度；10.9% 的人口是高中或中专文化程度；大专及以上的人口仅占 7.6%。由此可见，农村人口中低学历人口偏高，这和我国建设社会主义新农村中对农民的素质的要求有很大的距离，而普及九年义务教育的基本要求也任重而道远。

表 3－4　　样本农户家庭成员受教育状况分布

受教育程度	频次	百分比（%）
未上学	306	7.7
小学未毕业	586	14.8
小学	481	12.1
初中未毕业	513	12.9
初中	1066	26.9
高中未毕业	276	7.0
高中或中专	434	10.9
大专	128	3.2
大学本科及以上	174	4.4
总数	3964	100.0

（一）受教育的总体状况

1. 农户正在上学的子女数量呈大幅度递减

受计划生育政策的影响，农户家庭子女的数量呈梯度下降的结构，因此反映在农户子女受教育的数量上相应地呈反方向下降的趋势。如表 3－5 所示，从调查的结果看，在被访的农户中，有 860 户家庭中有子女在上学，占被访农户的82.5%；没有子女正在上学的农户有183户，占17.5%。其中，在860户农户中，69.8%的农户有1个子女正在学校读书；25.7%的农户有2个子女正在上学；有3个以上子女在读书的农户家庭有39户，占4.5%。由此可见，在被调查的农户中，多数农户家庭都有小孩在接受农村学校教育，且绝大多数农户家庭只有1个子女在读书。样本的这种特征为本研究提供了坚实的基础，大多数农户正处在教育行动中，这种行动体现了他们的现实行动策略并能反映出未来的行动趋势。而部分样本农户没有子女正在接受教育，但他们家庭成员的现实教育状况反映出他们已有的教育行动策略，是教育行动策略的结果。

表3－5　　农户正在上学的子女数量分布表

正在上学的子女数量	频次	百分比（%）
1个	600	69.8
2个	221	25.7
3个	37	4.3
4个	2	0.2
合计	860	100.0

2. 农户子女入学的年龄呈偏大的趋势

人的学习以脑力活动为主，根据人体发育水平，正规教育开始的最佳时期，是以脑发育的决定性时期为基础的，因此，子女的入学年龄以脑发育为重要的生理指标。据科学家研究，6周岁时，大脑已从出生婴儿的350克，生长到1200克，达到成人脑重量的90%，智力发展水平已达到17岁智力发展水平的70%。因此，5～6岁是儿童入学的最佳时期，在这一时期入学，会有力地促进智力发展，有利于身心健康，这时入学的子女，智商明显高于7～9岁入学的。但从此次调查结果来看（如表3－6所示），农村子女因为受到各种因素的影响，多数农村子女上学比较晚，41.5%的农户子女7岁入学；14.8%的农户子女8岁入学；34.1%的农户子女6岁入学；8.8%的农户子女5岁及以下入学；0.8%的农户子女9岁及以上才入学。我国义务教育法第十一条也明确规定：凡年满六周岁的儿童，其父母或者其他法定监护人应当送其入学接受并完成义务教育；条件不具备的地区的儿童，可以推迟到七周岁。而调查发现，农村地区 57.1% 的农户子女在 7 岁及以上才入学，由此可见，农村子女入学年龄稍微偏大，上学比较晚。

表 3-6　　农户家庭子女上小学的年龄分布表

入小学年龄	频次	百分比（%）
5 岁及以下	90	8.8
6 岁	350	34.1
7 岁	425	41.5
8 岁	152	14.8
9 岁及以上	8	0.8
合计	1025	100.0

说明：若有多个子女在上学且入学年龄不一样时，按最后一个入学子女的年龄计算。

（二）学前教育的状况

学前教育是由家长及幼师利用各种方法、实物为开发学前儿童的智力，使他们更加聪明，有系统、有计划而且科学地对他们的大脑进行各种刺激，使大脑各部位的功能逐渐完善而进行的教育。适当、正确的学前教育对幼儿智力及其日后的发展有很大的作用。超常儿童的形成、发展，无一不与适当、正确的学前教育有关，尤其是智力方面的学前教育。学前智育是一个多方面的培养过程，包括对儿童观察力的培养，想象力的培养，思维力和记忆力的培养，语言表达力和创造力的培养，学习兴趣和求知欲的培养等。虽然学前教育不包括在义务教育的范围中，但从科学系统的教育体系的设置来看，入学前的学前教育对幼儿的后续教育将产生重要的影响。被调查农户的子女接受学前教育的情况及没有接受学前教育的原因分别如表 3-7、表 3-8 所示。

表 3-7　　农户家庭子女接受学前教育状况

有无接受学前教育	频次	百分比（%）
有	825	79.9
无	208	20.1
合计	1033	100.0

表 3-8　　农户家庭的子女没有接受学前教育的原因

原因	频次	百分比（%）
没有必要上	24	11.6
当地没有学前班	97	46.9
上学不方便	29	14.0
学校条件不好	5	2.4
子女小不放心	6	2.9
其他	46	22.2
合计	207	100.0

调查结果显示，79.9%的农户子女接受过学前教育；20.1%的农户子女并未接受学前教育，比例显然偏高。进一步调查其原因表明：其中46.9%的农户所在地没有学前教育学校，受条件限制，无法送子女接受学前教育；14%的农户因不方便而不能送子女接受学前教育；11.6%的农户认为子女没必要接受学前教育，显然受自身观念的影响；2.4%的农户因学校条件不好的缘故未送子女接受学前教育；2.9%的农户因担心孩子小，在学校得不到良好的照顾而放弃子女接受学前教育。另有22.2%的农户因其他原因而未能让子女接受学前教育。63.3%的农户是因客观条件的限制使子女未能接受学前教育，但也有相当比例的农户受主观观念的影响而自动放弃子女接受学前教育的机会。因此，农户子女学前教育首先受到当地教育资源不足的影响，而无法满足所有农户子女接受学前教育的需求；其次表现为农户对学前教育的保守观念降低了农村子女学前教育的接收率。

（三）小学教育的状况

小学教育是义务教育的重要阶段，是适龄儿童接受正规、系统的知识教育和思想教育的起步阶段，对儿童的成长至关重要。以下将从农户家庭子女有无就读小学、就读小学的学校性质、就读小学的子女个数及就读小学的年级等方面来分析。同时，对农户家庭子女有无小学辍学现象以及造成辍学的原因进行分析。如表 3－9 所示，在被调查的 1044 户农户中，有 325 户农户家庭有子女在上小学，占 31.1%；没有上小学的农户有 719 户，占 68.9%。

表 3－9　　农户家庭子女有否在读小学

有无	频次	百分比（%）
没有	719	68.9
有	325	31.1
合计	1044	100.0

1. 农户子女以就读公立学校为主

如表 3－10 所示，从农户子女就读小学学校性质来看，子女就读于“公立”学校的有 317 户，占 97.5%；就读于“私立”学校的有 8 户，占 2.5%。目前在我国，仍以政府办学为主体，私立学校的建设还很不完善，社会办学的力量还很薄弱。然而，政府办学的力量有限，单靠政府的力量办学，势必很难改变目前教育发展中教育投入的困境，再加上目前社会办学在制度上还很不完善，给农户家庭提供的选择机会有限，如高额的教育费用、不便的交通条件等。

表 3－10　　农户家庭子女所就读小学学校的性质

学校性质	频次	百分比（%）
公立	317	97.5
私立	8	2.5
合计	325	100.0

2. 农户以单子女正在接受小学教育为主

从农户家庭子女就读小学的人数来看，有 1 个小孩正在接受小学教育的农户家庭有 277 户，占 85. 5%；有 2 个小孩在读小学的农户家庭有 43 户，占 13. 3%，而有 3 个小孩在同时接受小学教育的农户家庭有 5 户，占 1. 2%。为什么还有部分农户有 2 个或者是 3 个小孩在接受小学教育？据研究者观察，这一类农户多为联合家庭式的农户，两个已婚儿子家庭或者更多个与父母家庭联合住在一块，而如此就会出现多个小孩在上小学的情形。

3. 农户子女就读小学各年级分布比较均衡

如表 3 - 11 所示，从农户家庭子女就读小学的年级来看，调查表明，在有效被访农户中，有子女就读于 1 ~ 3 年级的农户有 162 户，占 50. 0%；有子女就读于 4 ~ 6 年级的农户有 162 户，占 50. 0%。其中，又以就读于 3 年级和 5 年级的子女居多，分别占 17. 9% 和 17. 3%；以就读于 2 年级的子女最少，占 15. 4%。这反映了本研究的样本具有很好的代表性。

表 3 - 11　　农户家庭子女就读小学年级分布

年级	频次	百分比（%）	累计百分比（%）
1	54	16. 7	16. 7
2	50	15. 4	32. 1
3	58	17. 9	50. 0
4	54	16. 7	66. 7
5	56	17. 3	84. 0
6	52	16. 0	100. 0
合计	324	100. 0	

说明：如果一户有多个小孩在上小学时，以学龄最小的子女所就读年级为准。

4. 农村教育中小学辍学现象仍不可避免

从农村辍学的情况来看，如表 3 - 12 所示，在被调查的农户中，多数农户家庭的子女都能够顺利完成小学学业，仍有 2. 3% 的农户子女有小学辍学情况。那么对于这 2. 3% 的农户来说，导致他们的小孩小学辍学的主要原因是小孩的“成绩不好”，有6位被访者选择了此项，占46.2%；其次是家里“经济困难”和小孩“身体不好”的原因，选择这两项的被访者各有3位，各分别占23.1%；因为“家里缺劳动力”而使得小孩辍学的农户占7.7%。由此可见，当前农村小学教育中，子女入学率较高，辍学率较低，而且农村小学生辍学的首位原因是小孩成绩不好而辍学，其次为经济和孩子身体的原因。作为基础教育的初级阶段的小学教育，孩子的学习成绩并不能反映其未来的发展状态，且人的教育并非以知识的学习为主要目的，应该是人的全面的发展。部分农户的短视效应人为地扼杀了适龄儿童的受教育机会，剥夺了子女的受教育权利。在农业的自然就业状态下，10岁左右的孩子很早就进入了生产领域，成为家庭的劳动力，或者工业抑或服务行业的童工，从短期来看为家庭创造了经济效益，实则扼杀了孩子创造更高效益的能力。

表3－12　　农户家庭子女小学辍学情况及其原因分布

有无辍学	频次	百分比（%）	辍学的原因	频次	百分比（%）
没有	996	97.7	经济困难	3	23.1
有	23	2.3	成绩不好	6	46.2
合计	1019	100.0	家里缺劳动力	1	7.7
			身体不好	3	23.1
			合计	13	100.0

（四）初中教育的状况

初级中学教育阶段是九年制义务教育的高级阶段，承担着学龄儿童科技知识和生活、生产技能的教育功能。国家义务教育法严格规定适龄儿童应当接受完整的九年制义务教育，并采取相应的保障机制确保义务教育的实行。通过调查发现：

第一，样本中有1/4的农户子女正在接受初中教育。问卷数据统计结果显示，在有效被访的农户中，有子女正在接受初中教育的农户有262户，占25.1%；没有正在接受初中教育的占74.9%。

第二，农户家庭子女就读初中的年级分布差距不大。这使样本具有相当的代表性。调查显示，在有效被调查的农户中，多数农户家庭的子女正在读初中三年级，占40.4%；有小孩读初中二年级的农户有82户，占31.5%；而有小孩读初中一年级的农户有73户，占28.1%。如表3－13所示。

表3－13　　农户子女正念初中的年级分布

年级	频次	百分比（%）
1	72	28.1
2	82	31.5
3	105	40.4
合计	262	100.0

第三，农户家庭子女所就读的学校的性质主要以公立学校为主。有子女就读于公立学校的农户有247户，占95.0%；有子女就读于私立学校的农户仅有13户，占5.0%。

第四，目前农户能够承担子女接受初中教育的各种费用。调查表明，绝大多数的农户都可以承担子女读初中相关的各种费用，回答“能”承担的农户有241户，占92.3%。这表明农村义务教育阶段的费用并没有成为农户的家庭负担，一方面由于改革开放以后，特别是近年来，国家推行了一系列的惠农政策，如取消农业税和农业附加费，发放农业生产补贴。这些政策在一定程度了增加了农户的收入；另一方面政府在教育领域实行的一系列减免和制止教育乱收费的政策，如九年义务教育一费制、九年义务教育两免一补、九年义务教育生活补贴等，降低了农户接受义务教育的成本。

表3－14　　农户子女初中辍学情况

有无	频次	百分比（%）
没有	929	89.1
有	114	10.9
合计	1043	100.0

第五，农户家庭子女初中辍学率较高。调查结果显示，在有效被访农户家庭中，有114户10.9%的农户家庭的子女有初中未毕业辍学的情况（如表3－14所示）。与农户家庭子女小学辍学情况相比较而言，农户家庭子女初中辍学的情况相对较为严重。那么，是什么原因导致农户就爱听子女初中辍学？是哪些因素促使农户家庭子女中断初中教育？问卷调查反映，导致农户家庭子女初中辍学首位原因是子女的“学习成绩不好，对学习没兴趣自己不想读了”，其比例为60.9%；其次是农户家庭“经济困难”所致，其比例为29.1%；再次是因为其他原因，其比例为5.5%；还有是因为家庭缺少劳动力，其所占比例为3.6%（如表3－15所示）。由此可见，学习成绩的好坏以及由此产生的学习兴趣低下成为农村初中生辍学的头号杀手。

表3－15　　农户子女初中辍学的原因

原因	频次	百分比（%）
学习成绩不好，对学习没兴趣自己不想读了	67	60.9
家里需要劳动力	4	3.6
经济困难	32	29.1
有工作的机会	1	0.9
其他	6	5.5
合计	110	100.0

（五）职业教育的状况

农村职业教育是指在一定文化教育基础上，对农村广大的求业人员和从业人员所进行的有关职业知识与职业技能的教育①。农村职业教育与技能培训为技工培训提供了一个广阔天地，而农村劳动力转移培训，促进了农村富余劳动力就业，对农民增收提供了强有力的支持，开辟了智力扶贫的有效途径。《新编中国大百科全书·A卷·经

① 廖其发：《当代中国扫盲和农村成人教育的回眸与前瞻》，西南师范大学出版社2002年版，第127页。

济教育》中定义职业教育为："对青少年或成年人在就业前或者就业后，为提高其所从事职业的工作质量和效率所实施的一种专门教育。"[①] 随着社会的发展，逐渐产生了传授比较系统的文化科学知识和职业知识的职业学校教育，分为初等、中等和高等职业学校教育。[②] 本文中的农村职业教育即指农村地区的职业学校教育。它的主要目的在于培养具有一定文化科学基础知识和职业技能的初、中级专业人才，为农业发展和农村交涉培养具有较高素质以及劳动技术的熟练劳动者。[③] 根据1995年颁布的《中华人民共和国教育法》，成人教育的对象主要是针对已经走上工作和生产岗位，或者需要转换岗位的人员，以及正在谋求就业的待业者，对他们暂时没有，但对于履行岗位职责来说所必需的文化知识、专业技能进行教育培训。

本研究中关于农村居民接受农村职业教育及农村成人教育基本情况的分析，主要从农户家庭成员接受职业技术教育基本情况、农户家庭成员接受实用技术培训基本情况两个方面来展开。

与农村小学和初中教育相比，农村职业教育级别相对较高，加上受到各种因素的影响，农村居民接受农村职业教育的情况就显得更少。考虑到这一情况，为了更好地了解农户对于农村职业技术教育的评价及期望，了解当前农村居民接受农村职业教育的基本情况，我们对1000多户农户进行了调查。

一方面，就农户家庭成员接受职业技术教育的基本情况而言，调查显示（如表3－16所示），在有效被访的1037户农户中，农户家庭成员中接受过或正在接受职业技术教育的农户有222户，占21.4%；其余815户农户的家庭成员没有接受过职业技术教育的情况，占有效被访农户的78.6%。

---

① 黄勇、张景丽等：《新编中国大百科全书·A卷·经济教育》，延边大学出版社2005年版，第188页。

② 同上书，第188—189页。

③ 方仙友：《现阶段我国农村成人教育的理论与实践——浙江省温岭市的个案分析》，浙江工业大学硕士学位论文，2008年。

表 3 - 16　　农民接受职业技术教育的情况

您家有人接受过或正在接受职业技术教育吗			您的亲戚朋友中有人接受过或正在接受职业技术教育吗			您村有人接受过或正在接受职业技术教育吗		
	频次	百分比（%）		频次	百分比（%）		频次	百分比（%）
有	222	21.4	有	494	47.6	有	633	61.1
没有	815	78.6	没有	351	33.8	没有	172	16.6
合计	1037	100.0	不知道	192	18.5	不知道	231	22.3
			合计	1037	100.0	合计	1036	100.0

另一方面，就农户亲戚朋友接受职业技术教育的基本情况来看，调查表明，在有效访问的农户中，有 494 户农户回答“有”亲戚朋友接受过职业技术教育，占 47.6%；“没有”亲戚朋友接受过职业技术教育的农户有 351 户，占 33.8%；“不知道”亲戚朋友情况的农户有 192 户，占 18.5%。此外，就农户所在村成员接受职业技术教育的基本情况来看，问卷数据统计结果显示，有 633 户农户所在的村的成员有接受过或正在接受职业技术教育的情况，占有效被访者的 61.1%；没有接受职业技术教育的农户有 172 户，占 16.6%；而不知道村里是否有成员接受职业技术教育的农户有 231 户，占 22.3%。由此可见，尽管样本农户中接受职业技术教育的比例不高，但样本农户的亲戚或本村村民接受职业技术教育的现象比较普遍。

对于农民来说，实用技术的培训作用更为突出，也可以更直接地为农业生产、为农民就业提供更多更好的机会。那么，在被调查点，实用技术的培训情况如何？培训的作用怎么样？我们主要从以下几个方面出发来分析。

第一，要参与实用技术培训，就需要有实用技术的培训机会。调查显示（如表 3 - 17 所示），在被调查点，相关的实用技术培训非常少，只有 394 户农户所在的地方有实用技术培训，占 38.1%；没有实用技术培训的地方的农户有 400 户，占 38.6%；而不清楚的农户有 241 户，占 23.3%。由此不难看出，实用技术培训在农村还较少，满足不了农民的需求。

表 3－17　　农户当地实用技术培训机构的分布

是否有培训机构	频次	百分比（%）
有	394	38.1
没有	400	38.6
不清楚	241	23.3
合计	1035	100.0

第二，从被访者所在村的成员参加实用技术培训的情况来看，调查显示（如表 3－18 所示），所在村有成员参加实用技术培训的被访者共有 421 位，占有效被访者的 40.6%；所在村没有成员参加过实用技术培训的被访者有 234 位，占 22.6%；而不知道村里有没有人参加的被访者有 381 位，占 36.8%。

表 3－18　　身边人接受技术培训状况

<table>
<tr><th colspan="3">家里是否有人接受过实用技术培训</th><th colspan="3">亲戚朋友中是否有人接受过实用技术培训</th><th colspan="3">村里是否有人接受过实用技术培训</th></tr>
<tr><td></td><td>频次</td><td>百分比（%）</td><td></td><td>频次</td><td>百分比（%）</td><td></td><td>频次</td><td>百分比（%）</td></tr>
<tr><td>有</td><td>139</td><td>13.4</td><td>有</td><td>323</td><td>31.2</td><td>有</td><td>421</td><td>40.6</td></tr>
<tr><td>没有</td><td>897</td><td>86.6</td><td>没有</td><td>436</td><td>42.1</td><td>没有</td><td>234</td><td>22.6</td></tr>
<tr><td rowspan="2">合计</td><td rowspan="2">1036</td><td rowspan="2">100.0</td><td>不知道</td><td>277</td><td>26.7</td><td>不知道</td><td>381</td><td>36.8</td></tr>
<tr><td>合计</td><td>1036</td><td>100.0</td><td>合计</td><td>1036</td><td>100.0</td></tr>
</table>

第三，就农户的亲戚朋友参加实用技术培训的状况而言，调查表明（如表 3－18 所示），曾有亲戚朋友参加实用技术培训的农户有 323 户，占 31.2%；没有亲戚曾经参加实用技术培训的农户有 436 户，占 42.1%；而不知道有没有参加的农户有 277 户，占 26.7%。

第四，被访者家里有没有人参加过实用技术培训呢？从调查分析的结果来看（如表 3－18 所示），有 139 位被访者的家人曾参加过实用技术培训，占有效被访者的 13.4%；而 897 位被访者的家人没有参加过实用技术培训，占 86.6%。由此可见，多数农户家庭成员没有参加过实用技术培训。

第五，就农户所参与过的实用技术的培训来看，主要是由谁来组织的呢？调查显示（如表3－19所示），主要以政府组织的居多，占54.4%；其次为私人营利组织，占30.9%；而由非政府组织和企业营利组织及高等院校组织的依次分别有9.6%、2.9%和2.2%。由此我们不难看出，当前农村实用技术培训的组织主体比较单一，还没有形成多元主体组织的局面。

表3－19　　组织技术培训的主体分布

	频次	百分比（%）
政府	74	54.4
私人营利组织	42	30.9
非政府组织（非营利性组织）	13	9.6
高等院校	3	2.2
企业营利组织	4	2.9
合计	136	100.0

小结

农户正在上学的子女数量呈大幅度递减，其子女入学的年龄呈偏大的趋势。在学前教育中，农户子女学前教育首先受到当地教育资源不足的影响，而无法满足所有农户子女接受学前教育的需求；其次表现为农户对学前教育的保守观念降低了农村子女学前教育的接受率。在小学教育中，农户子女以就读公立学校为主，以单子女正在接受小学教育为主，农户子女就读小学各年级分布比较均衡，农村教育中小学辍学现象仍不可避免。在初中教育中，农户家庭子女所就读的学校的性质主要以公立学校为主，目前农户能够承担子女接受初中教育的各种费用，农户家庭子女初中辍学率较高，样本中10.9%的农户有子女初中辍学，学习成绩的好坏以及由此产生的学习兴趣低下成为农村初中生辍学的头号杀手。在职业教育和成人教育中，尽管样本农户中接受职业技术教育的比例不高，但样本农户的亲戚或本村村民接受职业技术教育的现象比较普遍。农户对农业技术培训持欢迎的态度，但当前农村实用技术培训的组织主体还比较单一，还没有形成多元主体组织的局面，还不能满足农户的培训需求。

三　农户对农村教育的满意度

（一）对小学教育的满意度

满意度是一种心理状态，是个体对产品或服务的事前期望与实际使用产品或服务后所得到实际感受的相对关系。农村教育是一种公共产品，是由政府提供的具有公益性质的服务。本研究将从就学的方便度、读书方式的满意度、孩子学习的满意度、学校生活的满意度等方面考察农户对农村小学教育的满意度状况。

1. 近 20% 的农户认为子女上小学不方便

就农村孩子上小学的方便程度而言，调查表明（如表 3 - 20 所示），在被访的农户中，80.3% 的农户对孩子上小学的方便程度感到满意。其中，26.8% 的农户认为“很方便”；37.8% 的农户认为“比较方便”；15.7% 的农户认为“方便”。但有 16.3% 的农户认为子女上小学“不太方便”。3.4% 的农户认为子女上小学很不方便。

表 3 - 20　　农户对子女上小学的方便度的评价

	频次	百分比（%）	累加百分比（%）
很方便	87	26.8	26.8
比较方便	123	37.8	64.6
方便	51	15.7	80.3
不太方便	53	16.3	96.6
很不方便	11	3.4	100.0
合计	325	100.0	

我国农村地域广阔，中西部地区多以山地丘陵为主，农户居住较为分散，农村学校的布局很难兼顾到所有的农户，不免给一些农户的子女就学带来不便。调查发现，有 11.7% 的农户子女上小学要翻山越岭，有

11.7%的农户子女上小学需要过河（无桥的河），有16.4%的农户子女上小学需要家长接送。农户对子女上学的方便性评价与子女上学是否翻山过河及需要接送具有明显的相关关系。如表3－21所示。

表3－21　农户家庭子女上学是否需要过河（翻山/接送）与农户对子女上学方便度评价关系　（单位:%）

子女读书方便程度	是否需要过河		是否需要翻山		是否需要接送	
	是	否	是	否	是	否
很方便	8.1	28.9	2.6	29.7	18.9	28.4
比较方便	24.3	39.7	23.7	39.9	39.6	37.3
方便	13.5	16.0	13.2	16.1	13.2	16.2
不太方便	43.2	12.9	52.6	11.5	17.0	16.2
很不方便	10.8	2.4	7.9	2.8	11.3	1.8
显著性检验	$\chi^2=27.78$，$p=0.00$		$\chi^2=42.05$，$p=0.00$		$\chi^2=10.68$，$p=0.026$	

2. 近15%的农户对子女小学的读书方式不满意

从小孩就读的形式来看，调查显示（如表3－22所示），多数农村小孩以“走读”的形式为主，占86.7%。而“住读”的有11.1%。那么，对于小孩的这种就读方式，作为孩子的家长或者监护人，他们是怎么看的？从调查分析的结果来看（如表3－23所示），多数被访者持满意态度。其中，认为非常满意、比较满意和满意的被访者依次分别占8.7%、40.4%和33.9%。认为不太满意的占11.5%，认为很不满意的占3.4%。

表3－22　农户子女读小学的方式

	频次	百分比（%）
住读	36	11.1
走读	280	86.7
其他	7	2.2
合计	323	100.0

表 3-23　农户对子女读小学的方式的满意度

	频次	百分比（%）	累加百分比（%）
非常满意	28	8.7	8.7
比较满意	130	40.4	49.1
满意	109	33.9	82.9
不太满意	37	11.5	94.4
很不满意	11	3.4	97.8
不知道	7	2.2	100.0
合计	322	100.0	

3. 农户对子女小学学习的总体满意度偏低

农户关于子女就读小学的学习满意度的量表主要由七个项目组成，量表内容不仅涉及学生的学习成绩、生活，同时还涉及教学条件、教学内容、学校管理以及教师的教学水平及职业道德7个方面（题项详见表3-25）。每一项内容的评价级别分5级，分别从非常满意到很不满意，在进行统计分析时，则依次分别赋予5分、4分、3分、2分、1分；而对于“不知道”选项则赋予0分。总体评价分则是通过将各个项目分数加总平均而得。

从量表统计结果来看，调查显示（如表3-24所示），农户对于子女就读小学的过程评价分数较低，有58.8%的被访者评价分在3分及以下。其中，评价分在2分及以下的被访者占18.3%；评价分在2.01~3.00分的被访者占40.6%；而评价分在3.01分以上的被访者占41.2%。具体到各个项目的评价分而言，以对子女的学习成绩满意度最高，均分为3.12分，标准差为1.02；其次对教师的教学水平及职业道德评价，均值均为2.94分，而对教师教学水平评价的标准差为1.15，对教师职业道德水平评价的标准差为1.22；再次对学生学校生活条件的评价，均值为2.89分，标准差为1.17；最低是对学校教学内容满意度，均值仅为2.68分，标准差为1.41。由此可见，农户对于子女就读小学的学习成绩和教师职业操守及业务能力评价较高，且农户之间的评价较为一致；对于学校的教学内容不太满意，评价较低。

表 3-24　　农户对子女小学学习状况满意度的分段分布

分数段	频次	百分比（%）	累加百分比（%）
2.00 分及以下	59	18.3	18.3
2.01～3.00 分	131	40.6	58.8
3.01 分以上	133	41.2	100.0
合计	323	100.0	

从总体评价分看，农户对于小学的过程评价总分均值为 2.89 分（小于 3.00 分），标准差为 0.87。可见，农户对于农村小学过程评价总体较低，且农户之间的评价较为一致。

表 3-25　　农户对子女小学学习各方面的满意度

项目	均值	标准差
农户对子女的学习成绩的满意度	3.12	1.02
农户对子女的学校生活条件的满意度	2.89	1.17
农户对学校的教学条件的满意度	2.88	1.16
农户对学校的教学内容的满意度	2.68	1.41
农户对学校的管理的满意度	2.84	1.30
农户对学校教师的教学水平的满意度	2.94	1.15
农户对学校教师的职业道德水平的满意度	2.94	1.22
各方面总体评价	2.89	0.87

（1）农户对子女的学习成绩比较满意。通过调查发现，72.6% 的农户对于在读小学的子女的学习成绩持满意的态度。其中，认为非常满意的占 6.8%；认为比较满意的占 32.0%；认为满意的占 33.8%。但近 1/3 的农户对子女的学习成绩并不满意，其中认为不太满意的占 21.8%；认为很不满意的占 4.9%。如表 3-26 所示。

表3-26　农户对子女的学习成绩及学校生活条件的满意度

	您对子女的学习成绩是否满意			您对子女的学校生活条件是否满意		
	频次	百分比（%）	累加百分比（%）	频次	百分比（%）	累加百分比（%）
非常满意	22	6.8	6.8	16	4.9	4.9
比较满意	104	32.0	38.8	84	25.9	30.9
满意	110	33.8	72.6	124	38.3	69.1
不太满意	71	21.8	94.5	67	20.7	89.8
很不满意	16	4.9	99.4	13	4.0	93.8
不知道	2	0.6	100.0	20	6.2	100.0
合计	325	100.0		324	100.0	

（2）近七成农户对子女就读的学校的生活条件持满意态度。调查显示，对子女就读的学校的生活条件非常满意的农户占有效被访农户的4.9%，比较满意的农户占25.9%，满意的农户占38.3%，即对于学校生活条件持满意态度的农户占有效被访农户的69.1%。而不太满意的农户占20.7%，很不满意的农户占4.0%，不知道的农户占6.2%（如表3-26所示）。由此我们可以看出，相比较而言，农户对于孩子上小学的学校生活条件满意度较低。

（3）近七成农户对子女所在学校的教学条件持满意态度。调查结果表明，对子女就读学校的教学条件持满意态度的农户占67.1%。其中，持非常满意态度的农户占4.6%；持比较满意态度的农户占27.4%；持满意态度的农户占35.1%。而持不满意态度的农户占22.8%，持很不满意态度的农户占4.6%（如表3-27所示）。总体满意度偏低。

（4）65.8%的农户对子女小学教育的教学内容持满意态度。调查表明，有15.4%的农户对自己的子女在小学所接受的知识并不清楚。18.8%的农户对子女在小学阶段所接受的教学内容持不满意的态度。其中持不太满意态度的农户占16.3%，持很不满意态度的农户占2.5%。而持满意态度的农户占65.8%，其中持非常满意、比较满意和满意态度的农户依次分别占5.2%、24.9%和35.7%（如表3-27所示）。由此可见，尽管半数以上的农户对子女所学的内容表示满意，但仍有34.2%的农户对子女的学校学习内容持消极的态度。

表 3－27　农户对子女所就读学校的教学条件及教学内容的满意度

	您对学校的教学条件是否满意			您对学校的教学内容是否满意		
	频次	百分比（%）	累加百分比（%）	频次	百分比（%）	累加百分比（%）
非常满意	15	4.6	4.6	17	5.2	5.2
比较满意	89	27.4	32.0	81	24.9	30.2
满意	114	35.1	67.1	116	35.7	65.8
不太满意	74	22.8	89.8	53	16.3	82.2
很不满意	15	4.6	94.5	8	2.5	84.6
不知道	18	5.5	100.0	50	15.4	100.0
合计	325	100.0		325	100.0	

（5）农户对学校管理的满意度较高。调查表明，一方面，在有效被访的农户中，持满意态度的有 70.5%。其中，有 5.5% 持非常满意的态度；有 26.8% 持比较满意的态度；有 38.2% 持一般满意的态度。另一方面，持不太满意态度的有 16.0%；持很不满意态度的有 2.8%。此外，不知道学校管理如何的农户占 10.8%。如表 3－28 所示。

表 3－28　农户对子女就读学校管理及学校教师职业道德水平的满意度

	您对学校的管理是否满意			您对学校教师的职业道德水平是否满意		
	频次	百分比（%）	累加百分比（%）	频次	百分比（%）	累加百分比（%）
非常满意	18	5.5	5.5	15	4.6	4.6
比较满意	87	26.8	32.3	96	29.6	34.3
满意	124	38.2	70.5	131	40.4	74.7
不太满意	52	16.0	86.5	45	13.9	88.6
很不满意	9	2.8	89.2	9	2.8	91.4
不知道	35	10.8	100.0	28	8.6	100.0
合计	325	100.0		324	100.0	

（6）农户对学校教师的职业道德水平的满意度较高。调查显示：74.7% 农户对教师的职业道德持满意态度，其中，持非常满意态度的占

4.6%；持比较满意态度的占29.6%；持满意态度的占40.4%。而持不太满意态度的占13.9%；持很不满意态度的占2.8%。如表3－28所示。

4. 农户对子女学习效果的评价

学习效果是农户对子女就读小学后所拥有的知识和技能的存量的总体认识。本研究从四个方面考察农户子女的小学的学习效果：做人的知识积累、做事的能力水平、劳动的技能水平、文化知识水平。评价维度分为很好、比较好、一般、比较差和很差五个维度，在统计时依次分别赋予5分、4分、3分、2分、1分。

从此次调查的结果来看（如表3－29、表3－30所示），多数被调查者对小学学习效果的评价总体分数较低，四个方面的总体评价均值为2.95分，标准差为0.71。其中，评价分在3.00分以上的被访者有107位，占34.5%；评价分在2.01～3.00分的被访者有167位，占53.9%；评价分在2.00分及以下的被访者有36位，占11.6%。由此可见，农户对子女目前就学的结果评价总体较低，且不同的农户的评价具有较高的一致性。

表3－29　　农户对子女读小学的效果的评价

分数段	频次	百分比（%）	累加百分比（%）
2.00分及以下	36	11.6	11.6
2.01～3.00分	167	53.9	65.5
3.00分以上	107	34.5	100.0
合计	310	100.0	

表3－30　　农户对子女小学学习各方面效果评价的统计值

项目	均值	标准差
做人的知识	3.04	0.86
做事的能力	2.94	0.87
劳动的技能	2.75	0.92
文化知识	3.08	0.92
总体评价	2.95	0.71

具体到各个项目的结果评价而言，调查表明，农户对于子女目前的文化知识水平评价相对较高，均值为3.08分，标准差为0.92；其次为对子女做人的知识评价，均值为3.04分，标准差为0.86；再次为对子女做事能力的评价，均值为2.94分，标准差为0.87；最后为对子女劳动技能的评价，均值为2.75分，标准差为0.92。由此可见，农户对于自己子女小学目前的各方面评价中，对其文化知识和做人知识的积累评价较高，而对于子女的劳动技能水平评价较低。

（二）对初中教育的满意度

关于农户对子女就读初中各方面的评价，我们主要从以下几个方面展开。

1. 子女就读的方便性评价

农户家庭中子女读初中是否方便呢？从此次调查的结果来看（如表3－31所示），选择“很方便”的农户占20.6%；选择“比较方便”的农户占46.2%；选择“方便”的农户占17.2%。而选择“不太方便”的农户占12.2%；选择“很不方便”的农户占3.8%。可见，84%的农户认为子女上初中是方便。但有16%的农户认为不方便。

表3－31 农户子女读初中的方便程度分布

	频次	百分比（%）	累加百分比（%）
很方便	54	20.6	20.6
比较方便	121	46.2	66.8
方便	45	17.2	84.0
不太方便	32	12.2	96.2
很不方便	10	3.8	100.0
合计	262	100.0	

就农户子女读初中的形式而言，调查显示（如表3－32所示），“走读”和“住读”两种形式大体相当，其中，子女初中“住读”的农户有116户，占44.3%；子女初中“走读”的农户有140户，占

53.4%；以其他方式就读初中的农户占2.3%。那么，对于子女的这种读书方式，农户的满意度如何？调查结果表明（如表3－33所示），多数农户持满意态度，约占79.0%。其中，非常满意的农户占7.3%；比较满意的农户占42.0%；而一般满意的农户占29.8%。而不太满意的农户占17.6%，很不满意的占2.3%。即近20%的农户对子女的初中就读方式不满意。

表3－32　　农户子女读初中的方式

	频次	百分比（%）
住读	116	44.3
走读	140	53.4
其他	6	2.3
合计	262	100.0

表3－33　　农户对子女读初中的上学方式的满意度

	频次	百分比（%）	累加百分比（%）
非常满意	19	7.3	7.3
比较满意	110	42.0	49.2
满意	78	29.8	79.0
不太满意	46	17.6	96.6
很不满意	6	2.3	98.9
不知道	3	1.1	100.0
合计	262	100.0	

2. 农户对子女学习状况的满意度分析

（1）农户对子女的学习成绩的满意度不高。调查表明（如表3－34所示），有67.2%的农户持满意态度。其中，非常满意的农户有23户，占8.8%；比较满意的农户有92户，占35.1%；一般满意的农户有61户，占23.3%。而持不满意态度的农户占37.1%，其中28.6%的农户持不太满意的态度，3.1%的农户持很不满意的态度。农户对子女的学习成绩满意度不高。

表 3-34　　农户对子女学习成绩及学校生活条件的满意度

	您对子女的学习成绩是否满意			您对子女的学校生活条件是否满意		
	频次	百分比（%）	累加百分比（%）	频次	百分比（%）	累加百分比（%）
非常满意	23	8.8	8.8	14	5.3	5.3
比较满意	92	35.1	43.9	68	26.0	31.3
满意	61	23.3	67.2	89	34.0	65.3
不太满意	75	28.6	95.8	58	22.1	87.4
很不满意	8	3.1	98.9	20	7.6	95.0
不知道	3	1.1	100.0	13	5.0	100.0
合计	262	100.0		262	100.0	

（2）农户对子女学校的生活条件满意度偏低。调查结果显示，农户对子女学校的生活条件持非常满意态度的有 5.3%；持比较满意态度有 26.0%；持满意态度的有 34.0%。而持不太满意态度的有 22.1%，持很不满意态度的占 7.6%。另有 5.0% 的农户对子女就读的学校的生活条件并不知情（如表 3-34 所示）。由此可见，近 30% 的农户对子女就读的学校的生活条件不满意。少数农户对子女的学校生活状况缺乏必要的了解，反映了教育在少数农户中的观念，一些农户认为子女交给学校，一切事务都由学校负责，家庭在教育中并不需要承担相应的责任。但绝大多数农户对子女的学校教育非常关注和关心。

（3）农户对子女就读的学校的教学内容的满意度不高。调查显示，有 63.7% 的农户对学校的教学内容持满意的态度，其中持非常满意态度的农户仅占 4.2%；有 15.3% 的农户对学校的教学内容持不满意的态度；有 21% 的农户对学校的教学内容是否满意表示不知道（如表 3-35 所示）。由于多数农户自身的文化教育程度并不高，再加上教学内容的不断改革，造成很多农户对学校教学内容的生疏和缺乏了解，但并不影响农户对此评价和判断，在理性主义和实用主义原则下，农户的满意度更多地取决于子女所学知识的实用性和当前的价值所在。部分农户对教学内容的无反应状态反映了农户对教育的态度，即教育由学校负责，自身无法判断教学内容的好坏。

表 3－35　农户对子女就读学校的教学条件及教学内容的满意度

	您对学校的教学条件是否满意			您对学校的教学内容是否满意		
	频次	百分比（%）	累加百分比（%）	频次	百分比（%）	累加百分比（%）
非常满意	8	3.1	3.1	11	4.2	4.2
比较满意	77	29.4	32.4	76	29.0	33.2
满意	80	30.5	63.0	80	30.5	63.7
不太满意	59	22.5	85.5	35	13.4	77.1
很不满意	13	5.0	90.5	5	1.9	79.0
不知道	25	9.5	100.0	55	21.0	100.0
合计	262	100.0		262	100.0	

（4）农户对学校的教学条件的满意度偏低。调查表明（如表 3－35 所示），有 63% 的农户对学校的教学条件表示满意，其中有 3.1% 的农户持非常满意的态度；有 29.4% 的农户持比较满意的态度；有 30.5% 的农户持一般满意的态度。而不太满意的有 22.5%；很不满意的农户有 5.0%；不知道的农户有 9.5%。不满意的农户占 27.5%。

（5）农户对学校的管理的满意度不高。调查显示，有 63.4% 的农户对学校的管理持满意的态度，其中非常满意的农户占 3.8%；比较满意的农户占 30.9%；一般满意的农户占 28.6%。而不太满意的农户占 22.1%；很不满意的农户占 4.2%。持不满意态度的农户占 26.3%。不知道学校的管理如何的农户有 27 户，占 10.3%。如表 3－36 所示。

（6）农户对学校教师的职业道德水平的满意度相对较高。调查显示，非常满意的农户有 10 户，占 3.8%；比较满意的农户有 73 户，占 27.9%；一般满意的农户有 101 户，占 38.5%；不太满意的农户有 37 户，占 14.1%；很不满意的农户有 9 户，占 3.4%。而不知道学校教师的职业道德水平如何的农户有 32 户，占 12.2%。如表 3－36 所示。

表 3－36　农户对孩子就读学校管理及学校教师职业道德水平的满意度

	您对学校的管理是否满意			您对学校教师的职业道德水平是否满意		
	频次	百分比（%）	累加百分比（%）	频次	百分比（%）	累加百分比（%）
非常满意	10	3.8	3.8	10	3.8	3.8
比较满意	81	30.9	34.7	73	27.9	31.7
满意	75	28.6	63.4	101	38.5	70.2
不太满意	58	22.1	85.5	37	14.1	84.4
很不满意	11	4.2	89.7	9	3.4	87.8
不知道	27	10.3	100.0	32	12.2	100.0
合计	262	100.0		262	100.0	

（7）农户对学校教师的教学水平的满意度不高。调查表明（如表 3－37 所示），非常满意的农户占 2.3%；比较满意的农户占 32.1%；一般满意的农户占 35.5%。而不太满意的农户有 46 户，占 17.6%；很不满意的农户占 3.4%。不知道学校教师的教学水平如何的农户有 24 户，占 9.2%。

表 3－37　农户对学校教师的教学水平的满意度

	频次	百分比（%）	累加百分比（%）
非常满意	6	2.3	2.3
比较满意	84	32.1	34.4
满意	93	35.5	69.8
不太满意	46	17.6	87.4
很不满意	9	3.4	90.8
不知道	24	9.2	100.0
合计	262	100.0	

农户对子女初中就读的整体状况的评价。农户对于子女就读初中的整体评价明显偏低。农户对子女初中就读状况的评价量表主要由七个项目组成，量表内容不仅涉及学生的学习方面、生活方面，同时还涉及教师教学方面、学校管理方面以及教师的教学水平及职业道德五

个方面（题项详见表3－39）。每一项内容的评价级别分为5级，分别从非常满意到很不满意，在进行数据的统计分析时，则依次分别赋值为5分、4分、3分、2分、1分；而对于“不知道”选项则赋予0分。总体评价分则是通过将各个项目分数加总平均而得。

表3－38　　农户对初中教学过程中各方面的评价

分数段	频次	百分比（%）	累加百分比（%）
2.00分及以下	57	21.8	21.8
2.01～3.00分	101	38.5	60.3
3.00分以上	104	39.7	100.0
合计	262	100.0	

从量表统计结果来看，农户对于子女就读初中的整体评价不高。从总体评价分值来看，农户对于子女初中学习的评价总分均值为2.814分（小于3.00分），标准差为0.928（如表3－39所示）。由此可以推断农户对于其子女就读初中的各方面过程评价总体偏低，而且不同农户之间的评价一致性较高。

表3－39　　农户对初中各方面的评价统计值

项目	均值	标准差
农户对子女的学习成绩的满意度	3.15	1.09
农户对子女的学校生活条件的满意度	2.84	1.19
农户对学校的教学条件的满意度	2.57	1.54
农户对学校的教学内容的满意度	2.74	1.28
农户对学校的管理的满意度	2.77	1.31
农户对学校教师的教学水平的满意度	2.85	1.23
农户对学校教师的职业道德水平的满意度	2.78	1.32
各方面总体评价	2.814	0.928

从分值的分段数据来看，60.3%的被访农户的评价分值在3.00分及以下。其中，评价分在2.00分及以下的被访农户占21.8%；评

价分在 2.01～3.00 分的被访农户占 38.5%；而评价分在 3.00 分以上的被访农户，占 39.7%。如表 3－38 所示。

具体到农户对各个项目的评价而言，以对子女的学习成绩的满意度相对较高，均值为 3.15 分，标准差为 1.09；其次为对教师的教学水平的评价，均值为 2.85 分，标准差为 1.23；再次为对子女在学校生活条件的评价，均值为 2.84 分，标准差为 1.19；最后为对教师职业道德水平的评价、对学校管理的评价以及对学校的教学内容的评价，三者的均值依次分别为 2.78 分、2.77 分和 2.74 分，标准差依次分别为 1.32、1.31 和 1.28；而评价最低的为对学校的教学条件的评价，所获评价均值仅为 2.57 分，标准差为 1.54。由此可见，农户对于就读初中的子女的学习成绩较为满意，对于教师的教学水平和子女在学校的生活条件也比较满意，而对于学校的教学条件最为不满意。

农户对子女初中学习的效果评价。对于农户对其子女就读初中的学习效果评价，本研究主要测量了农户对子女就读初中所获得的各方面素质评价，包括做人的知识、做事的能力、劳动的技能、文化知识四个方面。评价维度分别为很好、比较好、一般、比较差和很差五个维度，在数据统计时依次分别赋予 5 分、4 分、3 分、2 分、1 分。

从此次调查的结果来看，多数被调查者对子女上初中各方面的结果评价总体趋向于较好，四个方面素质的总体评价均值为 3.28 分，标准差为 0.59。其中，评价分在 3.00 分以上的被访者有 133 位，占 53.4%；评价分在 2.01～3.00 分的被访者有 107 位，占 43.0%；评价分在 2.00 分及以下的被访者有 9 位，占 3.6%（如表 3－40、图3－41 所示）。由此可见，农户对子女目前就学的结果评价总体较好，且不同的农户的评价具有较高的一致性。

表 3－40　　农户对子女初中学习效果的评价分段分布

分数段	频次	百分比（%）	累加百分比（%）
2.00 分及以下	9	3.6	3.6
2.01～3.00 分	107	43.0	46.6
3.00 分以上	133	53.4	100.0
合计	249	100.0	

而具体到各个项目的结果评价而言，调查显示，农户对于上初中的子女的文化知识评价最高，均值为3.41分，标准差为0.82；其次为对子女做人知识方面的评价，均值为3.35分，标准差为0.73；再次为对子女做事能力方面的评价，均值为3.24分，标准差为0.73；最后为对子女劳动技能的评价，均值为3.12分，标准差为0.88（如表3－41所示）。不难看出，农户对于上初中的子女目前的文化知识积累和做人知识积累情况较为满意，而对于子女的劳动技能评价较低。

表3－41　农户对子女初中学习各方面效果的评价统计值

项目	均值	标准差
做人的知识	3.35	0.73
做事的能力	3.24	0.73
劳动的技能	3.12	0.88
文化知识	3.41	0.82
总体评价	3.28	0.59

（三）对职业教育的满意度

就农户对职业技术教育的基本评价的分析而言，我们主要从以下几个方面展开。

首先，就农户对职业技术教育的必要性认知而言，调查显示，在被问及“您认为职业技术教育对农村孩子是否有必要”问题时，从回答的结果来看，有19.4%的被访农户认为非常有必要；有26.3%的被访农户认为比较有必要；而38.1%的被访农户认为有必要。只有13.9%和2.3%的被访农户分别认为“不太有必要”和“完全没有必要”。总体看来，83.8%的农户认为职业技术教育对农户是有必要的。如表3－42所示。

表3－42　　农户对职业技术教育的必要性认识

	频次	百分比（%）	累加百分比（%）
非常必要	201	19.4	19.4
比较必要	272	26.3	45.7
有必要	395	38.1	83.8
不太有必要	144	13.9	97.7
完全没有必要	24	2.3	100.0
合计	1036	100.0	

其次，从已有的实用技术培训的效果来看（如表3－43所示），44.1%的农户认为培训的效果很好，36%的农户认为培训效果比较好，19.1%的农户认为培训的效果一般，仅有0.7%的农户认为培训效果很差。由此，我们不难看出，农户对于实用技术效果的培训效果的总体评价比较好。农户对职业技术教育和培训普遍是欢迎的，这关系到农民的职业转换和生产技能的提高。

表3－43　　农户对实用技术培训评价

	频次	百分比（%）	累加百分比（%）
很好	60	44.1	44.1
比较好	49	36.0	80.1
一般	26	19.1	99.3
很差	1	0.7	100.0
合计	136	100.0	

小结

在小学教育中，近20%的农户认为子女上小学不方便。近15%的农户对子女小学的读书方式不满意。农户对子女在小学学习中各方面的总体满意度偏低，其中农户对于子女就读小学的学习方面和教师职业操守及业务能力方面评价较高，且农户之间的评价较为一致，而对于学校的教学内容不太满意，评价较低。农户对子女目前学习的结果评价总体较低，且不同的农户的评价具有较高的一致性，其中对子女获得的文化知识和做人知识的积累评价相对较高，而对于子女的劳动技能水平评价相对较低。

在初中教育中，有16%的农户认为子女就读不方便。近20%的农户对子女的初中就读方式不满意。农户对子女初中就读的整体状况的评价明显偏低，除了对学校教师的职业道德水平的满意度相对较高外，农户对子女的学习成绩、就读学校的生活条件、就读学校的教学内容、学校的教学条件、学校的管理、学校教师的教学水平的满意度均不高。尽管如此，农户对子女目前的学习效果的总体评价还是较好，且不同的农户的评价具有较高的一致性，其中农户对于子女的文化知识积累和做人知识积累情况较为满意，而对于子女的劳动技能评价较低。农户对职业教育的满意度较高，有83.8%的农户认为职业技术教育对农户是有必要的。农户对于实用技术效果的培训效果评价比较好。

四　农户对教育服务的行为选择

（一）对小学教育的选择

1. 乡村学校是农户子女就读的主要学校

如表3-44所示，在有孩子读小学的农户中，他们所就读的学校一般为村学校和乡镇学校，分别有151户和138户，占总数的46.3%和42.3%；而就读于县级学校、市级学校和省级学校的则非常少，分别只有24户、11户和2户，分别占7.4%、3.4%和0.6%。这与他们就学的方便性有很大关系。

表3-44　　农户子女就读小学的地点分布

小学类型	频次	百分比（%）
村学校	151	46.3
乡镇学校	138	42.3

续表

小学类型	频次	百分比（%）
县级学校	24	7.4
市级学校	11	3.4
省级学校	2	0.6
合计	326	100.0

2. 农户选择子女就学点的原因是多方面的

表3－45显示，有39.2%的被访农户就近选择学校；38.3%的农户是在没有可以选择的情况下做出的选择；15.7%的农户以“教学质量好”为选择子女就学学校的原则，其次分别有2.8%和0.9%的农户是处于费用和熟人关系的考虑选择子女就读的学校。由此我们不难看出，农户选择学校多出于学校与家庭距离的考虑，同时也是出于教育部出台的农村中小学学生“就近入学”规定的考虑。

表3－45　　农户选择子女就学地点的原因

	频次	百分比（%）
没有选择	124	38.3
教学质量好	51	15.7
距离近	127	39.2
费用低	9	2.8
有熟人	3	0.9
其他	10	3.1
合计	324	100.0

3. 农户对子女小学毕业后的选择

其中子女的意愿和子女的学习成绩为主要选择因素。对于农户而言，孩子小学毕业后会不会让他们继续升学读初中呢？调查显示，绝大多数的农户会让孩子继续念书，占97.8%（如表3－46所示）。那么，农户是如何做出这一决定的呢？他们主要根据什么标准来决定是否让孩子继续念书的？通过对农户回答“您选择孩子是否继续念书的根据是什么”这一问题的结果分析可以看出，最主要的标准是看“孩子的意愿”，选择这一选项的被访者有233位，占有效被访者的71.9%；同时，农户也注重“孩子成绩的好坏”，选择该选项的被访者占20.1%；而根据家庭的经济条件来决定的农户则占少数，仅有15.4%的被访者选择了此项（如表3－47所示）。由此我们不难看出，只要小孩愿意继续念书，多数农户会让孩子继续升学。

表3－46　农户子女小学毕业后是否会继续读高一级的学校

	频次	百分比（%）
会	318	97.8
不会	2	0.6
不知道	5	1.5
合计	325	100.0

表3－47　农户选择子女继续接受教育的原则

	频次	选择次数百分比（%）	选择个案数百分比（%）
孩子成绩好坏	65	15.7	20.1
孩子意愿	233	56.4	71.9
根据家庭的经济条件来定	50	12.1	15.4
其他	65	15.7	20.1
合计	413	100.0	127.5

说明：此题为多选题。

（二）对初中教育的选择

1. 农户子女以乡镇学校为主要就读学校

从孩子所就读的学校的地理位置而言，乡镇学校是农村孩子就读的主要地点，表3－48显示，有64.4%的农户子女在乡镇读初中，11.1%的农户子女在村中学读初中，在县市中学读书的农户子女为24.2%，少数农户的子女在省级学校读初中。而选择就读学校的理由也是多样的（如表3－49所示）。距离近是农户的首选原则，此类农户占35.5%；其次是没有别的选择，无奈的选择，此类农户占

31.7%；再次是教学质量好，此类农户占21.8%，费用低和有熟人关系分别有6.1%和1.5%的农户。降低教育投入的成本成为农户对子女择校的最重要的原则，

表3－48　　农户子女中学就读的学校

	频次	百分比（%）
村学校	29	11.1
乡镇学校	168	64.4
县级学校	50	19.2
市级学校	13	5.0
省级学校	1	0.4
合计	261	100.0

表3－49　　农户子女中学就读学校的选择依据

	频次	百分比（%）
没有选择	83	31.7
教学质量好	57	21.8
距离近	93	35.5
费用低	16	6.1
有熟人	4	1.5
其他	9	3.4
合计	262	100.0

2. 初中毕业后的职业选择

让适龄儿童接受九年制义务教育是我国法律给每个未成年人提供的基本的受教育权利。就目前的教育体制而言，初中毕业的农户子女面临着职业的选择，在有限的教育资源下，不可能每个孩子都有机会升到高一级的中学接受教育，之后再接受高等教育。如果孩子初中毕业后不能升到高一级的学校，那么农户会做出怎样的选择？调查发现，有44.4%的农户选择让子女到职业技术学校学习；有27.8%的农户选择让子女进城打工；有3.5%的农户选择让子女回家务农（如

表 3 - 50 所示）。

表 3 - 50　　农户对子女初中毕业的选择

	频次	百分比（%）
让孩子回家务农	9	3.5
让孩子进城打工	72	27.8
让孩到职业技术学校学习	115	44.4
其他	63	24.3
合计	259	100.0

（三）对职业教育的选择

农村教育的基本取向是以中小学为主体，突出抓好农村职业技术教育。据有关专家调查，目前我国农村劳动力中，接受过短期职业培训的占 20%，接受过初级职业技术培训或教育的占 3.4%，接受过中等职业技术培训的占 0.13%，而没有接受过技术培训的高达 76.4%，这说明职业技术教育的任务还很艰巨。从调查的情况来看，有 74.5% 的农户在有条件的情况下让子女接受职业教育；只有 13% 的农户对此持否定的态度（如表 3 - 51 所示）。这进一步印证了农户对职业技术教育的喜爱和欢迎。

表 3 - 51　　农户子女是否选择接受职业教育

	频次	百分比（%）
会	771	74.5
不会	135	13.0
不知道	129	12.5
合计	1035	100.0

从前面的分析中我们知道，农户对于实用技术培训的效果比较满意，那么，农户是否希望家人或自己参加一些实用技术培训？本次调查表明，希望能参加实用技术培训的被访者有 739 位，占 71.7%；不

希望的仅占28.3%（如表3－52所示）。由此可见，多数农户希望自己或者家人能参加实用技术培训，也就是说，多数农户存在实用技术培训方面的需求。

表3－52　　农户是否选择实用技术培训

	频次	百分比（%）
是	739	71.7
否	292	28.3
合计	1031	100.0

（四）农户在教育中的投入

教育是一项投资，在目前国家教育经费投入不足的情况下，相当一部分的经费由农户自己承担，特别是在义务教育经费改革以前，主要农村教育费用是由农户承担的。表3－53显示，35.4%的农户教育经费投入在3000元以上；26.8%的农户教育经费投入在500～1500元之间；20.4%的农户的经费投入在500元以下；17.5%的农户每年的教育经费投入在1500～3000元之间。农户的教育经费投入曲线呈U型结构。不同教育阶段的教育经费投入有很大的差别，其中义务教育阶段的费用相对较低，高中和职业教育的费用次之，而高等教育的经费投入从目前来说相对较高。但就农户的经费投入状况不足以反映农户的经济承受力，比较农户的经济收入，才能反映出教育经费投入在农户家庭的负担。表3－54显示，有62.4%的农户表示能够承受当前的教育费用，29.1%的农户表示勉强能够承受教育费用，8.5%的农户则表示完全承受不了当前的教育费用。有14.5%的农户曾经在上一年中借钱给子女读书（如表3－55所示）。

表3－53　　农户每年在教育上的花费（以2006年为依据）

	频次	百分比（%）
500元及以下	209	20.4
500—1000元	132	12.9

续表

	频次	百分比（%）
1000—1500 元	143	13.9
1500—2000 元	83	8.1
2000—2500 元	58	5.7
2500—3000 元	38	3.7
3000 元以上	363	35.4
合计	1026	100.0

说明：费用包括孩子上学的所有费用和参加各种培训班的费用。

表 3 - 54　　农户承担教育费用的能力

	频次	百分比（%）
承担得起	622	62.4
勉强能承担	290	29.1
承担不起	85	8.5
合计	997	100.0

表 3 - 55　　农户是否为子女上学借过钱

	频次	百分比（%）
是	143	14.3
否	854	85.7
合计	997	100.0

就农户每年投在教育上的费用而言，农户是如何看待的呢？调查显示，在被问及“对于每年花在教育上的费用您认为是否值得”问题时，有近半数的被访者认为“非常值得”，占 45.6%；有 38.1% 的被访者认为“比较值得”；有 13.6% 的被访者认为“一般值得”（如表 3 - 56 所示）。由此可见，97.3% 农户认为在教育上的投资是值得的，他们对于教育比较重视。

表 3－56　　农户对教育费用投入的认知

	频次	百分比（%）	累加百分比（%）
非常值得	460	45.6	45.6
比较值得	384	38.1	83.7
一般值得	137	13.6	97.3
不太值得	22	2.2	99.5
完全不值得	5	0.5	100.0
合计	1008	100.0	

小结

乡村学校是农户子女就读小学的主要学校，农户选择子女就学点的原因是多方面的，其中较多考虑学校与家庭的距离，同时也出于教育部出台的农村中小学学生“就近入学”规定的考虑。有97.8%的农户认为子女小学毕业后只要子女愿意农户就会让孩子继续念书，除了子女的意愿外，子女的学习成绩也是决定农户选择策略的重要因素。

农户子女以乡镇学校为初中主要就读学校，而选择初中就读学校的理由也是多样的，其中距离近是农户的首选原则。有44.4%的农户选择让初中毕业未能升入高中的子女到职业技术学校学习，27.8%的农户选择让子女进城打工。有74.5%的农户会在有条件的情况下让子女接受职业教育。有71.7%的农户希望自己或者家人能参加实用技术培训，也就是说，多数农户存在实用技术培训方面的需求。有62.4%的农户表示能够承受当前的教育费用，8.5%的农户则表示完全承受不了当前的教育费用。有14.5%的农户曾经在上一年中借钱给子女读书。有97.3%的农户认为在教育上的投资是值得的。

五　农户教育行为选择的环境条件分析

（一）社区文化环境

高等教育处在整个教育体系的顶端，曾经被定位为精英教育，随着近年来教育体制的改革，大学入学比例逐渐提高，从调查中可以反映出来，有97.4%的农户所在的村有大学生，84.3%的农户的亲戚朋友中有大学生（如表3－57所示）。精英教育的神秘面纱被揭开，大学生成为农村中普遍存在的群体之一。

表3－57　　农户关系网中大学生的分布

你们村有大学生吗			您的亲戚朋友中有大学生吗		
	频次	百分比（%）		频次	百分比（%）
有	1010	97.4	有	873	84.3
没有	22	2.1	没有	155	15.0
不知道	5	0.5	不知道	7	0.7
合计	1037	100.0	合计	1035	100.0

农村大学生的求学之路相对来说比较艰难，但在文化知识层面却处在社会的上层。尽管农村整体的文化素质偏低，农民的文化素质不高，但这并不影响农民对教育和文化知识的价值判断。在农村，在农民的眼中，这群靠自身的勤奋和努力而拥有丰富文化知识处在教育上层的农村大学生人群拥有怎样的声誉？即农户对于大学生及大学生家庭有怎样的评价？在一定程度上反映了农户所在社区的文化教育氛围。社会声望高的事物自然是公众仰慕的对象，如果通过一定的努力，也能获得这种声望，这种被仰慕的对象就会成为公众追求的对象，在一定范围内，形成一种追求的风气。调查结果显示，有88.2%的农户对大学生的评价高，认可大学生的身份和地位。其中对于大学生评价很高的被访者有462位，占44.6%；评价比较高的有452位，占43.6%；评价一般的有118位，占11.4%（如表3－58所示）。不难看出，被调查农户所在的社区对于大学生的评价较高，比较尊重这一高文化素质的人群。同时，就农

村群众对大学生家庭的评价而言，调查表明，总体上，农户对于大学生家庭的评价比较高。其中，认为很高的被访者占了34.6%；认为比较高的被访者占了49.8%。认为评价一般的被访者占15.2%。

表3－58　农户所在的村对大学生及大学生家庭的评价

	在您村人们对大学生的评价是			在您村村民对大学生家庭的评价是		
	频次	百分比	累加百分比	频次	百分比	累加百分比
很高	462	44.6	44.6	358	34.6	34.6
比较高	452	43.6	88.2	515	49.8	84.3
一般	118	11.4	99.6	157	15.2	99.5
比较低	3	0.3	99.9	5	0.5	100.0
很低	1	0.1	100.0			
合计	1036	100.0		1035	100.0	

（二）社会教育环境

教育是公共产品，教育的发展依赖于众多力量的支持。从组织层面来说，村级组织是农村教育环境的基层组织，其次是地方政府，具体而言是乡镇一级政府。如果再往上推一级，到县级政府。目前教育经费的统筹以县市为单位。从县市到乡镇政府对农村教育的投入力量直接反映了地方政府对教育的重视程度，农户对此会有真切的感受。调查显示，有86.3%的农户认为地方政府对教育是重视的，其中52.1%的农户认为地方政府比较重视当地教育，14.4%的农户认为地方政府非常重视地方教育，13.7%的农户认为地方政府不重视当地的教育（如表3－59所示）。总体而言，地方政府比较重视当地的教育，一些地方政府往往限于财力的困境，而无力投资教育。

同时调查显示，有96.6%的农户认为同村的村民重视教育，其中27.3%的农户认为同村村民非常重视教育；48.1%的农户认为同村村民比较重视教育；20.6%的农户认为同村村民一般重视教育。不难发现，村民对于农村教育的重视程度是很高的。这反映了农村教育在农村是广泛受到关注和重视的，农户主观上非常重视教育的重要意义和价值。农村教育的发展有深厚的群众基础。

表 3-59　　地方政府对农村教育的重视程度

	频次	百分比（%）	累加百分比（%）
非常重视	149	14.4	14.4
比较重视	389	37.7	52.1
重视	353	34.2	86.3
不太重视	101	9.8	96.1
不重视	40	3.9	100.0
合计	1032	100.0	

（三）宏观政策环境

国家的教育政策引领着农村教育的发展方向，推动农村教育发展的步伐，调动社会力量参与农村教育的积极性。调查显示，71%的农户表示了解国家的教育政策，其中6.5%的农户认为自己非常了解国家的教育政策，34.3%的农户表示比较了解教育政策，29.1%的农户表示不了解国家的教育政策（如表3-60所示）。政策是行动的导向，特别在集体行动中。农户对教育政策的了解程度从数据分布来看，呈正态分布。在信息相对闭塞的农村，国家政策的传播和发送受地理位置和传播手段的限制，往往会受到障碍，但在较为传统的农村地区，人们的行为间接地被政策所导引，部分信息渠道广泛的村民对国家政策的了解程度很高，他们在政策影响下的行动往往成为其他村民从众行为的模范。

表 3-60　　农户对国家教育政策的了解程度

项目	频次	百分比（%）	累加百分比（%）
非常了解	68	6.5	6.5
比较了解	289	27.8	34.3
一般了解	381	36.6	71.0
不太了解	263	25.3	96.3
不了解	39	3.8	100.0
合计	1040	100.0	

调查显示，92.5%的农户认为国家对教育是重视的，其中21.5%的农户认为国家非常重视教育，66.1%的农户认为国家比较重视教育。只有7.5%的农户认为国家不重视教育（如表3－61所示）。总体来看，农户认为国家对教育是比较重视的。这为农户的教育行为客观上创造了良好的宏观政策环境。

表3－61　　农户视角中的国家对农村教育的重视程度

项目	频次	百分比（%）	累加百分比（%）
非常重视	223	21.5	21.5
比较重视	464	44.7	66.1
一般重视	274	26.4	92.5
不太重视	78	7.5	100.0
合计	1039	100.0	

小结

大学生成为农村社区中普遍存在的群体，农户对大学生及大学生家庭普遍持比较高的评价。在农村社区中已形成了尊重文化人的社会风气。农村地方政府在农户心目中是重视农村教育的，在此认知下，社区村民对教育也很重视。农户对国家的教育政策比较了解并认可国家对农村教育的重视程度。从社区文化环境、社区教育环境和国家政策环境来看，农户认为都是比较好。

六　农户对农村教育的期望

期望是指一个人根据以往的能力和经验，在一定的时间里希望达到目标或满足需要的一种心理活动。期望理论（Expectancy Theory），又称作“效价—手段—期望理论”，是由北美著名心理学家和行为科学家维克托·弗鲁姆（Victor H. Vroom）于1964年在《工作与激励》中提出来的激励理论。期望理论是反映需要与目标之间的关系的。

教育是培养人的活动，这是一个系统而复杂的过程，它涉及与人的培养密切相关的方方面面和众多的环节。在每一个方面和环节上，教育的主体会对此产生相应的期待或者目标，这种期待是与主体所处的环境条件相关的。以下将从几个方面分析农户在教育活动中的期望目标。

（一）对学前教育的期望

幼儿的学前教育是启蒙教育，它是为正规系统的知识和技能教育做铺垫的。传统的农业社会，人们对儿童的启蒙教育并不重视，再加上农业生产活动是一种较为自主活动，没有严格的规章制度的约束，农户大多根据农事的需要安排劳作的时间，因此农户的幼儿往往是由不干农活的家庭成员养育，其养育的基本任务是满足幼儿的生理需要和保障幼儿的基本安全，并不认为幼儿需要早期的智力开发。随着教育的发展，人们逐渐认识到早期儿童的智力开发很重要。调查表明，农户非常重视幼儿的启蒙教育，92.6%的农户期望自己的子女能够接受学前的教育（如表3－62所示）。

表3－62　　农户是否期望孩子能上幼儿园

	频次	百分比（%）
是	948	92.6
否	76	7.4
合计	1024	100.0

（二）对小学教育的期望

1. 对学校距离的期望

学校距离的远近影响着农户子女的教育，尤其是对于正在接受小学教育的学生更是如此，因为多数小学生年龄还比较小，在安全问题上总会让父母亲担心，而学校距离的远近在一定程度上与农村小学生上学的安全有着一定的关系。在此次调查中发现，有79位被访者的子女在离家2.0公里以上的学校就读，占24.5%；子女在离家1.0～2.0公里的学校就读的农户有57户，占17.6%；子女在离家0.5～1.0公里的学校就读的农户有69户，占21.4%（如表3－63所示）。

不难看出，多数家庭的子女就读学校离家相对较远。那么，农户期望子女所在学校离家有多远？希望在多远的学校就读？调查显示，有80.5%的农户希望自己的子女在离家1.0公里及以内的学校就读，这与实际情况相去甚远，实际上只有57.9%的农户子女在离家1.0公里以内的学校读小学。其中，希望距离在0.25公里及以内的农户有63户，占20.1%；希望距离在0.5公里以内的农户占58.1%；希望距离在0.25~0.5公里的农户有119户，占38.0%（如表3-63所示）。由此不难看出，91.7%的农户希望子女在离家较近的学校上学，但是又不能离得太近，即1~2里以内的距离。

表3-63　子女就读小学学校的实际距离及农户的期望距离

学校实际距离				农户的期望距离			
	频次	百分比（%）	累加百分比（%）		频次	百分比（%）	累加百分比（%）
小于等于0.8里	51	15.8	15.8	小于等于0.5里	63	20.1	20.1
0.8~1.0里	67	20.7	36.5	0.5~1.0里	119	38.0	58.1
1.0~2.0里	69	21.4	57.9	1.0~2.0里	70	22.4	80.5
2.0~4.0里	57	17.6	75.5	2.0~4.0里	35	11.2	91.7
大于4.0里	79	24.5	100.0	大于4.0里	26	8.3	100.0
合计	323	100.0		合计	313	100.0	

2. 对上学方式的期望

就农户子女现在就读小学的方式而言，调查结果显示，多数农户家庭的子女主要以“走读”的上学方式为主，选择这一选项的农户有280户，占88.6%；子女以“住读”方式上学的农户有36户，占11.4%（如表3-64所示）。那么，农户对这种读书方式是否满意，农户希望子女以何种方式上学？此次调查显示，跟实际情形一样，只有较少部分农户希望子女以“住读”的方式上小学，选择这一选项的农户仅有46户，占14.2%；希望以“走读”方式上学的农户有277户，占85.8%。由此可见，多数农户家庭的子女上小学的方式主要以“走读”为主，而多数农户对于这种方式也较为满意，心理上也期望子女能以“走读”的方式上学。

表 3-64　　子女就读小学的形式及农户期望的就读形式

实际就读形式			农户期望的形式		
	频次	百分比（%）		频次	百分比（%）
住读	36	11.4	住读	46	14.2
走读	280	88.6	走读	277	85.8
合计	316	100.0	合计	323	100.0

3. 对学校性质的期望

就农户对子女上学的学校期望而言，调查结果表明（如表 3-65 所示），绝大多数的农户希望自己的子女在公立学校就读，有 306 户农户选择了这一选项，占有效被访农户的 95.0%；只有少数农户（16 户）希望自己的子女在私立学校就读，占有效被访农户的 5.0%。一般来说，私立学校在教学方面要求比较严格，因而其教学质量相对也较好。但为什么还有那么多的农户希望自己的子女在公立学校就读而不是私立学校？笔者认为一方面是因为私立学校一般收费都比较高，而这对于多数低收入农户家庭来说无疑是一个巨大负担；另一方面可能与农村办学体制有关，农村学校多为公立学校，而且在公立学校可以享受到更多的相关国家优惠政策。

表 3-65　　农户期望子女上学的学校性质

性质	频次	百分比（%）
公立	306	95.0
私立	16	5.0
合计	322	100.0

4. 对小学毕业后各方面素质水平的期望

农户对于子女小学毕业后的各方面素质水平期望如何？他们希望自己的子女发展到何种程度？在研究中，与测量农户对子女上学中的各方面素质能力评价一样，主要考察农户对子女四个方面的素质期待，包括做人的知识、做事的能力、劳动的技能、文化知识。期望评价级别共五级，分别为很好、较好、一般、较差、很差，依次分别赋予 5 分、4 分、3 分、2 分、1 分。

从问卷调查的分析结果来看（如表 3－66 所示），大多数农户对子女在接受小学教育后的期望都比较高，其中，期望分数值在 4.00 分以上的农户有 245 户，占 78.5%；3.01～4.00 分的农户有 63 户，占 20.2%；而在 2.01～3.00 分的农户有 4 户，占 1.3%。具体到各个项目而言，农户对于子女的文化知识水平期待最高，均值为 4.68 分，标准差为 0.57；其次是对于子女做人的知识的期望，均值为 4.64 分，标准差为 0.55；再次是对于子女做事能力的期望，均值为 4.53 分，标准差为 0.63；最后是对于子女劳动技能的期待，均值为 4.48 分，标准差为 0.66。由此可见，农户对于子女小学教育阶段最主要的期望是希望子女能学到更多的文化知识以及做人的知识，而对于子女做事能力以及劳动能力要求相对较低。

表 3－66　农户对子女小学毕业后各方面素质期望统计值

项目	均值	标准差
做人的知识	4.64	0.55
做事的能力	4.53	0.63
劳动的技能	4.48	0.66
文化知识	4.68	0.57
总体评价	4.58	0.51

5. 对小学毕业后的就学前景期望

就农户对其子女小学毕业后的就学前景而言，调查显示，在回答“您希望子女读完小学后将来能读到什么程度”这一问题时，有 204 位被访者选择了“大学及以上”，占有效被访者的 63.0%；有 95 位被访者选择了“能读到什么程度算什么程度”选项，占有效被访者的 29.3%；选择“高中毕业”的有 18 位被访者，占有效被访者的 5.6%；而选择“初中毕业”和“小学毕业”的被访者分别有 6 位和

1位，分别占1.9%和0.3%（如表3－67所示）。由此可见，在可能的情况下，多数农户希望子女能读到大学或者以上。

表3－67　　农户希望子女读完小学后就学趋势

程度	频次	百分比（%）	累加百分比（%）
小学毕业	1	0.3	0.3
初中毕业	6	1.9	2.2
高中毕业	18	5.6	7.7
大学及以上	204	63.0	70.7
能读到什么程度算什么程度	95	29.3	100.0
合计	324	100.0	

（三）对初中教育的期望

1. 对综合素质的期望值

本研究从做人的知识、做事的能力、劳动技能、文化知识四个方面考量农户对子女接受初级中学教育后应获得的素质的期望值，以此考察农户对子女初中教育的期望目标。分析发现（见表3－68）：农户对子女的这四个方面的期望值普遍较高，这四项的统计值均值均在4.5分以上，满分值是5分。各项的标准差较小均不超过0.6，总体均值是4.7分，标准差是0.424，内部一致性较高。充分反映了农户对初级中学教育的高期望值。

表3－68　　农户对子女接受初中教育后的素质的期望统计值

项目	均值	标准差
做人的知识	4.75	0.497
做事的能力	4.68	0.541
劳动的技能	4.60	0.574
文化知识	4.81	0.435
总体期望	4.7077	0.424

比较农户对子女的评价和期望，不难看出，两者之间的差距比较

大。具体比较如下：

做人的知识水平比较。调查结果表明（如表 3－69 所示），有 24 户农户认为一般，占 9.6%；有 49.2% 的被访者认为比较好；有 40.8% 的被访者认为很好；而认为比较差的被访者占 0.4%。由此可见，多数农户对于读完初中后的孩子的做人知识储备量评价中等。那么，从农户视角来看，孩子读完初中后，做人知识水平应该达到何种程度呢？问卷数据分析结果显示，有 77.0% 的被访者希望“很好”；有 21.0% 的被访者希望“比较好”；而有 1.6% 的被访者希望“一般好”（如表 3－69 所示）。由此不难看出，绝大多数农户希望孩子初中毕业后在做人的知识储备方面做得比较好。

表 3－69　农户对初中毕业孩子的做人知识水平评价及期望

	做人的知识目前的情况			做人的知识希望具备的水平		
	频次	百分比（%）	累加百分比（%）	频次	百分比（%）	累加百分比（%）
很好	102	40.8	40.8	191	77.0	77.0
比较好	123	49.2	90.0	52	21.0	98.0
一般	24	9.6	99.6	4	1.6	99.6
比较差	1	0.4	100.0	1	0.4	100.0
很差	0	0		0	0	
合计	250	100.0		248	100.0	

做事能力素质的比较。从数据分析的结果（如表 3－70 所示）我们可以看出，多数农户认为孩子初中毕业后，其做事能力一般，选择这一选项的农户有 141 户，占 56.4%；认为很好的被访者占有效被访者的 4.8%；认为比较好的被访者占 27.2%；认为比较差的被访者占 10.8%；而认为很差的被访者占 0.8%。由此不难看出，农户对于初中毕业的孩子的做事能力普遍评价中等。那么，农户希望孩子初中毕业后做事能力达到什么水平呢？调查表明，有 175 位被访者希望“很好”，占有效被访者的 70.6%；有 68 位被访者希望“比较好”，占有效被访者的 27.4%；有 1.2% 的被访者希望“一般”。由此可见，农户对于孩子初中毕业后的做事能力提高水平期望值很高。

表 3 – 70　　农户对初中毕业孩子的做事能力评价及期望

	做事能力目前的情况			做事能力希望具备的水平		
	频次	百分比（%）	累加百分比（%）	频次	百分比（%）	累加百分比（%）
很好	12	4.8	4.8	175	70.6	70.6
比较好	68	27.2	32.0	68	27.4	98.0
一般	141	56.4	88.4	3	1.2	99.2
比较差	27	10.8	99.2	2	0.8	100.0
很差	2	0.8	100.0			
合计	250	100.0		248	100.0	

劳动技能的比较。农村孩子初中毕业后他们的劳动技能怎么样呢？调查显示，农户普遍认为其孩子初中毕业后，劳动技能一般，选择这一选项的农户占 43.0%；认为孩子初中毕业后劳动技能比较好的被访者占 27.7%；认为很好的占 5.2%；而认为比较差的被访者占有效被访者的 22.1%。那么，农户期望孩子初中毕业后，其劳动技能达到什么水平呢？调查结果显示，多数农户希望孩子初中毕业后劳动技能达到“很好”的水平，选择这一选项的农户有 159 户，占有效被访农户的 64.1%；希望“比较好”的农户有 80 户，占 32.3%；只希望达到“一般”水平的农户占 3.2%。如表 3 – 71 所示。

表 3 – 71　　农户对初中毕业孩子的劳动技能评价及期望

	劳动技能目前的情况			劳动技能希望具备的水平		
	频次	百分比（%）	累加百分比（%）	频次	百分比（%）	累加百分比（%）
很好	13	5.2	5.2	159	64.1	64.1
比较好	69	27.7	32.9	80	32.3	96.4
一般	107	43.0	75.9	8	3.2	99.6
比较差	55	22.1	98.0	1	0.4	100.0
很差	5	2.0	100.0			

文化知识的比较。其文化知识达到了何种程度呢？通过调查发现

（如表3-72所示），多数被访者认为孩子的文化知识中等水平偏上。其中，有8.0%的被访者认为很好；有38.4%的被访者认为比较好；而有41.2%的被访者认为一般。同时，从表3-72中数据我们也可以看出，认为比较差的被访者占11.6%；认为很差的被访者占0.8%。由此可见，总体上，农户对于初中毕业的孩子的文化知识水平评价较高。但是否已经达到了农户期望的结果呢？调查表明，绝大多数农户希望孩子初中毕业后其文化知识达到“很好”的程度，有81.9%的被访者选择了该选项；有17.3%的被访者希望达到“比较好”的程度。

表3-72　　农户对初中毕业孩子的文化知识水平评价及期望

	文化知识目前的情况			文化知识希望具备的水平		
	频次	百分比（%）	累加百分比（%）	频次	百分比（%）	累加百分比（%）
很好	20	8.0	8.0	203	81.9	81.9
比较好	96	38.4	46.4	43	17.3	99.2
一般	103	41.2	87.6	1	0.4	99.6
比较差	29	11.6	99.2	1	0.4	100.0
很差	2	0.8	100.0			
合计	250	100.0		248	100.0	

2. 农户对在读初中的子女的教育程度的期望

从农户的视角出发，孩子初中毕业后，他们希望孩子能读到什么程度呢？调查结果表明（如表3-73所示），就农户本身而言，多数农户希望孩子能读到“大学及以上”，选择这一选项的农户有169户，占65.0%；选择读到“高中”的农户占4.6%；还有一部分农户则主要根据孩子读书的情况，“能上到什么程度算什么程度”，选择这一选项的农户有78户，占30.0%。由此可见，多数农户希望自己的孩子能读到大学及以上。

表 3-73　　农户期望读初中的子女将接受何种程度的教育

	频次	百分比（%）	累加百分比（%）
初中毕业	1	0.4	0.4
高中毕业	12	4.6	5.0
大学及以上	169	65.0	70.0
能上到什么程度算什么程度	78	30.0	100.0
合计	260	100.0	

（四）对职业教育和技术培训的期望

农户对于农村职业教育或实用技术培训的期望如何？都有哪些需求？我们将从农户对实用技术培训的主体期望、培训的实用技术类型期望、实用技术培训的地点期望以及实用技术培训的时间期望四个方面来展开。

1. 农户对实用技术培训组织主体的期望

就农户对实用技术培训的组织主体期望来看，此次调查的分析结果显示（见表 3-74）：一方面，多数农户希望由“政府”来组织实用技术培训，选择“政府”这一选项的农户有 554 户，占有效被访农户的 76.6%；其次为希望由“非政府组织”来组织，选择这一选项的农户有 82 户，占有效被访农户的 11.3%；再次为希望由“高等院校”来组织，选择这一选项的农户有 62 户，占 8.6%；最后为选择“私人营利组织”和“企业营利组织”的农户，分别有 16 户和 9 户，分别占 2.2% 和 1.2%。不难看出，农户对于政府还是比较信任，期望由政府来组织实用技术培训。

表 3-74　　农户希望实用技术培训的组织主体

培训组织主体	频次	百分比（%）
政府	554	76.6
私人营利组织	16	2.2
非政府组织（非营利性组织）	82	11.3
高等院校	62	8.6

续表

培训组织主体	频次	百分比（%）
企业营利组织	9	1.2
合计	723	100.0

2. 农户对实用技术类型的需求

农户需要哪些技术培训？希望培训主体提供哪些技术服务？通过农户对“您希望获得哪些方面的科学技术培训”这一问题的回答结果分析来看（见表3－75），农户最需要的是“农业种植”的技术培训，选择这一选项的农户有278户，占37.9%；其次为“经营管理”技术培训，选择该选项的农户有199户，占27.1%；再次为“产品加工”技术培训，选择这一选项的农户有135户，占18.4%；最后为“其他”技术，占16.5%。由此可见，农户对于实用技术的需求呈现出多元化趋势，但主要表现为对“农业种植”和“经营管理”的技术需求。

表3－75　　　　农户希望实用技术培训的内容

培训内容	频次	百分比（%）
农业种植	278	37.9
产品加工	135	18.4
经营管理	199	27.1
其他	121	16.5
合计	733	100.0

3. 农户对实用技术培训地点的期望

就农户对实用技术培训的地点期待而言，调查表明（见表3－76），大多数农户希望实用技术培训的地点设在“本乡镇”或者是在“本村”，选择这两个选项的农户有565户，占了有效被访农户的77.3%。其中，选择“本村”的农户有327户，占44.7%；选择“本乡镇”的农户有238户，占32.6%；选择“本县市”的农户有98户，占13.4%；选择“高等院校”的农户有54户，占7.4%；而选择“其他”的农户有14户，占1.9%。由此可见，农户希望在举行实用技术培训时，能够在离家近的地方进行，离家越近越好。

表 3－76　　农户希望实用技术培训地点

培训地点	频次	百分比（%）
本村	327	44.7
本乡镇	238	32.6
本县市	98	13.4
高等院校	54	7.4
其他	14	1.9
合计	731	100.0

4. 农户对实用技术培训时间的期望

就农户对于实用技术培训的时间选择而言，调查显示（见表 3－77），农户较倾向于选择非农忙时节或者是每年定期开展。其中，农户最希望的培训时间是“农闲”时期，选择这一选项的农户有 350 户，占 47.8%；其次希望“每年定期”开展培训活动，选择这一选项的农户有 169 户，占 23.1%；再次为选择“每月定期”开展的农户有 125 户，占 17.1%；最后为选择“暑假或寒假”开展的农户，有 50 户，占 6.8%。

表 3－77　　农户希望实用技术培训的时间

培训时间	频次	百分比（%）
每月定期举行	125	17.1
农闲举行	350	47.8
每年定期举行	169	23.1
暑假或寒假	50	6.8
其他	38	5.2
合计	732	100.0

（五）对教育目标的期望

从农户送孩子上学的主要目的来看，调查显示（见表 3－78），多数农户送孩子上学主要是为了“升学，考大学，离开农村到城市工作”，选择这一选项的农户占了56.1%；其次为选择“寻求致富路”的农户，占24.0%；再次为选择“增强劳动能力，获得劳动技能”的农户，占14.4%。由此可见，农户送孩子上学的最主要目的是让孩子到城市工作。

表3－78　　农户认为孩子上学念书的主要目的

	频次	百分比（%）
升学，考大学，离开农村到城市工作	577	56.1
增强劳动能力，获得劳动技能	148	14.4
认字算账，不成为文盲	38	3.7
寻求致富路	247	24.0
其他	19	1.8
合计	1029	100.0

在农户看来，农村的孩子应该至少接受哪种程度的教育呢？在被问及“您认为农村孩子至少学要获得哪种程度的教育”这一问题时，回答最多的选项是“高中”，有504位被访者，占48.8%；其次为“大学本科以上”的被访者有293位，占28.4%；再次为“初中”，选择这一选项的被访者占16.9%（如表3－79所示）。由此可见，农户对于孩子的受教育程度期望值比较高。那么，农户对于农村孩子受教育的主要目的有何看法，表现出何种评价？调查显示（见表3－80），多数农户认为孩子受教育的主要作用在于“为家里”，选择这一选项的农户有511户，占49.4%；选择“为社会”的农户有312户，占30.2%；选择“其他”的农户有146户，占14.1%。由此不难看出，近半数的农户对于孩子接受教育的作用还认识不清。

表3－79　　农户认为农村孩子至少获得的教育程度

	频次	百分比（%）	累加百分比（%）
小学	6	0.6	0.6
初中	175	16.9	17.5

续表

	频次	百分比(%)	累加百分比(%)
高中	504	48.8	66.3
大学本科以上	293	28.4	94.7
不清楚	55	5.3	100.0
合计	1033	100.0	

表3-80　　农户认为农村孩子受教育的主要作用

	频次	百分比(%)
为社会	312	30.2
为农村	65	6.3
为家里	511	49.4
其他	146	14.1
合计	1034	100.0

小结

农户重视幼儿的启蒙教育，92.6%的农户期望子女能够接受学前教育，近92%的农户期望子女在2公里以内的小学就读，80%的农户期望子女在1公里以内的小学就读，这与实际情况相去甚远。农户期望子女以走读的方式读小学。95%的农户期望子女在公立学校就读小学，但仍有5%的农户期望子女在私立小学就读。农户对子女小学毕业的各方面的期望都比较高，特别强调子女的文化知识。63%的农户对在读小学的子女的教育程度的期望值是大学程度，但近30%的农户对在读小学的子女的教育程度并无明确期望，抱着走一步算一步的态度。农户对子女初中教育的期望值较小学教育更高，强调文化知识和做人知识的积累。65%的农户期望初中在读子女能够获得大学及以上的教育，这比对在读小学的子女的期望高两个百分点。76.6%的农户期望由政府出面组织农业技术培训和成人教育，此外期望有非营利性组织和高等院校参与组织。农户期望获得农业种植和经营管理方面的技术培训，并期望这种培训在本村或本乡镇在农闲时每年定期举行。56.1%的农户认为子女上学读书的主要目的是考大学，离开农村到城市去。94.1%的农户认为子女至少应该初中毕业，其中77.2%的农户认为至少获得高中程度的教育。49.4%的农户认为子女读书的作用是为了家庭，30.2%的农户认为是为了社会，很少有农户认为是为了农村。

七　影响农户教育需求的因素分析

农户的教育需求及在教育中的行为是受到多方面因素影响的，本研究从经济发展水平、教育文化程度、服务收益、社会文化环境等方面探讨影响农村教育需求及其行为的因素。

（一）影响幼儿教育需求的因素

1. 地区分布对农户幼儿教育需求的影响

我国的经济发展存在着严重的区域不平衡性，正如我国的地形结构一样，由东往西逐渐弱化。东部是发达的沿海省份，中部是比较发达的平原及丘陵省份，而西部则是较为落后的高原省份。从区域的分布状况来看，东部及中西部地区的农户对子女的幼儿教育比较重视，需求也较为强烈，更希望子女能有条件接受到较好的启蒙教育。西部地区的农户的需求相对较弱。不同区域的农户对子女的启蒙教育的需求存在显著差异（统计上显著，如表3－81所示）。发达地区的教育相对较为完善，启蒙教育的条件相对较好，信息渠道广泛，农户对启蒙教育的重视程度较强，因此需求相对较强。

表3－81　经济发展水平对农户是否希望孩子上幼儿园的影响（单位：%）

农户是否希望孩子上幼儿园	所属区域		
	东部	中部	西部
是	94.6	94.3	87.9
否	5.4	5.7	12.1

续表

农户是否希望孩子上幼儿园	所属区域		
	东部	中部	西部
合计	100.0	100.0	100.0
(N)	(312)	(423)	(289)
显著性检验	$\chi^2=12.89$, $p=0.002$		

2. 家庭经济状况的影响

考察家庭经济状况对农户幼儿教育需求的影响，如表 3－82 所示，家庭经济状况越好，其对幼儿教育的需求越强烈。幼儿教育是学前教育的一种教育，一般指 3～6 岁儿童的教育，不属于义务教育的范畴。2001 年以后幼儿教育开始市场化改革，改革的后果一方面使得个人的教育成本增加，另一方面政府在幼儿教育方面的管理不到位造成幼教市场混乱、办学机构良莠不齐。特别是在农村地区，幼教资源相对有限，个人受教育的成本更高。因此，经济状况严峻考验着农户的教育需求。

表 3－82　家庭经济状况与农户对孩子上幼儿园的希望　(单位:%)

是否希望孩子上幼儿园	觉得家里的经济状况如何			
	富裕	略有节余	基本够用	有些困难
是	97.0	94.9	92.0	88.8
否	3.0	5.1	8.0	11.2
合计	100.0	100.0	100.0	100.0
(N)	(66)	(371)	(399)	(35)
显著性检验	$\chi^2=12.18$, $p=0.013$			

3. 农户户主职业的影响

调查显示，户主从事非农职业的农户对幼儿教育的需求明显高于户主从事农业的农户。户主的职业结构与农户的幼儿教育需求呈显著的相关关系，如表 3－83 所示。从事非农职业的农户工作的时间比较固定，一般有相对稳定的上下班时间，从时间的分布上看，他们较少有充裕的时间亲自照看幼儿，因此更希望子女能够进入幼儿园接受教育。这种选择，一方面为子女的基础教育打下一定的基础，更好地开发子女的智力，另一方面也能够为自己的工作腾出相应的时间。而从事农业的农户，由于农业生产的季节性特点和劳作时间主要由自己安排的特性，农户有较为宽裕的照看幼儿的时间，因此其幼儿教育的需求相对较弱。

表 3-83 从事职业对农户是否希望孩子上幼儿园的影响 （单位:%）

农户是否希望孩子上幼儿园	农户户主主要从事的职业			
	农村务农	农村务工	城镇工作	其他
是	89.7	96.1	93.5	94.7
否	10.3	3.9	6.5	5.3
合计	100.0	100.0	100.0	100.0
(N)	(447)	(230)	(217)	(57)
显著性检验	$\chi^2=9.9$，$p=0.019$			

4. 农户对教育投入的认知的影响

舒尔茨等的人力资本理论认为，教育投入是一种人力资本的投资，而非仅仅是一种消费。人力资本的核心是提高人口质量，教育投资是人力资本投资最主要的手段。但教育的投资回报率在初期是不显著的，故一般人认为教育的消费性大于投资性。从表 3-84 可以看出，农户对教育投入的认知与其对幼儿教育的需求相关，二者具有明显的统计学相关关系。随着农户对教育投资认识的增强，其对子女的幼儿教育的需求也相应地增强。有 96.3% 的农户认为教育投入是非常值得的，希望子女能够接受幼儿教育；有 91.8% 的农户认为比较值得，希望子女能够接受幼儿教育；有 80% 的农户认为完全不值得，但希望子女能够获得幼儿教育。农户对教育投资的认知水平影响其对子女幼儿教育的需求程度。

表 3-84　农户对教育投入的认知与对孩子上幼儿园的希望　（单位：%）

是否希望孩子上幼儿园	对于每年花在教育上的费用您认为是否值得				
	非常值得	比较值得	一般	不太值得	完全不值得
是	96.3	91.8	83.9	81.0	80.0
否	3.7	8.2	16.1	19.0	20.0
合计	100.0	100.0	100.0	100.0	100.0
（N）	（455）	（376）	（137）	（21）	（5）
显著性检验	$\chi^2=28.36$，$p=0.00$				

5. 农户对教育政策认知的影响

教育政策是指导教育发展的纲领，同时它直接反映了一个国家对教育的重视程度。作为教育的主体——农户通过对教育政策的了解，认识到国家对教育的重视程度如何进而影响其对教育的重视程度。分析表明，农户对国家教育政策的认知影响农户对子女是否接受幼儿教育的决策。认为国家非常重视教育的农户有99.1%的希望子女能够接受幼儿教育，认为国家比较重视教育的有91.6%的农户希望子女能够接受幼儿教育，而认为国家不太重视教育的只有84.4%的农户对幼儿教育有需求（如表3-85所示）。可见，国家对教育的重视程度影响着农户的幼儿教育需求。

表 3-85　农户对教育政策的认知与对孩子上幼儿园的希望　（单位：%）

是否希望孩子上幼儿园	您觉得国家对农村教育的重视程度是			
	非常重视	比较重视	一般	不太重视
是	99.1	91.6	91.4	84.4
否	0.9	8.4	8.6	15.6
合计	100.0	100.0	100.0	100.0
（N）	（220）	（455）	（267）	（77）
显著性检验	$\chi^2=27.12$，$p=0.00$			

综合以上分析可以得出：不同区域、不同家庭经济状况的农户对子女的幼儿教育需求不同；户主文化程度不同、职业不同，其对子女

的幼儿教育需求也不同；农户对教育投入及教育政策认知的不同导致其对子女的幼儿教育的需求也不同。经济发达区域的、家庭经济状况好的、户主文化程度高的、从事非农职业的、教育投入及对国家教育政策认知度高的农户对幼儿教育的需求高。

（二）影响小学教育需求的因素

1. 农户家庭经济状况对农户子女就读学校选择的影响

教育资源分布不均衡是中国教育目前存在的比较严重的问题，不仅存在地区间不平衡，而且存在区域内的不平衡。一般而言，越是在农村的最基层的学校，其教学资源相对越稀少，教学条件相对越差。农户子女就读于不同条件的学校，意味着享受不同的教育资源。教学条件好的学校，教学资源丰富，教学质量较高，就读于这类学校的农户子女的教育起点也相对较好。调查发现（如表 3－86 所示），家庭经济状况好的农户，其子女选择就读的学校相对较集中，以教学质量好和距离近为选择标准；而经济状况差的农户的子女多无选择，主要集中在划定的学校和费用较低的学校就读。从统计结果来看，农户经济状况与农户子女就读学校的选择两个变量间具有显著的统计相关，这表明，农户经济条件影响着其子女就读学校的选择。经济条件好的农户有较多的机会选择教学条件好的学校。

表 3－86　家庭经济状况与农户子女就读学校选择　（单位：%）

为什么选择这类学校	觉得家里的经济状况如何				
	富裕	略有节余	基本够用	有些困难	非常困难
没有选择	33.3	34.2	39.0	43.1	63.6
教学质量好	27.8	25.8	8.9	7.8	—
距离近	38.9	34.2	43.9	45.1	9.1
费用低	—	0.8	4.9	2.0	9.1
有熟人	—	0.8	0.8	2.0	0.0
其他	—	4.2	2.4	—	18.2
合计	100.0	100.0	100.0	100.0	100.0
（N）	（18）	（120）	（123）	（51）	（11）
显著性检验	$\chi^2 = 37.88$，$p = 0.003$				

2. 经济发展水平对农户选择子女就读形式的影响

经济发展水平按区域来划分，东部较发达、西部较落后、中部处在二者的中间水平。近些年来，由于农村小学合村并校，学校的数量开始减少，学校的地理位置开始集中在连片村的中心位置，或者交通相对较为发达的位置，农户距离学校的距离不同程度的增加，因此农村小学建起了寄宿制学校。而小学生的自理能力相对较差，特别是小学低年级的学生，在很大程度上还需要依赖父母的照料，这种空间的距离和学生年龄的差距在很大程度上造成了就读的矛盾。调查发现，多数农户选择子女走读的形式，便于家长照料孩子，尤其是较发达的东部地区，98.6%的农户选择子女走读上学（如表 3－87 所示）。而选择走读较少的地区是中部、西部地区。由于东部地区地势平坦，学校的交通较中西部发达，即使学校距离较远，但交通便利，既有利于子女乘交通工具，也利于家长用自家交通工具接送子女上学。而中西部地区，交通条件有限，乘坐的交通工具也很有限，学校和农户家庭之间往往要么翻山，要么越岭，交通不便，因此选择寄宿的相对较多(如表 3－88 所示)。

表 3－87　经济发展水平与农户对子女就读形式的选择　（单位:%）

孩子读小学是住读还是走读	所属区域		
	东部	中部	西部
住读	1.4	16.9	11.2
走读	98.6	83.1	88.8
合计	100.0	100.0	100.0
(N)	(70)	(130)	(116)
显著性检验	$\chi^2=12.57$，$p=0.002$		

表 3－88　经济发展水平与农户希望的子女就读学校的距离　（单位:%）

希望学校的距离是	所属区域		
	东部	中部	西部
0.25 公里及以内	38.6	9.2	21.2
0.25～0.5 公里	31.4	43.8	35.4
0.5～1.0 公里	20.0	20.8	25.7
1.0～2.0 公里	4.3	13.1	13.3
2.0 公里以上	5.7	13.1	4.4
合计	100.0	100.0	100.0
(N)	(70)	(130)	(113)
显著性检验	$\chi^2=31.64$，$p=0.00$		

3. 家庭经济状况对农户子女就读学校性质的影响

随着国家办学政策的改革，社会办学力量开始涌现，并得到一定的发展，私立学校大量出现。私立学校在得到国家优惠办学政策的同时，主要依靠自筹经费办学，其中一部分依赖学生的高收费，因此费用较高。而私立学校的办学方式比较灵活，并具有一定的特色，因此在一定层面上受到家长的欢迎。尽管私立学校在办学质量和办学方式上受到一些家长的青睐，但昂贵的学费使很多家庭望而却步，特别是农村家庭。当然农村地区的经济发展状况也不均衡，存在贫富差距。调查表明，家庭收入较低的农户主要希望孩子在公立学校读书，家庭经济收入较高的农户希望子女就读私立学校的比例相对较高。年收入在 15000 元以上的农户中有 8.2% 的农户希望子女就读于私立学校，而年收入在 5000 元以下的农户中只有 2.4% 的农户希望子女就读于私立学校。家庭经济状况影响农户对子女就读学校性质的选择，家庭收入高的农户较多选择私立学校。如表 3－89 所示。

表 3－89　家庭收入状况与农户希望子女就读学校的性质　（单位:%）

希望您的孩子就读的学校的性质	家庭收入			
	5000 元以下	5000～10000 元	10000～15000 元	15000 元以上
公立	97.6	96.9	95.3	91.8
私立	2.4	3.1	4.7	8.2
合计	100.0	100.0	100.0	100.0
(N)	(41)	(97)	(85)	(98)
显著性检验	$\chi^2=2.83$，$p=0.417$			

4. 影响农户对子女教育程度期望的因素分析

农村教育是内生化的，教育过程是一个较为漫长的过程，在接受教育的阶段，教育的经济效益很难立刻得到呈现，教育的社会效益，也很难与其他方面的熏陶显而易见地分离开来。农户是理性的，这种理性包含了很多现实的因素在其中。农户在家庭资源一定的情况下，根据行动的结果调整行动的策略。比如，农户往往会根据往年的农业生产状况调整下一年的生产经营结构，这种调整是动态地根据家庭经营的情势而变动的。子女教育是家庭的重大事件，其与农户其他的生产经营等活动同等重要，对子女的教育投入策略也会随着行动的效果而进行调整和改变。

(1) 经济发展区域对农户子女教育期望的影响。教育期望是农户对子女未来接受教育所能达到的程度的一种目标取向。这种目标取向往往受到多方面因素的影响，同时也是农户指导自己教育投入的一种策略导向。比较东中西不同区域农户对在读小学的子女的教育期望可以发现（如表 3－90 所示），其有着显著的地区差异。东部地区的农户对在读小学的子女的教育期望集中在两种选择上：37.7% 的农户会尊重子女自己的选择，认为孩子能读到什么程度就读到什么程度，主要取决于子女的学习成绩和学习兴趣，家庭并不勉强子女的意愿，显示出农户对子女的教育并无明确具体的目标，而是依相应的情况而定；这些情况既有子女的学习状况，也有家庭的经济生产等状况；62.3% 的农户希望子女能读到大学毕业，获得高等教育，显示出农户对子女较高的教育期望。中部地区的农户对在读小学的子女的教育期望较为分散：0.7%的农户的教育期望是小学毕业；1.5%的农户的教育期望是初中毕业；7.4%的农户的教育期望是高中毕业；23.5%的农户没有明确的期望目标，而是根据子女的学业状况而定，能读到什么程度算什么程度；66.9%的农户的教育期望是大学及以上的文化程度。西部地区的农户对在读小学的子女的教育期望主要分布在初中及以上的文化程度上：3.4%的农户期望子女初中毕业；6.7%的农户期望子女高中毕业；58.8%的农户期望子女大学及以上文化程度；31.1%的农户期望目标不明确，根据子女的学业状况而定。显示出三地区的农户对在读小学的子女不同的教育期望值，体现出各区域农户不同的教育资源分配策略。西部地区的农户除了对子女有较高的教育期望外，部分农户满足于基础义务教育；中部地区的农户对子女高等教育的期望值较高，东部地区的农户对子女无明确教育期望的比例高。

表3-90　　不同区域的农户对在读小学的子女获得教育程度的期望　　（单位：%）

您希望孩子将来读到什么程度	所属区域		
	东部	中部	西部
小学毕业	0.0	0.7	0.0
初中毕业	0.0	1.5	3.4
高中毕业	0.0	7.4	6.7
大学及以上	62.3	66.9	58.8
能读到什么程度算什么程度	37.7	23.5	31.1
合计	100.0	100.0	100.0
（N）	（69）	（136）	（119）
显著性检验	$\chi^2=13.73$，$p=0.046$		

（2）家庭经济收入对农户子女教育期望的影响。从统计的结果看（见表3-91），家庭经济收入和农户对子女的教育期望呈显著的相关关系。经济收入较高的农户对子女的教育期望值偏低，家庭年收入在15000元以上的农户中32.3%的表示只要子女有潜力，能读到什么程度算什么程度，对子女的教育程度并无明确的期望；而经济收入较低

的农户对子女的教育期望相对较明确，但出现两极分化的局面，其中12%的农户对子女的期望是初中毕业即可，19.5%的农户表示子女读到什么程度就供应子女读到什么程度，在此项上比年收入较高的农户低13个百分点。而在大学程度上，高收入家庭显然不如低收入家庭，两者相差近3个百分点。从这一点上来看，经济收入的高低对农户教育策略的影响是显而易见的。经济收入较低的农户，把教育投入看作一种博弈，要么不投入，一旦在教育上进行了投入，就希望得到很高的回报，即获得最高的教育程度，从而使子女有更强的竞争力。否则，初中毕业即可，有一定的文化水平，在家务农或者外出务工，可以更早地为家庭做出经济贡献。经济收入较高的农户，并不期待子女较早为家庭创收，期望子女受到较高的教育。

表3-91　不同家庭经济收入的农户对在读小学的子女获得教育程度的期望　（单位：%）

您希望孩子将来读到什么程度	家庭收入			
	5000元以下	5000~10000元	10000~15000元	15000元以上
小学毕业	2.4	0.0	0.0	0.0
初中毕业	9.8	1.0	1.2	0.0
高中毕业	4.9	4.1	5.8	7.1
大学及以上	63.4	64.9	62.8	60.6
能读到什么程度算什么程度	19.5	29.9	30.2	32.3
合计	100.0	100.0	100.0	100.0
（N）	（41）	（97）	（86）	（99）
显著性检验	$\chi^2=16.64$，$p=0.091$			

（3）农户户主的教育程度对子女的教育期望的影响。如表3-92所示，不同教育程度的农户户主对子女的教育期望明显不同。教育程度较高的户主对子女的教育期望高，教育程度较低的农户对子女的教育期望偏低，二者显著相关。具有高中及以上文化教育程度的农户户主中79.2%的希望子女能够获得大学及以上的教育，初中文化程度的

户主中66.1%的农户希望子女能够获得大学及以上的教育，小学及以下文化程度的户主中50.5%的希望子女获得大学及以上的教育，户主教育程度为高中文化程度的农户高出户主教育程度为小学及以下文化程度的农户的近29个百分点。但在子女“能读到什么程度算什么程度”这一选项上，户主文化程度为小学及以下的农户中41%的选此项，而户主教育程度为高中及以上的农户中10.4%的选此项，二者差距为近31个百分点。希望子女初中毕业的选项上，户主教育程度为高中及以上的农户高出户主教育程度为小学及以下的农户的3.2个百分点。户主文化程度高的农户与文化程度低的农户对子女的教育程度的期望差异非常明显。可以肯定的是：户主文化程度高的农户对子女能接受的教育的期望是很明确的，无论子女是读初中毕业还是高中毕业，抑或大学毕业，不确定的成分减少，仅有10.4%的农户对子女接受的教育程度不明确。户主文化程度高的农户对子女的教育定位在子女读小学的阶段就基本明确，这在一定程度上反映了该类农户对家庭及社会环境的把握能力，对子女的发展策略较早就有定论，并按照一定的策略决策整个家庭的发展路线。而户主文化程度较低的农户显而易见地缺少这种比较明确的决断，接近一半的此类农户对子女的教育策略是不确定的，抑或是尊重了某种原则，即在农村比较流行的原则：子女能接受什么样的教育，取决于子女的读书能力，不少农户认为，做父母的只能尽力而为，子女能读到什么程度，家庭就承担到什么程度，不让子女因家庭的原因而未能完成理想的教育程度。这类家庭在教育策略上，更多的是出于道义的选择，不让子女有遗憾，并非出于家庭自身发展或者子女发展前途的缘故。

表3-92　户主的教育程度与农户对在读小学的子女获得教育程度的期望

（单位：%）

希望子女将来读到什么程度	教育程度		
	小学及以下	初中	高中（中专）及以上
小学毕业	0.0	0.6	0.0
初中毕业	1.0	1.8	4.2

续表

希望子女将来能读到什么程度	教育程度		
	小学及以下	初中	高中（中专）及以上
高中毕业	7.6	4.1	6.3
大学及以上	50.5	66.1	79.2
能读到什么程度算什么程度	41.0	27.5	10.4
合计	100.0	100.0	100.0
(N)	(105)	(171)	(48)
显著性检验	$\chi^2=21.47$，$p=0.002$		

（4）社区文化环境对农户子女教育期望的影响。大学教育代表着当前最高的教育，享受大学教育的群体是文化素质最高的群体，对这个群体的价值判断体现了农户对文化知识的价值认识，反映了一个社区的文化生态环境。调查显示（见表3－93），对大学生评价很高的村的农户对其子女的教育期望值高，相反，对大学生评价低的村的农户对其子女的教育期望值不高。这反映出大学生群体在农村社区的声望并不尽相同，大学生的现实声望对农户的子女教育具有引导和示范效应。大学生的现实声望是大学生综合素质和能力的现实反映，自高校扩招以来，大学教育从精英教育模式转向大众教育，大学教育的门槛放低，农村大学生的规模不断壮大，同时大学生的素质却良莠不齐，再加上人才市场激烈竞争，大学生在就业中的优势并未显现，社会大众对大学生的评价不如往日高，且评价不一。

表3－93　不同社区文化环境的农户对在读小学的子获得教育程度的期望

（单位：%）

希望子女读到什么程度	在您村人们对大学生的评价			
	很高	比较高	一般	比较低
小学毕业	0.7	0.0	0.0	0.0
初中毕业	1.3	2.1	3.3	0.0
高中毕业	2.6	8.5	6.7	0.0
大学及以上	74.2	51.8	60.0	0.0

续表

希望子女读到什么程度	在您村人们对大学生的评价			
	很高	比较高	一般	比较低
能读到什么程度算什么程度	21.2	37.6	30.0	100.0
合计	100.0	100.0	100.0	100.0
(N)	(151)	(141)	(30)	(1)
显著性检验	$\chi^2=29.86$, $p=0.003$			

（5）农户对教育投入的认知对其教育期望的影响。统计数据表明（如表3－94所示），农户对教育投入的认知与农户对子女的教育期望有显著的相关性。认为每年的教育投入值得的农户其对子女的教育期望也高，相反，认为不值得的农户其对子女的教育期望也低。具体来看，认为对教育进行投入非常值得的农户中70.2%的期望其子女能获得大学及以上的教育，对教育投入认为比较值得的农户中有60.3%期望子女获得大学及以上的教育，而对教育投入认为一般和不太值得的农户中分别仅有35.3%和16.7%的期望子女能获得大学及以上的教育。对教育投入认为非常值得的且期望子女获得大学及以上教育的农户超出认为不值得的农户近40个百分点。由此可见，农户对教育投入的认知状况影响其对子女的教育期望。认为教育投入是非常值得的农户，把对子女的教育投资看作是人力资本投资，并对这种投资的回报产生强烈的期待，希望通过子女的教育投资改变子女甚至整个家庭的命运。

表3－94　农户的教育投入认知与农户对在读小学的子女获得教育程度的期望（单位:%）

希望子女读到什么程度	对于每年花在教育上的费用您认为是否值得			
	非常值得	比较值得	一般	不太值得
小学毕业	0.0	0.7	0.0	0.0
初中毕业	0.0	1.4	5.9	33.3
高中毕业	5.7	4.3	8.8	16.7

续表

希望子女读到什么程度	对于每年花在教育上的费用您认为是否值得			
	非常值得	比较值得	一般	不太值得
大学及以上	70.2	60.3	50.0	33.3
能读到什么程度算什么程度	24.1	33.3	35.3	16.7
合计	100.0	100.0	100.0	100.0
(N)	(141)	(141)	(34)	(6)
显著性检验	$\chi^2=28.87$，$p=0.001$			

（6）农户对小学教育的评价与其对子女的教育程度的期待。调查发现（见表3－95），农户对在读小学子女的教育程度的期望值随其对小学教育的评价的增高而增高，二者有明显的相关关系。对小学教育评价较高的农户，其对子女的教育程度的期望值也高。具体表现为，对小学教育评价在3分以上的农户中65.9%的期望子女能获得大学以上的教育，对小学教育评价在2分以下的农户中57.6%的期望子女获得大学及以上的教育，二者相差近8个百分点。农户对子女就读小学的评价包含对子女学习效果的评价以及对学校提供教学条件的评价，评价的高低，表明农户对子女的教育满意程度的高低，评价高，表示农户对子女的教育状况满意度高，对教育的期待高，因此对子女获得的教育程度期待也高。相反，评价低，表明农户对子女接受的教育的状况满意度低，由此认为子女并不是读书的材料，或者认为学校的教学条件不行，因此对子女的教育期望值低。

表3－95　农户对小学教育的评价与农户对在读小学的子女获得教育程度的期望（单位：%）

希望子女读到什么程度	小学评价		
	2.00分及以下	2.01～3.00分	3.01分以上
小学毕业	1.7	0.0	0.0
初中毕业	1.7	3.8	0.0
高中毕业	3.4	3.1	8.3

续表

希望子女读到什么程度	小学评价		
	2.00 分及以下	2.01～3.00 分	3.01 分以上
大学及以上	57.6	62.6	65.9
能读到什么程度算什么程度	35.6	30.5	25.8
合计	100.0	100.0	100.0
(N)	(105)	(171)	(48)
显著性检验	$\chi^2=13.63$，$p=0.05$		

（7）户主年龄对农户农村教育的价值取向的影响。农户子女接受教育的价值取向对于激励农户的教育投入具有重要的意义。教育投入是一种社会性行为，这种行为作为具有理性的农户有其特定的价值取向。从四个层面分析教育的价值取向：个人层面（受教育的子女）、家庭层面、农村社会层面、整个社会层面，这四个层面从微观到宏观分布。从调查的农户数据统计结果来看（见表 3－96），尽管各年龄段户主的农户均以教育是为家庭的目的为取向，但各年龄段的价值取向仍存在较大的差异，户主为 30 岁以下的农户中一半以上的认为子女接受教育的受益者是家庭，25.8% 的认为受益者是子女，19.1% 的认为是社会，4.5% 的认为是农村受益；户主年龄在 50 岁以上的农户中，51.7% 的农户认为子女接受教育的受益者是农户家庭，26.9% 的认为受益者是社会，15.9% 的认为受益者是子女个人，5.5% 的认为是农村受益；户主是 31～40 岁和 41～50 岁的农户在教育的价值取向上比较相近，分别有 49.3% 和 48.5% 的认为子女接受教育是为了农户家庭，分别有 30.3% 和 33.8% 的认为是为了社会，分别有 11.7% 和 13.4% 的认为是为了子女个人，分别有 8.7% 和 4.4% 的认为是为了农村。不同年龄段户主的农户在教育的价值取向的主要分歧是户主为中年的农户倾向于认为子女接受教育主要是为了农户家庭和社会，而户主较为年轻的农户则倾向于认为是为了农户家庭和子女自己，户主年纪较大的农户倾向于认为是为了农户家庭。但与农户子女接受教育并非为了农村这一点非常接近。由此可见，农村教育在价值取向上的偏废，造成农户自身都认为教育不是为了农村社会服务，而是为了农户服务。

表 3－96　不同年龄的农户户主对子女受教育的作用的认知　（单位：%）

您认为农村孩子受教育的主要作用在于	年龄分段			
	30 岁及以下	31～40 岁	41～50 岁	50 岁以上
为社会	19.1	30.3	33.8	26.9
为农村	4.5	8.7	4.4	5.5
为家里	50.6	49.3	48.5	51.7
为子女	25.8	11.7	13.4	15.9
合计	100.0	100.0	100.0	100.0
（N）	（89）	（412）	（388）	（145）
显著性检验	$\chi^2=22.17$，$p=0.008$			

综上分析得出：影响农户小学教育需求的因素是多方面的。农户经济条件影响着其子女就读学校的选择，经济条件好的农户有较多的机会选择教学条件好的学校。中西部地区的农户选择子女住读的上学方式较东部地区高出很多。尽管中西部农户在选择学校距离上比东部地区远，但这并不表明，中西部地区有较便利的交通工具提供给上学的子女，其实印证了中西部农户受到地理地形条件的限制，现实的学校距离较远，尽管期望距离已经打了折扣，但仍远于东部地区农户的期望甚至实际的学校距离。家庭经济状况影响农户对子女就读学校性质的选择，家庭收入高的农户较多选择私立学校，这对低收入家庭来说是可望而不可即的事情。西部地区的部分农户对子女有较高的教育期望，部分农户满足于基础义务教育；中部地区的农户对子女高等教育的期望值较高，东部地区相对而言对子女无明确的教育期望的农户比例高。经济收入高的农户对子女的教育无明确的期望的比例高，经济收入较低的农户对子女的教育期望相对较明确，但出现两极分化的局面，即要么满足于初中文化程度，要么期望大学文化程度，其比例高于收入高的农户。户主教育程度不同的农户对子女的教育期望明显不同，户主教育程度较高的农户对子女的教育期望高，户主教育程度较低的农户对子女的教育期望偏低，且无目标的农户比例偏高。对大学生评价很高的村的农户对其子女的教育期望值高，相反，对大学生

评价低的村的农户对其子女的教育期望值不高。农户对教育投入的认知与农户对子女的教育期望有显著的相关性。认为每年的教育投入值得的农户对子女的教育期望也高，相反，认为不值得的农户对子女的教育期望也低。农户对在读小学的子女的教育程度的期望值随其对小学教育的评价的增高而增高，二者有明显的相关关系。对小学教育评价较高的农户，其对子女的教育程度的期望值也高。尽管各年龄段户主的农户均以教育是为家庭的目的为取向，但各年龄段的价值取向仍存在较大的差异，其中户主年龄在 30 岁以下的农户让子女接受教育的目的首先是为家庭，然后是为子女；而年龄在 40 岁以上的农户让子女受教育的目的，首先是为了家庭，其次是为了社会。

（三）影响初中教育需求的因素

1. 影响农户子女辍学的因素

（1）经济发展区域的影响。适龄儿童接受九年制义务教育是我国义务教育法的一项法律规定。按照法律规定，如果孩子正在念初中，辍学显然是不明智之举。但在我国，尽管有相关的法律规定父母有义务和责任供养子女接受义务教育，但很少有父母因为没有尽到这项义务而受到法律的制裁。原因何在？笔者认为有多种原因造成，一是民法往往因为民不举而官不究，让一些非法行为逍遥法外；二是适龄儿童辍学的原因有很多，有一些是因为孩子自己不愿意上学，家长也奈何不了。因此，很难把责任追加在家长的身上。比较各个不同区域的农户子女初中辍学的情况，可以看出，东部地区辍学率最高，15.9%的农户有子女初中辍学；其次是西部，11.5% 的农户有子女初中辍学；最后是中部，6.9% 的农户有子女初中辍学（如表 3 – 97 所示）。

表 3 – 97　不同区域的农户的子女初中辍学状况　（单位:%）

您家孩子有没有初中辍学的	所属区域		
	东部	中部	西部
没有	84.1	93.1	88.5
有	15.9	6.9	11.5

续表

您家孩子有没有初中辍学的	所属区域		
	东部	中部	西部
合计	100.0	100.0	100.0
(N)	(314)	(433)	(296)
显著性检验	$\chi^2=15.28$，$p=0.001$		

（2）家庭收入的影响。经济因素常常成为子女辍学的主要因素，本研究发现（见表3－98），不同家庭经济收入的农户的子女的初中辍学率各不一样，家庭收入高的农户子女初中辍学的比例低，家庭收入低的农户子女辍学的比例高。具体而言，家庭年收入低于5000元的农户中有13.7%的农户有子女辍学，家庭收入在5000～10000元的农户有15.2%的农户有子女辍学，家庭收入在10000～15000元的农户有10.1%的农户有子女初中辍学，而家庭收入在15000元以上的农户有9.7%的有子女初中辍学。调查结果表明，家庭经济收入影响农户子女的初中辍学状况，但同时也表明，该因素并不是影响农户子女辍学的唯一因素，非经济因素也影响农户子女受教育的状况。

表3－98　不同家庭经济收入的农户子女初中辍学状况　（单位：%）

您家孩子有没有初中辍学的	家庭收入			
	5000元以下	5000～10000元	10000～15000元	15000元以上
没有	86.3	84.8	89.9	90.3
有	13.7	15.2	10.1	9.7
合计	100.0	100.0	100.0	100.0
(N)	(131)	(316)	(238)	(154)
显著性检验	$\chi^2=20.42$，$p=0.00$			

（3）社区教育环境对农户子女初中辍学的影响。调查显示（见表3－99），农户对当地政府对教育的重视程度的感知与农户子女的初中辍学状况具有统计关联性，二者在显著性小于0.005的状态下，卡方值为17.15，表明二者具有很强的关联性，即农户对当地政府对教育

的重视程度的感知不同，其家庭子女初中是否辍学的情况也不同。具体而言，觉得当地政府重视教育的农户，其选择子女初中辍学的比例较小，而认为当地政府不重视教育的农户，其子女初中辍学的可能性较大。在教育以县为单位统筹管理的方式下，地方政府对教育的重视程度，直接决定了当地教育的发展水平，而农村教育从地域上而言，基本上处于县、乡及以下的层次，其发展状态依赖于政府特别是地方政府的投入和管理水平。因此，被重视的教育，无论教育条件还是教育质量，相对而言比较好，会得到大众的欢迎和接受。而对于受教育者，良好的教育资源将为其打好基础，为其升入高一级的学校甚至考大学将有益无害。

表 3－99　不同社区教育环境的农户子女初中辍学的状况　（单位：%）

您家孩子有没有初中辍学的	您觉得当地政府对农村教育的重视程度是				
	非常重视	比较重视	一般	不太重视	不重视
没有	91.9	92.5	87.5	81.2	79.5
有	8.1	7.5	12.5	18.8	20.5
合计	100.0	100.0	100.0	100.0	100.0
（N）	（149）	（389）	（353）	（101）	（39）
显著性检验	$\chi^2=17.15$，$p=0.002$				

（4）农户对教育投入的认知的影响。调查数据统计显示（见表 3－100），农户对教育投入的认知与农户子女的辍学情况具有显著的相关性（$p=0.000$），进一步分析可见，认为教育投入值得的农户，其子女初中辍学的比例小，而认为教育投入不值得的农户，其子女初中辍学的比例大。认为教育投入非常值得的农户中有 7.2% 的有子女初中辍学，而认为教育投入完全不值得的农户中 40% 的有子女初中辍学。两者的比例相差近 33 个百分点，可见对教育投入的认识影响农户子女初中辍学的比例。

表 3-100 农户对教育投入的认知与农户子女初中辍学情况 (单位:%)

您家孩子有没有初中辍学的	对于每年花在教育上的费用您认为是否值得				
	非常值得	比较值得	一般	不太值得	完全不值得
没有	92.8	87.5	83.9	72.7	60.0
有	7.2	12.5	16.1	27.3	40.0
合计	100.0	100.0	100.0	100.0	100.0
(N)	(459)	(384)	(137)	(22)	(5)
显著性检验	$\chi^2=21.47$, $p=0.000$				

(5) 国家政策的影响。调查显示(见表 3-101),农户对国家教育政策的认知对农户子女初中辍学率具有显著的影响。认为国家对农村教育重视的农户的子女初中辍学率较低,而认为国家对农村教育不重视的农户的子女的辍学率较高。前后两者的差距为近 10 个百分点。由此可见,国家对农村教育重视,农户也会重视;反之,国家不重视农村教育,则农户也会轻视教育。

表 3-101 农户对国家教育政策的认知与其子女初中辍学情况 (单位:%)

您家孩子有没有初中辍学的	您觉得国家对农村教育的重视程度			
	非常重视	比较重视	一般	不太重视
没有	90.5	91.8	85.8	80.8
有	9.5	8.2	14.2	19.2
合计	100.0	100.0	100.0	100.0
(N)	(222)	(464)	(274)	(78)
显著性检验	$\chi^2=12.20$, $p=0.006$			

(6) 农户对教育政策了解状况的影响。调查显示(见表 3-102),农户对九年义务教育政策的了解状况与农户子女的初中辍学状况有相关性($p=0.023$)。了解义务教育政策的农户中有 10.1% 的子女辍学,而不了解义务教育政策的农户中有 17.9% 的子女初中辍学,即农户对义务教育政策的了解可以降低农户子女初中辍学的比例。

表 3 – 102　农户对义务教育政策的了解与其子女初中辍学状况（单位：%）

您家孩子有没有初中辍学的	您是否知道国家九年义务教育政策	
	是	否
没有	89.9	82.1
有	10.1	17.9
合计	100.0	100.0
（N）	（927）	（112）
显著性检验	$\chi^2 = 5.34$，$p = 0.023$	

2. 影响农户对初中在读子女的教育期望的因素分析

（1）区域性差异的存在。调查显示（见表 3 – 103），东中西三大区域的农户对初中在读子女的教育期望存在差异。教育期望是农户对正在上学的子女将获得何种教育程度的一种预期，一般是农户根据各方面的环境状况所做出的一种展望或期待，是农户对教育的一种选择行为。比较而言，东部地区有 65.6% 的农户期望初中在读子女能获得大学及以上的教育，1.6% 的农户期望子女初中毕业即可，没有农户期望子女获得高中程度的教育，32.8% 的农户对子女的教育程度没有明确的预期；中部地区的农户 66.1% 的期望子女获得大学及以上的教育，这在三地区中比例最高，2.5% 的期望子女获得高中程度的教育，没有农户期望在读初中的子女仅初中毕业即可，31.4% 的农户对子女的教育程度没有明确预期，这在三地区比例最高；西部地区的农户中 62.8% 的农户期望子女获得大学及以上的教育，在三地区中比例最低，11.5% 的农户期望子女获得高中程度的教育，这在三地区中比例最高，没有农户期望子女仅获得初中程度的教育，25.6% 的农户对子女的教育程度没有明确的预期，这在三地区中比例最低。由此可见，三地区的农户对在读初中子女的教育期望是各不相同的，除去不明确的期望外，东部地区的农户对子女的教育期望程度是大学以上或者初中，中部地区的农户是大学以上或者高中，西部地区的农户也为大学以上或者高中。显然，西部地区的农户对在读初中子女的教育期望最高，其次是中部地区，最后是东部地区。显然，中西部的农户期望教育能改变子女或者是家庭的状况和前途，教育选择是他们改变家庭命运的重要路径，因此，农户家庭一旦选择了教育投入，就希望这种投入能开花结果，教育对于家庭肩负着重要的使命。对于东部而言，教育所肩负的改变家庭命运的意义并没有中西部的那么重要。

表 3－103　不同区域的农户对初中在读子女受教育程度的期望（单位:%）

您希望孩子将来读到什么程度	所属区域		
	东部	中部	西部
初中毕业	1.6	0.0	0.0
高中毕业	0.0	2.5	11.5
大学及以上	65.6	66.1	62.8
能读到什么程度算什么程度	32.8	31.4	25.6
合计	100.0	100.0	100.0
(N)	(64)	(118)	(78)
显著性检验	$\chi^2=13.72$，$p=0.014$		

（2）家庭收入的影响。调查显示（见表 3－104），不同家庭收入的农户对子女的教育期望不一样，低收入（年收入低于 5000 元）和高收入（年收入高于 15000 元）的农户对子女的教育期望高，中等收入（年收入在 5000～15000 元）的农户对子女的教育期望较低。其中，低收入农户对子女的教育期望最高，77.1% 的农户希望子女获得大学及以上的教育；其次是高收入农户，75.9% 的期望子女获得大学及以上的教育程度；再次是中低收入（年收入在 5000～10000 元）农户，58.8% 的期望子女获得大学及以上的教育；最后是中高收入（年收入在 10000～15000 元）农户，53.1% 的期望子女获得大学及以上的教育。显然，低收入农户选择教育投资作为改变家庭环境的主要路径，因此对子女的教育期望高；高收入农户尽管不一定需要通过教育投资改变家庭的命运，但其有较为厚实的经济实力供养子女读书，故对子女的教育期望也较高；而作为中等收入的家庭而言，不好不坏的家境，并没有触动他们一定要通过教育的途径来改变什么，比较满足于目前的家庭现状，对子女的教育期望并不十分高，多报以顺其自然的态度，能获得较高的教育从事非农的事业更好，如果不能获得较高

的教育，在农业领域就业也可接受是这类农户普遍的心态。因此，有35%左右的农户对子女的教育期待并不明确，而抱着顺势的心态。

表 3 - 104　不同家庭收入的农户对在读初中的子女的教育期望（单位:%）

您希望孩子将来读到什么程度	家庭收入			
	5000 元以下	5000 ~ 10000 元	10000 ~ 15000 元	15000 元以上
初中毕业	0.0	0.0	1.6	0.0
高中毕业	0.0	5.0	9.4	2.5
大学及以上	77.1	58.8	53.1	75.9
能读到什么程度算什么程度	22.9	36.3	35.9	21.5
合计	100.0	100.0	100.0	100.0
(N)	(35)	(80)	(64)	(79)
显著性检验	$\chi^2 = 15.94$，$p = 0.029$			

（3）社区文化环境的影响。社区文化环境体现的是社区对文化知识的尊重，本研究通过考察社区居民对大学生的评价来反映社区对文化的重视程度，进而展现一个社区的文化环境状况。调查表明（见表3 - 105），社区文化环境对农户对子女的教育期望有显著的影响。对大学生评价高的社区，农户对子女的教育期望值高，对大学生评价低的社区，农户对子女的教育期望值低。社区文化环境对农户对子女的教育期望具有正向影响作用。

表 3 - 105　不同社区文化环境的农户对在读初中子女的教育期望（单位:%）

您希望孩子将来读到什么程度	在您村人们对大学生的评价是			
	很高	比较高	一般	比较低
初中毕业	0.0	0.0	3.7	0.0
高中毕业	1.6	5.6	14.8	0.0
大学及以上	72.6	59.8	51.9	0.0
能读到什么程度算什么程度	25.8	34.6	29.6	100.0

续表

您希望孩子将来读到什么程度	在您村人们对大学生的评价是			
	很高	比较高	一般	比较低
合计	100.0	100.0	100.0	100.0
(N)	(124)	(107)	(27)	(1)
显著性检验	$\chi^2=23.35$，$p=0.005$			

(4) 农户对教育投入认知的影响。调查显示（见表3-106），农户对教育投入的认知与农户对子女的教育期望具有显著的正相关关系（统计显著）。即农户对教育投入的认知度越高，其对子女的教育期望值也越高。具体分析为：认为教育投入非常值得的农户中80.5%的期望子女获得大学及以上的教育，认为比较值得的农户中54.6%的期望子女获得大学及以上的教育，而认为不值得的农户中，仅40%的期望子女获得大学及以上的教育。可见，农户对子女的教育期望受到农户对教育投入认知水平的影响。

表3-106　对教育投入认知不同的农户对在读初中子女的教育期望　（单位：%）

您希望孩子将来读到什么程度	对于每年花在教育上的费用您认为是否值得				
	非常值得	比较值得	一般	不太值得	完全不值得
初中毕业	0.0	0.0	0.0	20.0	0.0
高中毕业	1.8	8.3	0.0	0.0	0.0
大学及以上	80.5	54.6	48.3	40.0	0.0
能读到什么程度算什么程度	17.7	37.0	51.7	40.0	100.0
合计	100.0	100.0	100.0	100.0	100.0
(N)	(113)	(108)	(29)	(5)	(1)
显著性检验	$\chi^2=42.95$，$p=0.000$				

3. 影响农户的子女初中毕业后的职业选择行为的因素分析

(1) 农户家庭经济收入的影响。从目前的教育资源分布来看，既不可能人人都能享受高等教育，也不可能人人都能享受普通中等教育，因此，在保证满足基本的九年义务教育后，除普通高中教育满足部分学生的需要外，还要把其余的学生分流到职业技术教育上。目前国家正大力发展职业技术教育，来满足教育的需求，弥补普通高中教育的不足。因此，农户子女在初中毕业后，不一定就能够升上普通高中学校就读，他们面临着人生的第一道选择。其实也是农户的教育选择，不同的决策体现农户不同的价值理念和教育投入策略。本研究发现（见表 3－107），农户的家庭收入对农户的教育决策具有影响效果，不同家庭收入的农户在面临子女的初中毕业后的选择不同。具体表现为：当农户子女在初中毕业后不能正常地升入普通高中学校的时候，低收入（年收入低于 5000 元）和高收入（年收入高于 15000 元）农户中，有超过一半的农户选择让子女就读职业技术学校，而中等收入（年收入 5000～15000 元）的农户则倾向于选择让孩子进城打工和就读职业技术学校。除此外，低收入农户中有相对较大比例的选择让子女回家务农，高收入农户选择让子女回家务农的较少。由此可见，不同收入的家庭在教育策略上并不相同，这种不同尽管是通过收入的不同体现出来，实际上在其背后，隐藏着农户的产业结构的不同。

表 3－107　农户家庭经济收入与农户对子女初中毕业的选择　（单位：%）

如果孩子不能升到高一级的学校，您会	家庭纯收入			
	5000 元以下	5000～10000 元	10000～15000 元	15000 元及以上
让孩子回家务农	11.4	2.5	3.2	1.3
让孩子进城打工	25.7	37.5	33.3	13.9
让孩子到职业技术学校学习	51.4	35.0	39.7	55.7
其他	11.4	25.0	23.8	29.1
合计	100.0	100.0	100.0	100.0
(N)	(35)	(80)	(63)	(79)
显著性检验	$\chi^2=23.15$，$p=0.004$			

（2）农户对教育投入的认知的影响。对教育投入有不同认识的农

户在子女初中毕业未能升入高一级的普通高中时，对子女的未来的选择途径不同。如表 3 - 108 所示，认为教育投入非常值得的农户中 53.6%的在子女不能升入普通高中时，将让子女到职业技术学校学习，即选择子女继续接受职业教育，对子女继续进行人力资本投资；认为教育投入比较值得的农户中有 38%的选择子女接受职业技术教育；认为一般的农户中 34.5%的选择子女接受职业教育；而认为不太值得的农户中仅 20%的选择子女接受职业技术教育。对教育投资认知偏低的农户在子女初中毕业后若不能升入普通高中时倾向于让子女进城打工，进城打工是这一类农户主要的选择。可见农户对教育投入认知度高的农户更倾向于通过职业教育提高子女的人力资本，而对人力资本投资认知度一般的农户倾向于通过子女迁移的方式即进城打工的方式提高子女的人力资本，同时为家庭带来经济收入；而对人力资本投入认知低的农户则倾向于让孩子回家务农或者其他的方式，对提高子女的人力资本存量并不重视。

表 3 - 108　　农户对教育投入的认知与农户子女初中毕业后的职业选择　　（单位:%）

如果孩子不能升到高一级的学校，您会	对于每年花在教育上的费用您认为是否值得				
	非常值得	比较值得	一般	不太值得	完全不值得
让孩子回家务农	1.8	5.6	—	20.0	—
让孩子进城打工	14.3	40.7	37.9	20.0	—
让孩子到职业技术学校学习	53.6	38.0	34.5	20.0	100.0
其他	30.4	15.7	27.6	40.0	—
合计	100.0	100.0	100.0	100.0	100.0
（N）	（112）	（108）	（29）	（5）	（1）
显著性检验	$\chi^2=34.65$，$p=0.00$				

综上分析可以看出，影响农户子女初中辍学的因素既有经济发展区域、农户家庭经济收入、社区教育环境，也有农户对教育投入的认知度、农户对国家教育政策的认知度、农户对九年制义务教育的了解

等因素，具体而言，东部地区的辍学率相对较高，家庭经济收入低的农户的子女辍学率高，社区教育环境不好的农户、认为教育投入不值得的、对国家教育政策认知度低的，对九年制义务教育不了解的农户的子女辍学率高。

导致农户对在读初中子女的教育期望差异的因素有：经济发展区域、家庭经济收入、社区文化环境、农户对教育投入的认知度。具体而言，西部地区、家庭经济收入比较高和比较低的、社区文化环境好的、对教育投入认知度高的农户对在读初中子女的教育期望明确，且期望值高。

影响农户对子女初中毕业的职业选择的因素有：家庭经济收入和农户对教育投入的认知度。具体而言，家庭经济收入相对较高和较低的农户多选择子女初中毕业后如不能正常升学，则送子女到职业技术学校学习，而家庭收入一般的农户则选择子女进城务工。对教育投入认知度高的农户倾向于将初中毕业后未能正常升学的子女送到职业技术学校学习，而认知度一般的农户则倾向于将子女送到城市打工。

（四）影响职业教育和技术培训需求的因素

1. 户主教育程度的影响

考察户主的教育程度对农户接受职业教育的影响，调查发现（见表 3－109），户主教育程度高的农户，其家庭成员接受职业教育的比例高。户主教育程度在高中及以上的农户中，31.8%的农户有家庭成员接受了职业教育或技术培训。户主教育程度为初中的农户中，19.2%的农户有家庭成员接受了职业教育或技术培训。而户主文化程度为小学及以下的农户中，仅16.7%的农户有家庭成员接受了职业教育或技术培训。这与户主文化程度为高中及以上的农户相比，少了近15个百分点。由此可见，农户户主的文化程度越高，其越重视对家庭成员的职业教育或技术培训，即对职业教育或技术培训的需求越强烈，户主的教育程度影响农户对职业教育或技术培训的需求程度。

表3－109　户主的教育程度与农户接受职业教育的状况　（单位:%）

您家有人接受过或正在接受职业技术教育吗	教育程度		
	小学及以下	初中	高中（中专）及以上
有	16.7	19.2	31.8
没有	83.3	80.8	68.2
合计	100.0	100.0	100.0
（N）	（300）	（494）	（242）
显著性检验	$\chi^2=19.80$，$p=0.00$		

2. 社区文化环境的影响

考察社区文化环境对农户的职业教育需求的影响。调查发现（见表3－110），有大学生的社区，其村民接受职业教育或技术培训的比例高。没有大学生的社区，其社区居民接受职业教育或技术培训的比例低。有大学生的社区，61.4%的村有村民接受职业教育或技术培训，没有大学生的社区，45.5%的村有村民接受职业教育或技术培训。有大学生的社区，一方面说明该社区对教育比较重视，另一方面说明大学生所形成的文化氛围对社区产生较大的影响。因此社区文化氛围影响着农户对职业教育或技术培训的需求，两者呈正相关关系。

表3－110　社区文化环境与社区居民接受职业教育的状况　（单位:%）

您村有人接受过或正在接受职业技术教育吗	你们村有大学生吗		
	有	没有	不知道
有	61.4	45.5	40.0
没有	16.1	50.0	0.0
不知道	22.5	4.5	60.0
合计	100.0	100.0	100.0
（N）	（1003）	（22）	（5）
显著性检验	$\chi^2=18.0$，$p=0.00$		

3. 地区的需求差异

考察东中西不同区域的职业教育学校的分布。根据调查显示（见

表3－111），东部地区的职业技术类学校分布最多，其次是中部地区，最后是西部地区。职业技术类学校的分布状况至少表明两个含义：一是该区域职业教育的发展状况，分布频密，表明该地区职业教育发达，相反，表明该地区的职业教育欠发展。二是该区域对职业教育的需求程度。因为只有需求量大，即生源比较好，学校的数量和规模才会上升。由此可见，无论是职业技术类学校的发展还是农村的需求，从区域分布上看，东部相对较强，西部相对较弱。

表3－111　　不同地区的职业教育学校的分布　　（单位：%）

您们当地有没有职业技术学校	所属区域		
	东部	中部	西部
有	72.6	59.6	47.1
没有	12.4	29.9	40.5
不清楚	15.0	10.4	12.5
合计	100.0	100.0	100.0
（N）	（314）	（431）	（289）
显著性检验	$\chi^2=68.19$，$p=0.00$		

前面分析了不同区域职业技术学校的分布状况，并初步可以判断各区域农村对职业技术类教育的需求状况。这个判断可以通过以下分析得到进一步的印证。通过调查数据反映，不同地区的农户对家人参加职业教育或技术培训的期望，可以反映农户对职业教育或技术培训的需求状态。如表3－112所示，东部地区71.6%的农户期望家人能够参加职业教育或技术培训；中部地区有75%的农户期望家人能够参加职业教育或技术培训；而西部地区只有66.8%的农户有此期望。这组数据表明，需求最强烈的是中部地区的农户，其次是东部地区的农户，最后是西部地区的农户。这与职业教育类学校的分布状况略微不同的是，东部地区和中部地区排序的颠倒。笔者认为这种排序的颠倒说明的是东部地区农户对职业技术类的教育需求较为强烈，而该地区的学校分布也较为稠密，农户的需求基本得到满足；而中部地区农户的需求很强烈，但该类学校的发展却相对滞后，这在一定程度上造成

农户的需求得不到满足。

表 3－112　不同地区的农户对职业教育的期望　（单位:％）

您是否希望家人或自己能参加一些实用技术培训	所属区域		
	东部	中部	西部
是	71.6	75.0	66.8
否	28.4	25.0	33.2
合计	100.0	100.0	100.0
(N)	(310)	(432)	(289)
显著性检验	$\chi^2 = 5.76$，$p = 0.048$		

4. 社区教育环境的影响

社区教育环境是指社区村民对教育的重视程度。调查发现（见表 3－113），社区教育环境对农户的职业教育需求具有一定的影响力。具体表现为两极分化的状态，一极是对教育非常重视的社区，农户对职业教育的需求非常强烈；另一极是对教育非常不重视的社区，农户对职业技术类教育的需求比较强烈。而处在中间状态的社区，农户的需求表现得相对较低。农户的职业教育需求呈 U 型结构。这种结构正好说明了农户在教育行为上理性逻辑，但这种理性逻辑并非是一种统一的逻辑，而是根源于农户自身所处的环境条件。非常重视教育的村庄，顺应这种教育价值逻辑，对职业教育自然也重视，而不重视教育的村庄，逆应这种教育逻辑，对职业教育也很重视。这反映了农户人家在教育态度上的两种逻辑，同时也反映了当前教育所存在的问题。前者的逻辑是，教育是有意义和价值的，无论哪类教育都有其存在的价值，因此，作为现代农民，从事农业生产，自然也需要科学技术。而后者的逻辑则在于作为安分守己的农民，知识的教育并不重要，如果要把生产搞好，技术培训是必要的，因此基础教育的意义并不大，但职业教育和技术培训的意义却很大。

表 3－113　社区教育环境与农户对家人接受职业教育的期望　（单位：%）

您是否希望家人或自己能参加一些实用技术培训	您觉得您们村的村民对教育的重视程度是				
	非常重视	比较重视	一般	不太重视	不重视
是	79.6	70.1	65.9	62.1	75.0
否	20.4	29.9	34.1	37.9	25.0
合计	100.0	100.0	100.0	100.0	100.0
（N）	（280）	（492）	（211）	（29）	（12）
显著性检验	$\chi^2 = 14.67$，$p = 0.004$				

5. 农户对教育投入认知的影响

从教育投入的意义上，分析农户对职业教育及技术培训的需求状况。调查显示（见表 3－114），对职业教育和技术培训需求强的农户处在对教育投入认知的两极，即认为每年花在教育上的费用非常值得和完全不值得的农户。其中认为教育投入非常值得的农户中有 78.7% 的希望自己或家人能参加实用技术培训，认为教育投入完全不值得的农户中 80% 的希望自己或家人能够参加实用技术培训。对技术培训需求较弱的是认为教育投入不太值得的农户，这比需求最强的农户少近 20 个百分点。这里需要解释的是为什么对教育投入的认知偏低的农户却非常看重实用技术的培训？笔者认为，其主要原因在于：（1）对教育投入概念的认知的问题。由于我们是在比较广义的意义上提出教育投入的概念，即教育投入既包括对人的基础教育、中等教育、高等教育的投入，同时也包括职业教育、技术培训，是指对人的知识、能力有提高的行动。而农户对教育的认识主要偏重于前者，即基础教育、中等教育及高等教育。在农户的意识上并不包括职业教育和实用技术培训。（2）反映了当前农村教育在教育内容和教育目标上的偏差。农村教育从目前的发展状态来看，具有“城市中心”的倾向。农村教育实际上是在为城市培养人才，培养离开农村的人才。正是基于这样的目标和倾向，使得在实际的教育中，出现两难的困境。一方面农村教育中大部分农村孩子并非能够通过学校教育这个体系顺利地离开农村，进入城市；另一方面那些无法顺利进入城市的农村孩子虽获得一定教育，比如基础教育，甚至是中等教育，但所学的知识却不能在农村这片土地上有所作为。这样使得农户看不到教育的现实价值，因此并不认可教育投入。但农户却看重职业教育和实用技术培训对家庭或者农业生产带来的实际好处。

表 3-114 农户对教育投入的认知与对家人接受职业教育的期望（单位：%）

您是否希望家人或自己能参加一些实用技术培训	对于每年花在教育上的费用您认为是否值得				
	非常值得	比较值得	一般	不太值得	完全不值得
是	78.7	65.5	65.4	59.1	80.0
否	21.3	34.5	34.6	40.9	20.0
合计	100.0	100.0	100.0	100.0	100.0
(N)	(456)	(380)	(136)	(22)	(5)
显著性检验	$\chi^2 = 23.04$，$p = 0.00$				

6. 农户家庭经济收入的影响

调查显示（见表 3-115），农户家庭经济收入对农户选择职业教育具有显著的影响（$p = 0.001$）。具体分析：经济收入低的农户对职业教育的期望值较高，其中经济收入低于 5000 元的农户中 80% 的农户期望自己或家人能得到职业教育或实用技术的培训；收入在 5000～10000 元的农户中，73.8% 的农户期望自己或家人能获得职业教育或实用技术培训；而经济收入较高的农户对职业教育和技术培训的期望值比较低。经济收入低的农户之所以比较看重职业教育或实用技术培训，是因为这些农户缺乏发家致富的路径，而技术的缺乏是关键，因此，这些农户非常重视技术培训，寄望这种教育和培训改善家庭的发展状况，提高农户的经济收入，提高农民的生产能力。而收入水平高（收入在 15000 元以上）的农户在生产中已经感受到职业教育和技术水平所带来的好处，因此对这类教育也比较看重。经济收入水平一般的农户（收入在 10000～15000 元）对职业教育和实用技术培训的期望值相对较低。

表 3－115　　农户家庭经济收入与对家人接受职业教育的期望　（单位：%）

您是否希望家人或自己能参加一些实用技术培训	家庭纯收入			
	5000 元以下	5000～10000 元	10000～15000 元	15000 元及以上
是	80.0	73.8	61.9	73.0
否	20.0	26.2	38.1	27.0
合计	100.0	100.0	100.0	100.0
（N）	（130）	（313）	（236）	（345）
显著性检验	$\chi^2=16.17$，$p=0.001$			

7. 户主年龄对农户技术培训内容需求的影响

调查显示（见表 3－116），农户户主的年龄与农户期望的实用技术培训的内容具有相关性。这种相关性具体表现在：户主年龄在 30 岁以下的农户对于实用技术培训内容的期望相对较为平衡，分布在农业种植技术、产品加工技术、经营管理技术等。户主年龄在 31～40 岁之间的农户比较偏重农业种植技术和经营管理技术；户主年龄在 41～50 岁的农户，更重视农业种植技术；户主年龄在 50 岁以上的农户也更重视农业种植技术。由此可见，户主年龄较长的农户侧重于传统生产技术，而户主年龄比较轻的农户的技术培训内容的需求既有传统农业生产的技术，也有现代经营管理和加工技术。

表 3－116　　不同年龄的农户户主希望的技术培训的内容　（单位：%）

您希望获得哪些方面的科学技术培训	年龄分段			
	30 岁及以下	50 岁以上	31～40 岁	41～50 岁
农业种植	24.6	46.9	32.5	43.5
产品加工	20.0	17.7	22.5	14.1
经营管理	32.3	18.8	30.1	25.8
其他	23.1	16.7	14.9	16.6
合计	100.0	100.0	100.0	100.0
（N）	（65）	（96）	（289）	（283）
显著性检验	$\chi^2=21.9$，$p=0.008$			

8. 农户户主的教育程度对培训内容的需求的影响

调查显示（见表3－117），户主教育程度的不同反映在其对技术培训内容方面的需求也不一样，户主的文化程度高，其希望获得的技术培训的内容主要侧重于经营管理；户主的文化程度低，其希望获得的技术培训的内容主要侧重于农业种植技术。而在农业种植技术方面，随着户主文化程度的升高，需求的比例呈逐渐下降的趋势，户主是小学及以下文化程度的农户需求的比例为50.7%，户主文化程度为初中的农户，需求的比例为35.6%，户主文化程度为高中及以上的农户需求的比例为27.3%；在经营管理方面，随着户主文化程度的升高，需求的比例也逐渐升高，户主文化程度为小学及以下的农户，需求的比例为16.9%，户主文化程度为初中的农户需求的比例为29.7%，户主文化程度为高中及以上的农户需求的比例为34.7%。在农产品加工技术方面，各农户之间的需求并不太大的差异。由此可见，户主的文化程度影响着农户的技术培训内容的需求，在技术需求的层面，农户之间已出现明显的分层现象。农业种植技术相对于经营管理方面的技术处于较低的层次，再加上有传统的技术传授方法和经验层面的操作，且其针对的主要是生物，对象单一，因此该类技术相对较易掌握。而经营管理方面的技术，属于更高层次的技术，是现代生产经营方面比较先进的一面，需要对生产经营的方方面面统筹协调，因此对文化程度的要求相对较高。文化程度的分层诱发农户对技术培训内容需求的分层，提高农民文化素质，才能进而提高农民的生产经营素质。

表3－117　不同教育程度的农户户主希望的技术培训的内容　（单位:%）

您希望获得哪些方面的科学技术培训	教育程度		
	小学及以下	初中	高中（中专）及以上
农业种植	50.7	35.6	27.3
产品加工	18.3	19.2	17.0
经营管理	16.9	29.7	34.7
其他	14.1	15.5	21.0

续表

您希望获得哪些方面的科学技术培训	教育程度		
	小学及以下	初中	高中（中专）及以上
合计	100.0	100.0	100.0
（N）	（213）	（343）	（176）
显著性检验	$\chi^2 = 31.46$，$p = 0.000$		

9. 农户户主职业对技术培训内容的需求的影响

考察农户户主的职业对农户技术培训内容的需求。调查分析显示（见表3－118），不同职业的农户户主所希望的技术培训的内容是有差异的。户主以务农为主的农户，所希望获得的培训内容为农业种植类技术，占该类农户的61.9%；户主以在农村务工为主的农户所希望培训的内容较为均衡地分布在三大类：32.5%的希望是经营管理、29.4%的希望是产品加工、22.1%的希望是农业种植。户主在城镇务工的农户所希望培训的内容比较侧重于经营管理方面，占34%；其次为产品加工，占27.7%；其他类的占23.4%；最后是农业种植类的，占14.9%。由此可见，以务农为主的农户，技术培训需求的方面侧重于传统领域的农业种植技术；以城镇务工为主的农户，技术培训类的需求侧重于现代的经营管理技术。农户对培训技术的需求受到农户户主职业的影响。

表3－118　不同职业的农户户主希望的技术培训的内容　（单位：%）

您希望获得哪些方面的科学技术培训	主要从事的职业			
	农村务农	农村务工	城镇工作	其他
农业种植	61.9	22.1	14.9	22.7
产品加工	9.8	29.4	27.7	18.2
经营管理	16.8	32.5	34.0	40.9
其他	11.6	16.0	23.4	18.2
合计	100.0	100.0	100.0	100.0
（N）	（328）	（163）	（141）	（44）
显著性检验	$\chi^2 = 142.5$，$p = 0.000$			

10. 农户对技术培训的认知与其对技术培训的需求

当前农户对技术培训的认知有一定的差异，这种差异对农户的技术培训的需求通过调查显示具有显著的相关性（见表3－119）。具体表现为，认为技术培训非常有必要的农户中89%的农户希望家人能参加技术类培训，认为比较有必要的农户中75.6%的农户希望家人能参加技术培训，认为有必要的农户中有74.5%的农户希望家人能参加技术培训，认为不太有必要的农户中38.9%的农户希望家人能参加技术培训，而认为完全没必要的农户中37.5%的希望家人能参加技术培训。由此可见，农户对技术培训认知度越高其对技术培训的需求也越强。

表3－119　农户对子女技术培训必要性的认识与农户对家人技术培训的希望　（单位：%）

您是否希望家人或自己能参加一些实用技术培训	您认为职业技术教育对农村孩子是否有必要				
	非常必要	比较必要	有必要	不太有必要	完全没有必要
是	89.0	75.6	74.5	38.9	37.5
否	11.0	24.4	25.5	61.1	62.5
合计	100.0	100.0	100.0	100.0	100.0
(N)	(200)	(270)	(392)	(144)	(24)
显著性检验	$\chi^2=117.4$，$p=0.000$				

小结

影响农户职业教育和技术培训需求的因素有农户户主教育程度、社区文化环境、地区的需求差异、社区教育环境、农户对教育投入认知、农户家庭经济收入、农户户主职业、农户对技术培训的认知。

农户户主的文化程度越高，其越重视对家庭成员的职业教育或技术培训，即其对职业教育或技术培训的需求越强烈，户主的教育程度影响农户对职业教育或技术培训的需求程度；社区文化氛围好的社区农户对职业教育或技术培训的需求强；无论是职业技术类学校的发展还是农户对其需求，从区域分布上看，需求最强烈的是中部地区的农户，其次是东部地区的农户，最后是西部地区的农户。社区教育环境对农户的职业教育需求具有一定的影响力。具体表现为两极分化的状态，一极是对教育非常重视的社区，农户对职业教育的需求非常强烈；另一极是对教育非常不重视的社区，农户对职业技术类教育的需求比较强烈。而处在中间状态的社区，农户的需求表现得相对较低。

户主年龄较长的农户侧重于传统生产技术，而户主年龄比较轻的农户对技术培训内容的需求既有传统农业生产的技术，也有现代经营管理和加工技术。户主教育程度的不同反映在其对技术培训内容方面的需求也不一样，户主的文化程度高，其希望获得的技术培训的内容主要侧重于经营管理；户主的文化程度低，其希望获得的技术培训的内容主要侧重于农业种植技术。农户对培训技术的需求受到农户户主职业的影响。农户对技术培训认知度越高其对技术培训的需求也越强。

第四章　农村教育中农村学校行为

在我国构建社会主义和谐社会的当代实践中，教育界提出构建“和谐教育”的实践命题。“和谐教育”不仅是社会发展的基本要求，而且是教育自身理念的实践诉求。在中国，发展“和谐教育”就是要实现人与人和谐、城市与农村和谐、经济与社会和谐。现代教育本质上是主体性的教育，是以人为本的教育（邢永富、吕秋芳，2006），而以人为本的教育理应是和谐的教育。这一切最重要的就是要构建有利于学生学习和生活的教育组织，从学校组织及其制度入手，这是“和谐教育”的实践基础，也是“和谐教育”的根本出路。[①]

从社会学角度分析来看，学校是一个正式的社会组织，也可以说是一种正式的社会制度，是一个有目标、有计划、有管理、有规范、有职责、有结构的群体系统（邢永富、吕秋芳，2006）或曰社会组织[②]（鲁洁，2001）。根据美国传统词典的解释，它后来演变为包括中小学、专科学校、学院和大学等在内的各级各类教育机构或场所。

美国组织社会学家艾兹奥尼对于社会组织的性质分为强制性组

---

① 邢永富、吕秋芳：《和谐教育重在组织和制度创新》，《首都师范大学学报（社会科学版）》2006 年第 4 期。

② 鲁洁：《教育社会学》，人民教育出版社 1998 年版，第 357 页。

织、功利性组织与规范性组织。[①] 学校不是强制性组织，对教师来讲学校是功利性组织，对于师生而言均为规范性组织（鲁洁，2001）。因此，学校作为一个组织又或为功能群体，其赖以存在的首要前提便是组织目标，即需要组织全体成员去努力实现的共同目标。所谓共同组织目标由于对组织成员的含义不同，所以对组织成员学生和教师来说都具有不同的意义。构建"和谐教育"，当然不能离开学校教育这个组织基础，不能离开学校教育的现有制度条件。

由于中外关于学校的分类存在差异，其分类尚无统一的标准，对于中国来说，学校教育是与社会教育相对的概念。专指受教育者在各类学校内所接受的各种教育活动。一般说来，学校教育包括初等教育、中等教育和高等教育等。就农村基础教育及初等教育而言，学校类型具体可分为：幼儿园（学前教育学校）、小学、初中、职业中学、成人教育学校、技术培训学校和农民扫盲学校。对于这些学校来说，政府应是学校组织和师资建设的主要投资主体[②]（张胜军，2003），然而从经济的视角看，政府对农村教育的投入未达到"下限"[③]（陈敬朴，2004），以至于学校少、经费困难、教育资源短缺、师资水平低、设备差、农村师资流失严重是农村基础教育学校目前存在的主要问题[④]（孙文学，2005）。

教育行为是学校实践活动的具体表现，是教育理念在现实教育活动中的反映。学校是教育的供给者，学校能够提供给受教育者什么样的教育，取决于学校践行什么样的教育理念。同时，学校的硬件设施和软件设施是保证教育供给的必要条件。在二元社会结构下，农村学

---

① ［美］艾兹奥尼：《组织的社会学分析》（日文版），绵贯让治监译，培风馆1966年版，第12—35页。转引自吴康宁《教育社会学》，人民教育出版社1998年版，第215页。

② 张胜军：《关于当前农村职业教育中的几个认识问题》，《江西社会科学》2003年第8期。

③ 陈敬朴：《城乡教育差距的归因分析》，《教育发展研究》2004年第11期。

④ 孙文学：《我国农村教育的主要问题与对策探讨》，《中国农业教育》2005年第3期。

校具有怎样的办学基础和办学条件，以及拥有的办学资源，影响着教育供给的水平和效果。本章旨在通过对农村学校的办学现状、资源等实体层次，以及办学目标和办学宗旨等观念层次的分析，描述学校的教育行为，探析其教育的供给水平和质量，分析影响其教育供给的因素。

本研究选取全国20个省份（包括河北、四川、安徽、河南、贵州、内蒙古、广西、福建、天津、云南、山东、湖南、浙江、广东、江苏、黑龙江、重庆、湖北、山西、江西）的45个县市中的53个乡镇的118所农村学校，以问卷和访谈等形式开展实地调查。就样本范围来说，如表4－1所示。

表4－1　　农村学校（组织）样本分布

地区	省份	县市	频次	各地区累计（百分比%）
东部	河北省	昌黎	3	42（35.6%）
		灵寿	3	
	福建省	安溪县	3	
	天津市	宝坻县	3	
		蓟县	1	
	山东省	邹平县	3	
		费县	3	
		莒南县	3	
		菏泽市	2	
	浙江省	温岭市	3	
		海宁市	3	
	广东省	海丰县	3	
		遂溪县	3	
	江苏省	启东市	3	
		张家港市	3	

续表

地区	省份	县市	频次	各地区累计（百分比%）
中部	山西省	孝义市	2	42（35.6%）
		灵石县	3	
	安徽省	六安市	3	
		濉溪县	3	
	河南省	固始县	3	
		济源市	3	
		襄城县	2	
		新县	3	
	湖南省	宁乡县	1	
		洞口县	2	
	江西省	彭泽县	3	
	湖北省	荆门市	2	
		沙洋市	2	
		黄陂区	3	
		秭归县	1	
	黑龙江省	牡丹江市	3	
		肇东	3	
西部	重庆市	永川县	3	34（28.8%）
		万州区	1	
	贵州省	黄平县	3	
		六枝特区	3	
	内蒙古自治区	磴口县	3	
		武川县	2	
		乌蒙市	1	
	广西壮族自治区	北海市	3	
		阳朔县	3	
	云南省	玉溪	2	
		红塔区	1	
	四川省	峨眉山市	6	
		兴文县	3	

表 4－2　　样本省份划分

地区	省份
东部地区	河北、福建、天津、山东、浙江、广东、江苏
中部地区	安徽、河南、湖南、黑龙江、湖北、山西、江西
西部地区	四川、云南、广西、贵州、内蒙古、重庆

本调查的总样本数为 118 份。按地区分（如表 4－2 所示），东部地区的样本数为 42 份，中部地区的样本数为 42 份，西部地区的样本数为 34 份；按学校类型分，学前教育的样本数为 9 份，小学的样本数为 67 份，初中的样本数为 33 份，农村高级中学的样本数为 6 份，职业学校与成人教育学校的为 3 份（如表 4－3 所示）。

表 4－3　　不同地区的各类型学校的分布　　（单位:%）

	东部地区	中部地区	西部地区	总计
幼儿园（学前教育学校）	15	10.3	—	8.8
小学	47.5	59.0	61.8	55.8
初中	30.0	25.6	29.4	28.3
职业中学	5.0	—	—	1.8
农民扫盲学校	—	2.6	—	0.9
其他	2.5	2.6	8.8	4.4
合计	100	100	100	100

一般来说，学校的教育行为由教育者、受教育者、教育内容、教育方式和教育情境五个要素构成。本章中，我们主要分为 5 部分，即农村学校的办学状况、农村学校的办学目标和宗旨、农村学校办学资源、农村学校的办学效果、影响农村学校办学的影响因素，来分析农村学校的组织行为。

一　农村学校的办学现状

（一）农村学校的师资力量

振兴民族的希望在教育，振兴教育的希望在教师。美国卡耐基教育与经济论坛在 1986 年 5 月发表的专题报告《国家为 21 世纪的教师做准备》中指出：面向 21 世纪的美国人必须认识“两点最本质的真理：第一，美国的成功取决于更高的教育质量……第二，取得成功的关键是建立一支与此任务相适应的专业队伍，即一支经过良好教育的师资队伍”①。因而，建设一支具有良好政治业务素质、结构合理、相对稳定的教师队伍，是农村教育改革和发展的根本大计。② 教育组织对智力资源的开发和积累具有不可忽视的重要意义③（许永哲、金奉烈，2009）。学校的师资力量属于智力资本的范畴，是决定整个学校发展水平的重要因素。学校组织的智力资本来自每个教职员工个体的智力技能，是广大教职员工的智力技能有机组合并转变为教学效率生产力、学术科研生产力和教育管理决策优化能力等组织整体发展能力而形成，并且每个教职员工的业务智力技能决定学校整体的智力资本强度。④ 教职工包括教师和职工两部分。在接下来的分析中，我们主要从农村学校的教师福利待遇和地位、教职工短缺情况、教职工文化程度的结构状况三个方面来阐述。

1. 农村学校的师资数量现状

（1）农村学校教师数量现状

教师是知识的传授者，在学校中具有举足轻重的作用。一定规模的教师是学校教学秩序维持的必要条件。在本次调查中，11.8% 的被

---

① 程方平：《中国教育问题报告》，中国社会科学出版社 2002 年版，第 135 页。

② 张健、余永德：《农村教育论》，人民教育出版社 2000 年版。

③ 许永哲、金奉烈：《基于 KM 理论的教育组织智力资本特征与管理研究》，《前沿》2009 年第 11 期。

④ 同上。

访者认为本校教师出现“过剩”现象，41.8%的被访者认为本校教师资源“刚刚好”，37.3%的被访者认为本校教师资源“有点短缺”，9.1%的被访者认为本校教师资源“非常缺乏”（如表4－4所示）。

这表明，在样本中，将近有半数的学校教师队伍人数不足。但看似矛盾的是，一方面非常缺乏教师的学校主要集中在农村小学和农村初中学校，即义务教育学校。另一方面在教师出现“过剩”现象的农村学校中，首先是农村小学，其次是农村中学；出现教师资源“过剩”和“非常缺乏”的学校都出现在农村小学和初中，并且“过剩”现象比“非常缺乏”的现象更为严重，这体现了农村基础教育教师资源供给方面出现的不合理、不公平现象。这种不公平现象不是出现在不同类型的学校之间，而是出现在同类学校的不同地区的学校之间，或者是同一地区的不同学校之间。

不同地区的师资力量分析。按地区来看（见表4－4），东部地区农村学校中，7.5%的学校教师“过剩”，52.5%的学校教师“刚刚好”，35%的学校教师“有点短缺”，5%的学校“非常缺乏”；中部地区农村学校中，10.8%的学校“有点短缺”，37.8%的学校“刚刚好”，37.8%的学校“有点短缺”，13.5%的学校非常缺乏；西部地区农村学校中，18.2%的学校表示教师“过剩”，33.3%的学校表示“刚刚好”，39.4%的学校表示“有点短缺”，9.1%的学校表示“非常缺乏”。而教师过剩比较严重的现象出现在西部地区学校，教师缺乏比较严重的学校在中部地区学校。综上分析可以发现，中部地区的教师相对较为短缺。

表4－4　　不同地区学校教师短缺情况分布　　（单位：%）

		地区			总数
		东部	中部	西部	
学校教师短缺情况	过剩	7.5	10.8	18.2	11.8
	刚刚好	52.5	37.8	33.3	41.8
	有点短缺	35.0	37.8	39.4	37.3
	非常缺乏	5.0	13.5	9.1	9.1
总计		100.0	100.0	100.0	100.0

不同类型学校的师资力量分析。表 4 – 5 数据表明，农村中小学同时存在学校教师过剩和短缺的现象。有 13.3% 的农村小学表示学校教师过剩，15.6% 的农村初中表示学校教师过剩；10% 的农村小学表示教师非常缺乏，12.5% 的初中表示学校教师非常缺乏。由此可见，农村中小学教师的分布是不平衡的，存在着区域和学校之间教师资源分配的不平衡性。

表 4 – 5 不同类型的农村学校教师短缺情况 （单位：%）

		学校的类型						总数
		幼儿园（学前教育学校）	小学	初中	职业中学	农民扫盲学校	其他	
您校教师是否短缺	过剩	—	13.3	15.6	—	—	—	11.8
	刚刚好	60.0	41.7	37.5	50.0	—	40.0	41.8
	有点短缺	40.0	35.0	34.4	50.0	100.0	60.0	37.3
	非常缺乏	—	10.0	12.5	—	—	—	9.1
总数		100.0	100.0	100.0	100.0	100.0	100.0	100.0

（2）农村学校职工数量现状。表 4 – 6 数据显示，9% 的学校认为该校的教职工是过剩的，50% 的学校认为该校的教职工的数量刚刚好，35% 的学校认为该校的教职工的数量有点短缺，6% 的学校认为该校的教职工的数量非常缺乏。这表明，41% 的农村学校职工人数不足。其中农村中小学的教职工缺乏情况比较严重。教师是学校教学工作的主要承担者，而学校的其他职工则担负着学校正常运转的除了教学外的其他重要的工作，如学校的安全工作、学校的后勤保障、学校的清洁卫生等，这是因为，教师过剩的学校往往教育经费充足，可以养得起大批教师和职工，而教师缺乏的学校由于经费不足，也会出现职工缺乏现象。在教育经费紧张的情况下，学校一般会先满足教师资源，其次才会考虑充裕职工资源。

表 4－6　　不同类型农村学校职工短缺情况　　（单位：%）

		学校的类型					总数
		幼儿园（学前教育学校）	小学	初中	职业中学	其他	
学校的教职工是否短缺	过剩	10.0	7.4	10.3	—	20.0	9.0
	刚刚好	50.0	46.3	48.3	100.0	80.0	50.0
	有点短缺	40.0	38.9	34.5	—	—	35.0
	非常缺乏	—	7.4	6.9	—	—	6.0
总数		100.0	100.0	100.0	100.0	100.0	100.0

按地区来看，职工的分布又是如何呢？表 4－7 数据显示，在东部地区农村学校中，5.4% 的学校教职工过剩，54.1% 的学校教职工的数量刚刚好，37.8% 的学校教职工数量有点短缺，2.7% 的学校的教职工的数量非常缺乏；中部地区农村学校中，6.1% 的学校的教职工的数量过剩，48.5% 的学校教职工的数量刚刚好，39.4% 的学校的教职工的数量有点短缺，6.1% 的学校的教职工的数量非常缺乏；西部地区学校中，16.7% 的学校教职工过剩，46.7% 的学校的教职工资源“刚刚好”，26.7% 的教职工数量有点短缺，10% 的学校的教职工的数量非常缺乏。由此可见，西部地区的教职工的分布最为不合理，教职工过剩和非常缺乏的现象在西部地区同时并存。相对而言，中部地区的教职工最为短缺。

表 4－7　　不同地区学校教职工的数量分布情况　　（单位：%）

		地区			总数
		东部	中部	西部	
学校的教职工是否短缺	过剩	5.4	6.1	16.7	9.0
	刚刚好	54.1	48.5	46.7	50.0
	有点短缺	37.8	39.4	26.7	35.0
	非常缺乏	2.7	6.1	10.0	6.0
总数		100.0	100.0	100.0	100.0

2. 农村学校教职工的文化程度的结构状况

（1）农村学校教师文化结构。从某种意义上说，农村教育的发展取决于农村教师队伍整体素质的提高。[①]《教师法》中规定“教师具备相应的学历，学前教育的教师学历要求是幼儿师范毕业以上，小学教育的教师学历要求是中师和高中以上，初中教育的教师学历要求是高等师范专科学校或者其他大学专科毕业及以上，高级中学和中等专业学校、技工学校教育的教师学历要求是大学本科以上，高校的教师学历要求是研究生、本科以上”。在数据统计的过程中，我们得出的是各学历水平的教师人数占各类型学校教师总人数的比例的均值。数据显示（见表4－8），样本总数为118个，其中农村学前教育学校的9个样本中，教师学历合格率为90%，大专及以上学历的教师达到45.0%；农村小学学校的67个样本中，学历合格率为97%，大专及以上学历的教师达到61.9%；农村初中学校的33个样本中，学历合格率为93.9%，本科及以上学历的教师达到39.4%，这表明农村学前教育、小学和中学的教师队伍的学历状况得到较大改善，学历水平有了明显提高；但是农村高中、职业学校与成人教育的教师学历合格率仍然偏低，在农村高中的6个样本中以及职业学校与成人教育的3个样本中，教师的不合格学历分别达到20.5%和54.8%。在调查走访的过程中，我们还了解到大部分农村中小学教师的达标学历是第二学历，是通过在职培训和教育获得的，这种状况也就使得农村中小学教师队伍合格率虽高，但是整体素质并不高。这种现状，远没有达到农村教育发展的要求，极大影响和制约了我国农村学校教育教学质量的提高。

表4－8　　**农村学校教师的文化程度状况**　　（单位:%）

	学前教育学校	小学学校	初中学校	高中学校	职业学校与成人教育学校
初中及以下	10.0	3.0	0.2	0.8	—
高中	45.0	25.1	5.9	2.4	33.3

① 苗培周：《当前我国农村教育存在的问题及其应对》，《中国教育学刊》2005年第5期。

续表

	学前教育学校	小学学校	初中学校	高中学校	职业学校与成人教育学校
大专	43.4	55.1	54.5	17.3	21.5
本科	1.6	16.2	38.7	62.0	38.1
研究生及以上	0.0	0.6	0.7	17.5	7.1
总计	100.0	100.0	100.0	100.0	100.0

按地区来看（见表4－9、表4－10），东部地区农村学前教育中教师学历合格率为74.3%，大专及以上学历的教师达到55.3%；农村小学中教师学历合格率为96.4%，大专及以上学历的教师达到79.8%；农村初中教师学历合格率为94.3%，本科及以上学历的教师达到35.9%；农村高中教师学历合格率为86.7%，研究生及以上学历为33.1%；农村职业学校与成人教育中教师学历合格率为67.8%，研究生及以上学历为10.6%。中部地区农村学前教育中教师学历合格率为100.0%，大专及以上学历的教师达到32.1%；农村小学中教师学历合格率为96.4%，大专及以上学历的教师达到66.4%；农村初中教师学历合格率为91.0%，本科及以上学历的教师达到40.8%；农村高中教师学历合格率为70.9%，研究生及以上学历为2.8%。西部地区农村小学中教师学历合格率为91.1%，大专及以上学历的教师达到71.3%；农村初中教师学历合格率为100.0%，本科及以上学历的教师达到47.6%；农村高中教师学历合格率为74.6%，研究生及以上学历为0。从上述数据中，我们可以得出：对于学前教育而言，东部地区农村的教师学历合格率要低于中部地区，但是高学历的比例却要高于中部地区；对于小学教育而言，东部地区农村无论是教师学历合格率，还是高学历的比例都要高于中部和西部地区，中部地区农村的教师学历合格率要高于西部地区，但是高学历的比例却低于西部地区；对于初中教育而言，西部地区农村的教师学历合格率最高，达到了100.0%，高学历的比例也最高，东部地区农村的教师合格率高于中部地区，然而高学历的比例却低于中部地区；对于高中教育而言，东部地区的教师合格率和高学历比例都居于首位，其中研究生及以上学历的教师达到了33.1%，中部和西部地区仅为2.8%和0，西

部地区的学历合格率要高于中部地区。对于职业学校和成人教育而言，东部地区的情况不容乐观，中部和西部地区更糟糕。总体来说，东部地区农村学校的教师资源要优于中部和西部地区，教师学历结构较为合理。

表 4－9　不同地区不同类型学校教师的文化程度（一） （单位：%）

	学前教育学校			小学学校			初中学校		
	东部	中部	西部	东部	中部	西部	东部	中部	西部
初中及以下	18.0	—	—	3.6	3.6	3.6	—	0.5	—
高中	26.7	67.9	—	16.6	30.0	30.0	5.7	8.5	—
大专	52.5	32.1	—	58.6	46.5	46.5	58.4	50.2	52.4
本科	2.8	—	—	20.4	19.2	19.2	35.7	39.1	47.6
研究生及以上	—	—	—	0.8	0.7	0.7	0.2	1.7	—

表 4－10　不同地区不同类型学校教师的文化程度（二） （单位：%）

	高中学校			职业学校与成人教育学校		
	东部	中部	西部	东部	中部	西部
初中及以下	—	—	—	—	—	—
高中	—	—	—	—	100.0	—
大专	13.3	13.3	13.3	32.2	—	—
本科	53.6	53.6	53.6	57.2	—	—
研究生及以上	33.1	33.1	33.1	10.6	—	—

（2）农村学校职工文化结构。除了教师文化程度，我们同时也要关注学校职工的素质。如表 4－11 所示，我们调查的样本总数为 118 个，在农村学前教育学校中，初中学历及以下的职工所占比例为 51.8%，高中学历占 43.8%，大专学历占 2.4%，本科和研究生及以上学历所占比例均为 0；在农村小学学校中，初中学历及以下的职工所占比例为 55.2%，高中学历占 43.8%，大专学历占 2.4%，本科和研究生及以上学历所占比例很小，分别为 3.3% 和 0.4%；在农村初中学校中，初中学历及以下的职工所占比例为 55.5%，高中学历占

34.6%，大专学历占9.3%，本科和研究生及以上学历所占比例微乎其微，分别为0.5%和0.1%；在农村高中学校中，初中学历及以下的职工所占比例为55.3%，高中学历占24.7%，大专学历占20.0%，本科和研究生及以上学历所占比例均为0；在职业学校与成人教育学校中，初中学历及以下的职工所占比例为66.5%，高中学历占33.5%，大专、本科和研究生及以上学历所占比例均为0。总的来看，在农村学校中，近一半的职工学历水平是初中及以下，其次为高中学历，大专学历的比例也并不高，本科、研究生及以上学历是少之又少。这表明农村学校的职工学历水平低下。

表4-11　农村学校职工的文化程度状况　（单位:%）

	学前教育学校	小学学校	初中学校	高中学校	职业学校与成人教育学校
初中及以下	51.8	55.2	55.5	55.3	66.5
高中	43.8	26.6	34.6	24.7	33.5
大专	2.4	14.5	9.3	20.0	—
本科	—	3.3	0.5	—	—
研究生及以上	—	0.4	0.1	—	—
总计	100.0	100.0	100.0	100.0	100.0

按地区来看（见表4-12、表4-13），就学前教育而言，东部地区农村学校职工学历水平不高，初中及以下学历的占了79.1%，高中学历的占16.7%，但是大专学历的占了4.2%；相对而言，中部地区学前教育职工素质要优于东部地区，其中初中及以下学历的占20.0%，高中学历的占80.0%。就小学教育而言，东部和中部地区农村学校职工学历水平比较接近，但次于西部地区，因为西部地区小学中大专及以上的职工占到了49.6%，东部和中部地区仅为23.0%和19.5%。就初中教育而言，东部和中部地区农村学校职工学历水平仍然比较接近，约50.0%的职工学历在初中及以下，约40.0%的职工为高中学历，而西部地区农村学校则表现不佳，90.0%的职工为初中及以下学历，高中和大专学历的均占5.0%。就高中教育而言，东部地区农村学校职工学历相对较优，其中大专学历的占了40.0%，初中

学历的占43.9%，高中学历的占16.1%；中部地区农村学校表现最差，91.5%的职工学历为初中及以下，8.5%为高中学历；西部地区农村学校职工学历也并不高，17.0%的职工学历为初中及以下，83.0%的职工学历为高中学历。就职业学校和成人教育而言，东部地区农村学校职工学历要稍高于中部地区，其中初中及以下学历分别为66.5%和83.0%，高中学历分别为33.5%和17.0%。总体而言，我国农村学校职工学历普遍很低，东部地区整体要优于中部和西部地区。

表4－12　　不同地区不同类型学校职工的文化程度（一）　　（单位：%）

	学前教育学校			小学学校			初中学校		
	东部	中部	西部	东部	中部	西部	东部	中部	西部
初中及以下	79.1	20.0	—	52.2	55.0	—	49.7	50.1	90.0
高中	16.7	80.0	—	24.8	25.5	55.4	38.7	40.6	5.0
大专	4.2	—	—	21.4	5.7	38.5	10.9	8.6	5.0
本科	—	—	—	1.6	13.0	11.1	0.7	0.5	—
研究生及以上	—	—	—	—	0.8	—	—	0.2	—

表4－13　　不同地区不同类型学校职工的文化程度（二）　　（单位：%）

	高中学校			职业学校与成人教育学校		
	东部	中部	西部	东部	中部	西部
初中及以下	43.9	91.5	17.0	66.5	83.0	—
高中	16.1	8.5	83.0	33.5	17.0	—
大专	40.0	—	—	—	—	—
本科	—	—	—	—	—	—
研究生及以上	—	—	—	—	—	—

3. 农村学校的教师福利待遇和地位

（1）农村学校教师福利待遇。我们对118所农村学校进行的问卷调查中，被访者结合他们的自身感触，做出合理选择。表4－14数据显示，有49位被访者认为教师的福利待遇“一般”，占39.8%；其次，26位被访者认为教师的福利待遇“比较好”，占22.0%；3位被访者认为教师的福利待遇“很好”，占2.6%。因此，大部分被访者认为教师的福利待遇一般，仍然有26位和16位被访者认为教师的福利待遇“不太好”和“不好”，分别占22.0%和13.6%。在统计分析时，我们对各个评价维度，从“很好”到“不好”，依次分别赋予5分、4分、3分、2分、1分，并得到均值用以评价样本的总体情况。经统计得出，我国农村学校教师的福利待遇总体得分仅为2.8分，还不到“一般”水平。

表4-14　学校地区分布与教师的福利待遇的交叉分布表　（单位：%）

	东部地区	中部地区	西部地区	全国
很好	2.2	—	9.1	2.6
比较好	24.4	20.8	9.1	22.0
一般	44.4	37.5	40.9	39.8
不太好	20.1	31.3	9.1	22.0
不好	8.9	10.4	31.8	13.6
$\chi^2=16.672$，$p=0.034$				

按地区来看，东部地区农村学校教师的福利待遇评价得分最高即3.0分，中部和西部地区分别为2.7分和2.6分。因此东部地区农村学校教师的福利待遇相对最好，分别有2.2%和24.4%的被访者认为本校教师福利待遇“很好”和“比较好”，44.4%的被访者认为“一般”，认为低于“一般”水平的占29%；中部地区农村学校中，没有被访者认为本校教师福利待遇“很好”，认为“比较好”的占20.8%，“一般”的占37.5%，低于“一般”水平的占41.7%；西部地区农村学校中，分别有9.1%的被访者认为本校教师福利待遇“很好”和“比较好”，认为“一般”的占40.9%，低于“一般”水平的占了40.9%。可以看到中部和西部地区的共同点就是，近四成的被访者认为本校教师福利待遇还不到“一般”水平。总之，我国农村学校教师福利待遇低，东部地区相对较好，中部和西部地区堪忧。

（2）农村学校教师社会地位。教师在当地的社会地位如何呢？如表4－15所示。在我们的调查中，50位被访者认为教师在当地的地位“比较高”，占42.4%；49位被访者认为教师在当地的社会地位“一般”，占41.5%；14位被访者认为教师在当地的社会地位“不太高”，占11.9%；3位被访者认为教师在当地的社会地位“很高”，占2.5%；仅有2位被访者认为教师在当地的社会地位“很低”，占1.7%。在统计分析时，我们对各个评价维度，从“很高”到“很低”，依次分别赋予5分、4分、3分、2分、1分，并得到均值用以评价样本的总体情况。经统计得出，我国农村学校教师在当地的社会地位总体得分为3.3分，要略高于教师福利待遇的得分。因此，总的看来，教师在当地的社会地位并不算高，这与我国自古以来“尊师重道”的传统美德不相符合。

表4－15　　农村学校教师的社会地位

	频次	百分比（%）
很高	3	2.5
比较高	50	42.4
一般	49	41.5
不太高	14	11.9
很低	2	1.7

按地区来看（见表4－16），各地区农村学校教师的社会地位评价得分都比较接近，东部地区为3.4分，中部地区为3.3分，西部地区为3.2分。这表明，虽然各地区教师福利待遇差别比较大，但是教师在当地的社会地位都差不多，并且优于前者。在东部地区农村学校，分别有2.2%的被访者认为本校教师在当地的社会地位“很高”和“很低”，46.7%的被访者认为“比较高”，认为“不太高”的被访者占8.9%；中部地区农村学校中，分别有2.1%的被访者认为教师在当地的社会地位“很高”和“很低”，认为“比较高”的占41.7%，“一般”的占39.6%，“不太高”的占14.6%；西部地区农村学校中，有4.5%的被访者认为教师在当地的社会地位“很高”，

认为“比较高”的占27.3%，“一般”的占54.5%，“不太高”的占13.6%，没有被访者认为“很低”。从中我们可以看出，东部和中部地区教师在感知自身在当地的社会地位上比较相近，也就是近五成被访者认为“比较高”，近四成被访者认为“一般”，而在西部地区，只有近两成被访者认为“比较高”，超过五成被访者认为“一般”。因此，西部地区农村教师在当地的社会地位不如东部和中部地区。

表4－16　学校地区分布与教师社会地位的交叉分布表　（单位：%）

	东部地区	中部地区	西部地区
很高	2.2	2.1	4.5
比较高	46.7	41.7	27.3
一般	40.0	39.6	54.5
不太高	8.9	14.6	13.6
很低	2.2	2.1	0.0
$\chi^2=3.818^a$，$p=0.873$			

（二）农村学校的招生布局

1. 农村学校的招生范围

学生是受教育的对象，是教育的客体和需求者，具有毋庸置疑的地位。农村学校的招生情况如何呢？我们的调查结果显示（见表4－17），有54所学校的招生范围是方圆5公里以内，占45.8%；33所学校的招生范围是方圆10公里以内，占28.0%；17所农村学校的招生范围是方圆20公里以内，占14.4%；7所农村学校的招生范围是方圆30公里以内，占5.9%；还有7所农村学校的招生范围是方圆30公里以外，占5.9%。这表明，大部分学校的招生范围是方圆10公里以内的，但仍有超过26.2%的学校的招生范围在20公里以外的区域。从东中西部来看（见表4－18），东部和西部与中部地区的差异较大，西部地区的学校招生范围91%的在10公里范围以内；而中部地区的学校中近四成的学校招生范围在10公里以外；东部地区的学校虽然以10公里以内为主要招生范围，但有8.3%的学校的招生范围却在30公里以外，这一比例大大高于中部的4.2%和西部的4.5%。表明中部地区学校的招生范围较广，其次是东部，最后是西部。虽然西部地区学校的招生范围不如东部、中部地区广，但西部地区的地形结构决定了学生的上学之路尽管在距离上比不上中、东部地区，但在艰难程度上却远远高于中、东部地区。山路弯弯，形容的不仅仅是山路，也是西部孩子们的上学之路。

表 4 -17　　　　农村学校的招生范围

	频次	百分比（%）
方圆 5 公里以内	54	45.8
方圆 10 公里以内	33	28.0
方圆 20 公里以内	17	14.4
方圆 30 公里以内	7	5.9
方圆 30 公里以外	7	5.9
总计	118	100.0

表 4 -18　　　　学校地区分布与招生范围的交叉分布表　　　　（单位:%）

	东部地区	中部地区	西部地区
方圆 5 公里以内	56.3	31.3	54.6
方圆 10 公里以内	20.8	31.3	36.4
方圆 20 公里以内	10.4	22.9	4.5
方圆 30 公里以内	4.2	10.4	0.0
方圆 30 公里以外	8.3	4.2	4.5
$\chi^2=13.749^a$，$p=0.089$			

2. 农村学校的读书方式

调查中发现（见表 4 -19），56.8% 的学校的学生是全部走读的，35.6% 的学校的学生是部分住读部分走读的，7.6% 的学校的学生是全部在校住读的。我们可以看到，走读是农村学校主要的就读方式，住读也是农村学校就读的重要方式。住读的读书方式对学校各方面的条件提出了更高的要求，需要在住宿条件、学生伙食以及学生安全等方面提供必要的基础。从地区分布来看（见表 4 -20），东部地区的学校中学生走读的比例最高，中部地区学校中的住读方式的比例最高，西部地区的学校中部分住读部分走读的比例最高。表明不同地区学校的就读方式是有区别的。

表 4－19　　农村学校学生的就读方式

	频次	百分比（%）
全部在校住读	9	7.6
全部走读	67	56.8
部分住读部分走读	42	35.6
总计	118	100.0

表 4－20　　学校地区分布与学生居住方式的交叉分布表　　（单位：%）

		地区			总数
		东部	中部	西部	
您校学生的住居方式	全部在校住读	2.5	10.3	8.8	7.1
	全部走读	65.0	51.3	50.0	55.8
	部分住读部分走读	32.5	38.5	41.2	37.2
总数		100.0	100.0	100.0	100.0
$\chi^2=3.241^a$，$p=0.518$					

从上述分析来看，大部分学校的招生范围是方圆 10 公里以内。大部分农村学校对学生采取的是走读的方式，并且东、中、西部三大地区之间学校学生的就读方式有不显著性差异。

（三）农村学校的办学条件

办学条件是指办学必须具备的最基本的物质和人力资源。办学条件是基础，是学校所必须具备的。近年来，我国农村学校的办学条件如何呢？在回答“农村学校的办学条件近年来有没有改善？”问题时，有 30 位被访者认为本校办学条件近年来“有很大改善”，占 25.4%；67 位被访者认为本校办学条件近年来“有一定改善”，占 56.8%；16

位被访者认为本校办学条件近年来“有少许改善”，占 13.6%；仅有 5 位被访者认为本校办学条件近年来“没什么改善”，占 4.2%。也就是说，有 95.8% 的被访者认为农村学校的办学条件近年来有改善（如表 4－21 所示）。这个结果是比较乐观的。表 4－22 显示，东部和中部地区农村学校办学条件近年来有改善的均占到了 97.9%，而西部地区农村学校仍有 13.6% 办学条件近年来没什么改善。接下来，我们具体从农村学校的校舍建设和教学条件两个方面来进行具体分析。

表 4－21　　农村学校办学条件

	频次	百分比（%）
有很大改善	30	25.4
有一定改善	67	56.8
有少许改善	16	13.6
没什么改善	5	4.2
总计	118	100.0

表 4－22　　学校地区分布与办学条件改善情况交叉分布表　（单位:%）

	东部地区	中部地区	西部地区
有很大改善	25.0	27.1	22.7
有一定改善	56.3	58.3	54.6
有少许改善	16.7	12.5	9.1
没什么改善	2.1	2.1	13.6
$\chi^2 = 6.504^a$，$p = 0.369$			

1. 农村学校的校舍建设

（1）校舍分布。我国《义务教育法》明确规定：“学校建设，应当符合国家规定的办学标准，适应教育教学需要；应当符合国家规定的选址要求和建设标准，确保学生和教职工安全。”那么，我国农村学校的校舍设施建设情况怎样呢？在被调查的学校当中（见表 4－23），有 29 所学校是“自建的”，占 24.6%；3 所学校是“租来的”，占 2.5%；2 所学校是“买的”，占总样本的 1.7%；11 所学校是“捐建的"，占9.3%；70所学校是"国家拨款建的"，占59.3%；另外有3所学校是"其他"途径建立的，占2.5%。我们可以看到，我国农村学校的校舍主要由三种方式建成，近六成的农村学校是"国家拨款建的"，其次是"自建的"，再次是"捐建的"，"租来的"、"买的"、"其他"等方式都没有得到很好运用，所占比例很小。表4-24显示，东部地区农村学校中"捐建"的校舍所占比例达到12.5%，东部地区经济较为发达，人们重视教育，很多商人会选择"捐建"校舍，以促进家乡的教育发展。在西部地区，"国家拨款建的"校舍比例更是达到了72.7%，"租来的"、"买的"、"其他"的比例为0。西部地区农村学校的校舍建设途径极其单一。

表4-23　　农村学校的校舍建设方式

	频次	百分比（%）
自建的	29	24.6
租来的	3	2.5
买的	2	1.7
捐建的	11	9.3
国家拨款建的	70	59.3
其他	3	2.5
总计	118	100.0

表4-24　　学校地区分布与校舍交叉分布表　　（单位:%）

	东部地区	中部地区	西部地区
自建的	22.9	29.1	18.2
租来的	2.1	4.2	—
买的	2.1	2.1	—
捐建的	12.5	6.3	9.1
国家拨款建的	54.2	58.3	72.7
其他	6.3	0.0	0.0
$\chi^2=8.659^a$，$p=0.565$			

（2）校舍具体情况。为了解农村学校的校舍状况，在调查中，有71位被访者选择“宽敞明亮的楼房”选项，占60.2%；有19位被访者选择“宽敞的平房”选项，占16.1%；分别有13位和9位被访者选择“破旧的楼房”“低矮破旧的平房”，分别占11.0%和7.6%；另外有6位被访者选择了“其他”，占5.1%（如表4-25所示）。也就是说，有76.3%的农村学校的校舍是宽敞明亮的，有18.6%农村学校的校舍是低矮破旧的。这表明，我国大部分农村学校已基本实现了“无危房”的目标，但仍然有一部分学校的校舍条件很差。表4-26显示，东部地区农村81.3%的校舍是宽敞明亮的，12.5%的校舍是低矮破旧的；中部地区农村73.0%的校舍是宽敞明亮的，22.9%的校舍是低矮破旧的；西部地区农村72.8%的校舍是宽敞明亮的，22.7%的校舍是低矮破旧的。因此，东部地区农村学校的校舍条件明显优于中部地区和西部地区，而中部地区和西部地区的情况则差不多。

表4-25　　农村学校的校舍状况

	频次	百分比（%）
宽敞明亮的楼房	71	60.2
低矮破旧的平房	9	7.6
破旧的楼房	13	11.0
宽敞的平房	19	16.1
其他	6	5.1
总计	118	100.0

表4-26　　学校地区分布与校舍状况交叉分布表　　（单位：%）

	东部地区	中部地区	西部地区
宽敞明亮的楼房	64.6	54.2	63.7
低矮破旧的平房	4.2	12.5	4.5
破旧的楼房	8.3	10.4	18.2
宽敞的平房	16.7	18.8	9.1
其他	6.3	4.1	4.5
$\chi^2=5.474^a$，$p=0.706$			

2. 农村学校的教学条件

教学方法是指师生为完成一定教学任务在共同活动中所采用的教学方式、途径和手段[①]，是教学目标达成的重要手段，也是影响课堂教学质量的主要因素，因此在教学过程中具有重要意义[②]。《基础教育课程改革纲要（试行）》明确提出：教师在教学过程中应与学生积极互动、共同发展，要处理好传授知识与培养能力的关系，注重培养学生的积极性和自主性，引导学生质疑、调查、探究，在实践中学习，促进学生在教师指导下主动地、富有个性地学习。这一理念对农村教育发展具有重要意义。但长期以来，在农村学校的教育实践中，人们将教学方法看作是教师一方的职责，忽视了学生在教学过程中的参与和合作，导致学生厌学、教师厌教，课堂教学质量不高。见表 4－27，在“农村学校的教学方法如何”的回答中，13 位被访者认为学校的教学手段“很好”，占 11.0%；57 位被访者认为自己学校的教学方法“比较好”，占 48.3%；44 位被访者认为自己学校的教学手段“一般”，占 37.3%；4 位被访者认为自己学校的教学手段“不太好”，占 3.4%；0 位被访者认为自己学校的教学手段“不好”。这表明，农村教师对自己的教学方法还是比较认同的。

表 4－27　农村学校的教学方法

	频次	百分比（%）
很好	13	11.0
比较好	57	48.3
一般	44	37.3
不太好	4	3.4
不好	0	0.0
总计	118	100.0

① 顾明远：《教育大辞典》第 1 卷，上海教育出版社 1990 年版，第 199 页。

② 王嘉毅、赵明仁：《中/英甘肃基础教育项目基线调查——学校跨个案分析报告》，中/英甘肃基础教育项目领导小组办公室，2000 年。

加拿大学者麦克卢汉（M. Mcluhan）在《媒体通论：人体的延伸》（1964）一书中，首次针对媒体本质进行了论述，他认为：印刷品是眼睛的延伸；话筒是嘴巴的延伸；收音机是耳朵的延伸；计算机是人脑的延伸……即媒体就是信息（media is message）。教学媒体是教育活动中教育者与受教育者之间传递信息的工具①，是教学系统的重要组成部分。它具有多种形式，从最简单的实物、口头语言到图片、书面印刷物、幻灯、投影、电影、电视、录音、多媒体及网络等等。是教师实现教学目标的重要教学工具。在农村学校教学媒体的调查中，8 位被访者认为学校的教学器材"很好"，占 6.8%；39 位被访者认为自己学校的教学器材"比较好"，占 33.1%；39 位被访者认为自己学校的教学器材"一般"，占 33.1%；22 位被访者认为自己学校的教学器材"不太好"，占 18.6%；10 位被访者认为自己学校的教学媒体"不好"，占 8.4%（如表 4 - 28 所示）。

表 4 - 28　　农村学校的教学媒体

	频次	百分比（%）
很好	8	6.8
比较好	39	33.1
一般	39	33.1
不太好	22	18.6
不好	10	8.4
总计	118	100.0

教学设施是教育的基础，没有必要的教育设施，教育就难以实施。教育设施主要是指校舍、教室、操场、实验室、图书馆等的数量与内部的设备装置。它反映了一个国家的经济、技术发展水平，反映了国家或人民、民族对教育的重视程度②。那么，我国农村学校的教育设施情况怎样呢？在"农村学校的教学设施如何"的回答中，如表

① 叶澜：《教育概论》，人民教育出版社 2006 年版，第 20 页。

② 同上书，第 19 页。

4－29 所示，有 12 位被访者认为自己学校的教学设施“很好”，占 10.2%；46 位被访者认为自己学校的教学设施“比较好”，占 39.0%；42 位被访者认为自己学校的教学设施“一般”，占 35.6%；14 位被访者认为自己学校的教学设施“不太好”，占 11.9%；4 位被访者认为自己学校的教学设施“不好”，占 3.4%。

表 4－29　　农村学校的教学设施

	频次	百分比（%）
很好	12	10.2
比较好	46	39.0
一般	42	35.6
不太好	14	11.9
不好	4	3.4
总计	118	100.0

办学资金的数量直接影响教学条件的改善和教学质量的提高。在“农村学校的办学资金如何”的回答中，如表 4－30 所示，有 5 位被访者认为自己学校的办学资金“很充裕”，占 4.3%；22 位被访者认为自己学校的办学资金“比较充裕”，占 18.8%；34 位被访者认为自己学校的办学资金“一般够用”，占 29.1%；34 位被访者认为自己学校的办学资金“不够”，占 29.1%；22 位被访者认为自己学校的办学资金“很不够”，占 18.8%。

表 4－30　　农村学校的办学资金

	频次	百分比（%）
很充裕	5	4.3
比较充裕	22	18.8
一般够用	34	29.1
不够	34	29.1
很不够	22	18.8
总计	117	100.0

课程即“课业及其进程的综合”，是学校教育的主要载体，是实现教育教学目标的手段，直接影响农村教育的质量。从一定意义上说，要达到新课程改革的要求，关键在于加强农村教育的课程和教材建设。而农村教育的课程开发与教材建设问题也一直是困扰农村教育健康发展的难点，也是农村基础教育与农村职业教育结合的难点[①]。《国务院关于进一步加强农村教育工作的决定》中明确提出：“农村中小学教育内容的选择、教科书的编写和教学活动的开展，在实现国家规定基础教育基本要求时，要紧密联系农村实际，突出农村特色。”在关于“农村学校的课程设置如何”的回答中，如表 4－31 所示，有 28 位被访者认为自己学校的课程设置“很好”，占 23.7%；56 位被访者认为自己学校的课程设置“比较好”，占 47.5%；30 位被访者认为自己学校的课程设置“一般”，占 25.4%。这表明，大部分农村学校认为自己的课程设置还是比较好的，仅有 4 位被访者认为自己学校的课程设置“不太好”，占 3.4%；0 位被访者认为自己学校的课程设置“不好”。

表 4－31　　农村学校的课程设置

	频次	百分比（%）
很好	28	23.7
比较好	56	47.5
一般	30	25.4
不太好	4	3.4
不好	0	0.0
总计	118	100.0

在统计分析时，我们对以上五个方面的项目，从“很好”到“不好”，依次分别赋予 5 分、4 分、3 分、2 分、1 分，总体评价分则通

① 苗培周：《当前我国农村教育存在的问题及其应对》，《中国教育学刊》2005 年第 5 期。

过将各个项目分数加总平均而得。经统计得出（见表 4－32），教学手段的得分是 3.7 分，教学媒体的得分是 3.1 分，教学设施的得分是 3.4 分，教学资金的得分是 2.6 分，课程设置的得分是 3.9 分，总体得分 3.3 分。从结果来看，农村学校教学条件整体一般，只能勉强满足教学的基本需要，与全面推进素质教育的要求相距甚远。其中课程设置的得分最高，其次是教学手段，此两项归纳为学校自身的教学能力，说明被访者认为本校自身的教学能力还是比较好的。而另外三项，即教学媒体、教学设施和教学资金，可以归纳为学校的硬件设施。从得分来看，被访者并不是特别满意，尤其是教学资金得分最低，说明农村学校硬件设施条件和水平偏低，难以满足提高教育教学质量的基本需要。从表 4－33 中可以看出，虽然东部地区教育要较中部和西部地区发达，但是在硬件设施这个问题上三个地区面临的是同样的难题。其中主要原因是农村教育经费长期不足。这就涉及学校的教育投资问题，在后文中我们将作详细阐述。

表 4－32　　农村学校教学条件各方面的评价统计值

	教学手段	教学媒体	教学设施	教学资金	课程设置	平均得分
得分	3.7	3.1	3.4	2.6	3.9	3.3

表 4－33　　学校地区分布与教学条件的交叉分布表　　（单位：分）

	东部地区	中部地区	西部地区
教学手段	3.7	3.7	3.8
教学媒体	3.0	3.1	3.2
教学设施	3.4	3.5	3.3
教学资金	2.5	2.7	2.6
课程设置	3.9	3.9	3.9

二　农村学校的办学目标和宗旨

组织是为了实现某种特定的目标，有计划地组织起来的群体。任何组织都有其特定的目标，追求的是组织目标的实现。[①] 作为学校组织来说，学校组织的核心目标是通过教学和研究活动提升受教育者的综合发展水平与专业知识技能，离开了学生培养，学校组织就失去了存在的合理性。[②] 1996 年国际 21 世纪教育委员会向联合国教科文组织提交了报告《教育——财富蕴藏其中》，其中最核心的思想是学校教育要使学习者“学会认知”、“学会做事”、“学会共同生活”和“学会生存”[③]，这一思想很快被全球各国所认可，并被称为学习的四大支柱。学校教育思想，主要体现在办学理念与办学目标上。为此，我们基于学校组织立场来分析农村学校教育的目标和宗旨。

（一）农村学校的办学目标

目标是指企业或组织所指向的终点。学校的办学目标是在教育思想的指导下，学校根据当地的社会、经济和文化等发展需求，结合自身办学经费、教学条件和师资力量等实际情况，制定的学校教育教学过程中的长期工作目标。农村学校是如何制定自己的办学目标的呢？在我们调查的 118 所农村学校中，有 45 所学校的办学目标是“为高一级的学校输送成绩优秀的学生”，占 38.1%；61 所学校的办学目标是“普及学生的基础文化知识”，占 51.7%；3 所学校的办学目标是“培养学生的职业劳动技能”，占 2.6%；9 所学校的办学目标是“培养适合农村发展的优秀人才”，占 7.6%。前面两个代表“知识”的选项共占 89.8%，后面两个代表“技能”选项的比例较小，共占 10.2%（如表 4－34 所示）。伴随着教育自身的发展，尽管教育的社会功能在扩展，但由于学校组织在社会分工框架内的根本作用没有动摇，所以培养学生始终是学校组织的核心价值与核心目标。数据表明，农村学校的办学目标主要是从培养学生出发，以教授学生“知识”为主，学生的劳

---

① 朱启臻：《农业社会学》，社会科学文献出版社 2009 年版，第 204 页。

② 丛冬旭：《教师绩效管理——基于组织目标和教师专业发展》，《黑龙江教育学院学报》2007 年第 7 期。

③ 联合国教科文组织总部编：《教育——财富蕴藏其中》，联合国教科文组织总部中文科译，教育科学出版社 1996 年版。

动“技能”没有得到充分的重视。我们相信，以“知识+技能”相结合为办学目标的农村教育才是农村学校的必由之路。

表 4－34　　农村学校的办学目标

	频次	百分比（%）
为高一级的学校输送成绩优秀的学生	45	38.1
普及学生的基础文化知识	61	51.7
培养学生的职业劳动技能	3	2.6
培养适合农村发展的优秀人才	9	7.6

（二）农村学校的办学宗旨

针对农村教育而言，其教育观念仍以应试教育为核心，“城市中心”的价值趋向严重①（苏选良，2003；苗培周，2005）。基于此，有相当一部分学者认为教育观念的错误致使农村教育的目标和宗旨出了问题：农村教育究竟是为谁服务②（秦玉友、杨兆山，2004）。苏选良等（2003）、梁克荫等（2005）③一致认为目前我国的农村教育结构模式单一，功能单一，目标偏重于向高等院校、经济发达地区培养合格人才，轻视为本地发展培养急需人才，体现了整个农村教育在现今仍表现出层次偏低，结构与功能单一④（李水山、张乐天，2003；

① 苗培周：《当前我国农村教育存在的问题及其应对》，《中国教育学刊》2005 年第 5 期；苏选良：《当前农村教育存在的问题及解决的对策》，《教育探索》2003 年第 2 期。

② 秦玉友、杨兆山：《结构的视角：农村社会阶层结构变迁与农村教育发展的重新定位》，《当代教育科学》2004 年第 22 期。

③ 梁克荫：《西部地区农村教育现状问题及其对策研究》，《民办教育研究（双月刊）》2005 年第 4 期。

④ 张乐天：《重新解读农村教育》，《教育发展研究》2003 年第 11 期；李水山：《现阶段农村教育存在的主要问题与解决对策》，《教育与职业》2003 年第 15 期；温恒福：《农村教育的含义、性质与发展规律》，《教育探索》2005 年第 1 期。

温恒福，2005）。根据我们的调查，有 67 所农村学校的办学宗旨是“为当地的经济社会发展服务”，占 56.8%；38 所学校的办学宗旨是“为农村发展服务”，占 32.2%；1 所学校的办学宗旨是“能够给学校带来丰厚经济收益”，占 0.8%；12 所学校的办学宗旨是“其他”，占 10.2%（如表 4 – 35 所示）。这表明，农村学校的办学宗旨主要是为了农村发展和当地的经济社会发展，而不是为了自身的经济利益或者其他。

表 4 – 35　　农村学校的办学宗旨

	频次	百分比（%）
为当地的经济社会发展服务	67	56.8
为农村发展服务	38	32.2
能够给学校带来丰厚经济收益	1	0.8
其他	12	10.2

根据区域经济学划分的东部、中部和西部三大地域来看，经济的发展水平由东向西逐渐递减，并且三大区域的差距较大。按地区分析结果表明（如表 4 – 36 所示），学校“为当地的经济社会发展服务”这一宗旨在东部、中部和西部农村学校教育中都占有很高的比例，分别为 58.3%、52.1% 和 63.6%。其次为“为农村发展服务”和“其他”选项。只有中部一所农村学校的办学宗旨是“能够给学校带来丰厚经济收益”，占中部农村学校的 2.1%。就此而言，不同地域的学校由于对教育的认知是一定的，所以在办学的宗旨上没有显现出地区差异。

表 4 – 36　　学校地区分布与办学宗旨的交叉分布　　（单位:%）

	东部地区	中部地区	西部地区
为当地的经济社会发展服务	58.3	52.1	63.6
为农村发展服务	31.3	35.4	27.3
能够给学校带来丰厚经济收益	0.0	2.1	0.0
其他	10.4	10.4	9.1
$\chi^2 = 2.212^*$，$p = 0.899$			

（三）农村学校重视的方面

然而有学者认为中国农村教育的发展具有基础性、启蒙性①（余永德，2001）。农村地域辽阔导致了农村区域教育发展的不平衡性和差异性，教育空间的广袤性、复杂性和学校布局的分散性。农村学校通过教育应当推动农村城市化运动，但是目前农村学校的教育的直接目的是为城市服务，导致以城市为导向，以城市需求为目标的片面强调升学率的应试教育大行其道，从而引发了农村教育资源浪费和生源流失等问题②（秦玉友、杨兆山，2004）。在调查中，我们设置了“下面哪些方面是您校重视的方面，按重要到不重要排序”的问题，并设置了“1. 学校的升学率，2. 学校的经济效益，3. 学校的社会效益，4. 学校的办学条件，5. 学生的教学质量，6. 农民的需求，7. 农村的社会发展”，共计 7 个选项。根据数据统计结果显示（见表 4 - 37），农村学校重视的方面排名，第一是学校的经济效益，第二是学校的社会效益，第三是学校的办学条件，第四是学生的教学质量，第五是学校升学率，第六是农民的需求，而农村的社会发展完全不受学校重视。多数农户认为学校越来越成为功利性组织，而从学校的角度也确实验证了这一说法，即学校最重视的是自身的经济利益。以往我们常常认为学校过分重视升学率，而我们的研究却表明，与升学率相比较，学校则更加重视社会效益、办学条件和学生的教学质量。另外，我们也可以发现，学校不重视农民的需求，忽视农村的社会发展，这也导致了农村学校的教育脱离农民的需求，脱离农村的发展。

表 4 - 37　　农村学校重视的方面　　（单位：%）

	第一	第二	第三	第四	第五	第六	第七
学校升学率	13.0	5.5	8.0	11.1	50.0	10.5	0.0
学校的经济效益	54.8	21.1	15.0	7.8	0.0	0.0	0.0

① 余永德：《农村教育论》，人民教育出版社 2001 年版。

② 秦玉友、杨兆山：《结构的视角：农村社会阶层结构变迁与农村教育发展的重新定位》，《当代教育科学》2004 年第 22 期。

续表

	第一	第二	第三	第四	第五	第六	第七
学校的社会效益	20.0	45.9	23.0	7.8	2.9	0.0	0.0
学校的办学条件	4.3	20.2	33.0	27.8	20.6	0.0	0.0
学生的教学质量	7.0	6.4	21.0	44.4	23.5	5.3	0.0
农民的需求	0.9	0.9	8.0	1.1	0.0	84.2	0.0
农村的社会发展	0.0	0.0	0.0	0.0	0.0	0.0	0.0
总计	100.0	100.0	100.0	100.0	100.0	100.0	0.0

三　农村学校的办学资源

法国学者米歇尔·德博韦和英国学者维泽认为“教育既是消费又是投资，是对人的投资”。作为人力投资的一个重要部门，教育的收益率要高于其他物力投资的收益率（西奥多·W. 舒尔茨）。经济合作与发展组织在一份题为《十年教育政策（1970～1980）》的报告中也指出，教育投资乃是经济发展的一个重要因素。从理论上来说，教育投资是指一个国家根据教育事业发展需要，向教育领域中投资的所有人、财、物力的综合。对于学校主体来说，教育经费是教育发展的重要资助，是提高教学质量、改善教学环境的重要保证。

（一）农村学校教育经费的现状

那么，我国农村学校的教育经费现状如何呢？在调查中，我们设计了“您校的教育经营状况如何”这一问题，118 位被访者中，有 61 位认为本校的教育经费是“基本收支平衡”的，占 51.7%；47 位认为本校的教育经费是“支出大于收入，学校欠有外债”的，占 39.8%；10 位认为本校的教育经费是“收入大于支出，学校经费充足”的，占 8.5%（如表 4－38 所示）。数据表明，就全国而言，近四成农村学校的教育经费是不足的，难以维持学校的正常运营，只有很少部分学校教育经费是充足的。

表 4－38　　农村学校的教育经费状况

	频次	百分比（%）
基本收支平衡	61	51.7
支出大于收入，学校欠有外债	47	39.8
收入大于支出，学校经费充足	10	8.5
总计	118	100.0

那么地区间的差异情况是怎样的呢？表 4－39 中的数据显示，东部地区教育经费“基本收支平衡”的农村学校占 52.1%，“支出大于收入，学校欠有外债”的占 35.4%，“收入大于支出，学校经费充足”的占 12.5%；中部地区教育经费“基本收支平衡”的农村学校占 50.0%，“支出大于收入，学校欠有外债”的占 47.9%，“收入大于支出，学校经费充足”的占 2.1%；西部地区教育经费“基本收支平衡”的农村学校占 54.5%，“支出大于收入，学校欠有外债”的占 31.9%，“收入大于支出，学校经费充足”的占 13.6%。这表明，东部和西部地区的教育经费要比中部地区状况好些。中部地区近一半农村学校教育经费不足，并且欠有外债，仅有微乎其微比例的学校教育经费是充足的。西部地区无论是“基本收支平衡”还是“收入大于支出，学校经费充足”的学校所占比例都要比东部地区大些，因此西部地区总体状况比东部地区要稍微好些。

表 4－39　　学校地区分布与教育经费状况比较　　（单位:%）

	东部地区	中部地区	西部地区
基本收支平衡	52.1	50.0	54.5
支出大于收入，学校欠有外债	35.4	47.9	31.9
收入大于支出，学校经费充足	12.5	2.1	13.6
$\chi^2=5.363$，$p=0.252$			

在教育经费不足的情况下，农村学校是否需要得到资助呢？表 4－40 中的数据显示，在回答这个问题时，有 82 位被访者表示本校

“非常希望”得到教育经费上的资助，占 69.5%；32 位被访者表示本校“比较希望”得到教育经费上的资助，占 27.1%；4 位被访者表示本校“一般”希望得到教育经费上的资助，占 3.4%；没有被访者“不太希望”或者“不希望”本校得到教育经费上的资助。这表明在经费不足的情况下，大部分农村学校都非常希望能够得到资助。

表 4－40　　农村学校教育经费资助期望

	频次	百分比（%）
非常希望	82	69.5
比较希望	32	27.1
一般	4	3.4
不太希望	—	—
不希望	—	—
总计	118	100.0

按地区来看（见表 4－41），东部地区中有 58.3% 的农村学校“非常希望”得到教育经费上的资助，35.4% 的学校“比较希望”得到教育经费上的资助，6.3% 的学校“一般”希望得到教育经费上的资助。中部地区中有 77.1% 的农村学校“非常希望”得到教育经费上的资助，22.9% 的学校“比较希望”得到教育经费上的资助。西部地区中有 77.3% 的农村学校“非常希望”得到教育经费上的资助，18.2% 的学校“比较希望”得到教育经费上的资助，4.5% 的学校“一般”希望得到教育经费上的资助。我们可以看到，无论是哪个区域的学校都非常需要经费的支持，其中中西部地区的学校的需求程度更为强烈。

表 4－41　　各地区农村学校教育经费资助期望比较　　（单位：%）

	东部地区	中部地区	西部地区
非常希望	58.3	77.1	77.3
比较希望	35.4	22.9	18.2

续表

	东部地区	中部地区	西部地区
一般	6.3	—	4.5
不太希望	—	—	—
不希望	—	—	—
$\chi^2=6.051$，$p=0.165$			

（二）农村学校教育经费的来源

近年来，随着教育体制的改革，我国原来单一的政府投资体制发展为政府、社会、个人等多渠道投资体制。那么，目前，农村学校的教育投资主要来源于哪些渠道？表现出哪些特征？问卷调查结果显示（见表4－42），农村学校的教育经费来源主要为“政府拨款”这一途径，有83.8%的被访者选择了这一选项；其次为“学校创收”这一途径，选择这一选项的被访者占6.0%；再次为选择“个人集资”的被访者，占4.3%；最后为选择“社会捐助”的被访者，占3.4%。由此可见，大多数学校的教育经费来源主要为政府拨款，途径比较单一。除政府外，社会和个人等对教育投资的作用没有充分发挥。

表4－42　农村学校教育投资的主要来源

	频次	百分比（%）
政府拨款	99	83.8
学校创收	7	6.0
社会捐助	4	3.4
个人集资	5	4.3
银行借贷	1	0.9
其他	2	1.7
总计	118	100.0

按地区来看（见表4－43），农村学校的教育经费来源仍然主要依靠“政府拨款”，其中东部和中部地区分别为81.2%，西部地区所占比例最大，达到了95.5%。除了依靠“政府拨款”，西部地区仅有

的另外一种教育经费来源就是“个人集资”，所占比例为4.5%。而中部地区农村学校的教育经费来源是最为丰富的，除了“政府拨款”外，还有学校创收、社会捐助、个人集资、银行贷款和其他等五种途径，所占比例分别为8.3%、4.2%、2.1%、2.1%和2.1%。东部地区农村学校的教育经费来源也比较丰富，除“政府拨款”外，还有学校创收、社会捐助、个人集资和其他等四种途径，所占比例分别为6.3%、4.2%、6.2%和2.1%。与中部地区相比，东部地区没有使用“银行贷款”的途径。

表4－43　学校地区分布与教育经费的主要来源的交叉分布表（单位:%）

	东部地区	中部地区	西部地区
政府拨款	81.2	81.2	95.5
学校创收	6.3	8.3	0.0
社会捐助	4.2	4.2	0.0
个人集资	6.2	2.1	4.5
银行借贷	0.0	2.1	0.0
其他	2.1	2.1	0.0
$\chi^2 = 6.033^a$，$p = 0.812$			

（三）农村学校教育经费的筹措途径

农村学校期望从哪些途径获得帮助？希望从哪里获得教育经费上的支持？表4－44中的数据显示，在回答“在教育经费上您希望从哪里获得资助”这一问题时，回答最多的为“政府”这一选项，有69位被访者，占58.5%；其次为“社会”这一选项，有34位被访者，占28.8%；再次为“个人”，有14位，占11.9%；最后，仅有1位被访者希望从“其他”途径获得教育经费，占0.8%。由此可见，相对而言，农村学校对于政府机构较为信任，在经费上较为希望获得政府的支持。但是学校的领导也不再“墨守成规”，开始重视除政府以外的社会、个人等对教育的投资。

表 4-44　　在教育经费上农村学校资助期望对象

	频次	百分比（%）
政府	69	58.5
社会	34	28.8
个人	14	11.9
其他	1	0.8
总计	118	100.0

按地区来看（见表 4-45），相对于中部和西部地区，东部地区农村学校是最为信任政府的，有 68.7% 的学校希望从“政府”那里得到教育经费的资助；其次是“社会”，占 20.8%；然后是“个人”和“其他”，所占比例分别为 8.4% 和 2.1%。对于中部地区而言，希望从“政府”得到教育经费资助的农村学校也有 50.0%。另外希望从“社会”得到资助的学校达到了 39.6%，这个比例要比东部和西部地区大很多；希望从“个人”得到资助的学校占 10.4%。对于西部地区而言，同样最信任的是“政府”，占 54.6%；其次是“社会”和“个人”，比例均是 22.7%。我们可以发现，西部地区希望从“个人”那里得到教育经费资助的农村学校比例要远大于东部和中部地区。

表 4-45　　学校地区分布与教育经费筹措对象交叉分布表　　（单位:%）

	东部地区	中部地区	西部地区
政府	68.7	50.0	54.6
社会	20.8	39.6	22.7
个人	8.4	10.4	22.7
其他	2.1	—	—
$\chi^2 = 13.515^a$，$p = 0.196$			

那么，政府财政对学校的教育投资水平一般用国家财政性教育经费占国内生产总值的比重来衡量一国教育投资的总体水平。根据联合国教科文组织和世界银行的统计，2001 年，世界 127 个国家公共教育

经费（即财政性教育经费）占国内生产总值的比例平均为 4.42%，其中高收入国家为 5.32%，中上收入国家为 5.09%，中下收入国家为 4.37%，低收入国家为 3.51%。2001 年中国公共教育经费支出占 GDP 的比重为 3.14%，2004 年则下降到 2.79%，2008 年达到历史最高，但也只占 GDP 的 3.48%，距离我国《教育法》明确规定的 4% 的标准至少相差 0.52 个百分点。由此可见，中国公共教育经费投资水平不仅低于高、中收入水平的国家，甚至低于低收入国家的平均水平①。

2005 年农村基础教育资金投资总额为 1938.66 亿元，其中国家财政性教育经费投资为 1654.47 亿元，占农村基础教育总投资的 85.34%②。农村学校教育经费主要来源于国家财政性教育经费的投资，国家教育经费投资总量不高，继而决定了农村教育经费严重不足。这种状况，使得人民日益增长的教育需求与教育经费吃紧的矛盾日益尖锐，我国农村地区相当一部分学校难以维持现有水平和规模的教育的日常运转，更不要说为教育培养规模的扩大、教育质量的提高、教育事业的持续发展提供有力支撑③。要想摆脱困境，各级政府必须加强教育意识，加大教育投资力度，大力倡导社会、个人等多形式、多层次、多渠道教育经费的筹措方式。

四　农村学校的办学效果

农村学校获得的教育经费主要投向何处呢？主要可以分为两大部分，即教育基本建设经费和教育事业经费。其中教育基本建设经费主要用于教育的基本建设和基本设施。教育事业经费主要是人员经费和业务经费，教学质量的经费就是属于业务经费。教学质量是教育的生

---

① 霍英：《本世纪初我国义务教育经费的城乡差距分析》，《教育导刊》2008 年第 2 期。

② 根据国家统计局编《中国统计年鉴 2006 年》提供的数据计算得出。

③ 程方平：《中国教育问题报告》，中国社会科学出版社 2002 年版，第 110 页。

命线，是学校教育工作中永恒的主题。因而成为我们本次调查关注的重点。为了了解学校组织对于自身教学质量上的投入情况，研究中我们有必要先了解学校领导对自己学校的教学质量评价情况。

（一）农村学校教学质量评价

就学校的教学质量而言，本次调查结果表明（见表4－46），有7所学校的被访者认为自己学校的教学质量“非常好”，占5.9%；有75所学校的被访者认为自己学校的教学质量“比较好”，占63.6%；有35所学校的被访者认为自己学校的教学质量“一般”，占29.7%；仅有1所学校的被访者认为自己学校的教学质量“不太好”，占0.8%。在统计分析时，我们对各个评价维度，从“非常好”到“不好”，依次分别赋予5分、4分、3分、2分、1分，并得到均值用以评价样本的总体情况。经统计得出，我国农村学校教学质量评价总体得分为3.8分。由此可见，绝大多数学校的被访者对自己所在学校的教师质量评价比较高，认为自己学校的教学质量比较好。

表4－46　农村学校的教学质量

	频次	百分比（%）
非常好	7	5.9
比较好	75	63.6
一般	35	29.7
不太好	1	0.8
不好	0	0.0
总计	118	100.0

按地区来看（见表4－47），东部地区有6.3%的被访者认为本校的教学质量“非常好”，58.3%的被访者认为本校的教学质量“比较好”，35.4%的被访者认为本校的教学质量“一般好”。中部地区有6.3%的被访者认为自己学校的教学质量“非常好”，72.9%的被访者认为自己学校的教学质量“比较好”，20.8%的被访者认为自己学校的教学质量“一般好”。西部地区有4.5%的被访者认为自己学校的

教学质量“非常好”，54.6%的被访者认为自己学校的教学质量“比较好”，36.4%的被访者认为自己学校的教学质量“一般”，仅有4.5%的被访者认为自己学校的教学质量“不太好”。在统计分析时，我们对各个评价维度，从“非常好”到“不好”，依次分别赋予5分、4分、3分、2分、1分，并得到均值用以评价样本的总体情况。经统计得出，我国农村学校教学质量评价总体得分情况为：东部地区3.7分，中部地区3.9分，西部地区3.6分。通过分析发现，东部、中部和西部地区的教学质量都处于同一水平，即三大地区的教学质量都处于一般偏上的水平。中部地区的农村学校教学质量略高于东部和西部地区。

表4-47　学校地区分布与教学质量的交叉分布表　（单位:%）

	东部地区	中部地区	西部地区
非常好	6.3	6.3	4.5
比较好	58.3	72.9	54.6
一般	35.4	20.8	36.4
不太好	0.0	0.0	4.5
不好	0.0	0.0	0.0
得分	3.7分	3.9分	3.6分
$\chi^2=7.730^a$，$p=0.259$			

（二）农村学校教学经费评价

1. 农村学校教学投入现状

农村学校有没有为了提高教学质量而进行投入？通过本次调查问卷的数据分析结果发现（见表4-48），在有效回答的118位被访者中，有108位被访者所在学校对教学质量进行了投入，占有效被访者的91.5%；“没有”进行投入的仅有10所学校，占8.5%。不难看出，虽然学校领导对于自身学校的教学质量评价较高，但他们还希望继续进一步提高教学质量，多数学校领导对于自己学校的教学质量都做了进一步的投入。按地区来看（见表4-49），大部分学校为了提高学校自身的教学质量而进行了投入，其中西部地区比例最高，占

95.5%，其次为中部地区和东部地区，分别91.7%和89.6%。说明西部地区农村学校最注重对其教学质量的投入。

表4－48　　农村学校有没有为了提高教学质量而进行投入

	频次	百分比（%）
没有	10	8.5
有	108	91.5
总计	118	100.0

表4－49　　学校地区分布与有没有为了提高教学质量而进行投入的交叉分布表　　（单位:%）

	东部地区	中部地区	西部地区
没有	10.4	8.3	4.5
有	89.6	91.7	95.5
$\chi^2=0.673^a$，$p=0.714$			

2. 农村学校教育投入的内容

通过前面的分析不难知道，多数学校为了提高教学质量而进行了投入，那么，这些学校主要是在哪些方面进行了投入？在哪些工作上进行了努力？数据分析结果表明（见表4－50），在问及“学校为了提高教学质量主要做了哪些工作”这一问题时，有43位被访者选择了“和教学质量好的学校相互交流”一项，占36.4%；其次有36位被访者选择“送本校老师到外面学习培训”一项，占30.5%；而选择“引进优秀教师”和“资助老师提高学历”两项的被访者分别有19位和15位，分别占16.1%和12.7%；选择“其他”方式的被访者有5位，占4.2%。由此可见，各个学校为了提高自身的教学质量，进行了不同程度的努力，但主要方式是“和教学质量好的学校相互交流”以及“送本校老师到外面学习培训”。

表 4－50　　农村学校教育投入的内容

	频次	百分比（%）
引进优秀教师	19	16.1
送本校老师到外面学习培训	36	30.5
和教学质量好的学校相互交流	43	36.4
资助老师提高学历	15	12.7
其他	5	4.2
总计	118	100.0

按地区来看（见表 4－51），东部地区经济较为发达，教育资源比较丰富，因此农村学校为提高自身的教学质量不但可以采取常用的方式，还运用了“其他”方式，这种优势是中部和西部地区所无法比拟的。中部地区教师的学历普遍不高，学校对此重视的程度较高，因此“资助老师提高学历”的学校占到了 22.9%，远高于东部和西部地区。就西部地区而言，由于经济方面的原因，“资助老师提高学历”的学校比较少，仅占 4.5%，部分学校选择“引进优秀教师”、“和教学质量好的学校相互交流”和“送本校老师到外面学习培训”，分别占 18.2%、45.5% 和 31.8%，这样有助于提高整个学校组织的师资水平，而且稳定性较强。

表 4－51　　不同地区的农村学校教育投入的内容分布表　　（单位：%）

	东部地区	中部地区	西部地区
引进优秀教师	14.6	16.7	18.2
送本校老师到外面学习培训	31.3	29.2	31.8
和教学质量好的学校相互交流	39.6	29.2	45.5
资助老师提高学历	6.2	22.9	4.5
其他	8.3	2.1	0.0
$\chi^2 = 11.526^a$，$p = 0.174$			

五　影响农村学校办学的因素

（一）制度形态对农村学校办学的影响

基于学校组织来说，由于组织和个体的观念和行为存在自身的差别，学校作为组织的特殊性，是受到国家强制管理的组织。国家制度形态的教育观念主要体现在一定时期内国家的教育方针、政策、指导思想等文件中，是国家、政府对教育的正式要求和规定，它也是一种外显的观念形态（李召存，2002）。制度形态的教育观念是一个国家教育行政部门对教育实践进行引导、调控和管理的主要指导思想和依据，它直接左右着教育实践的发展方向。各级各类学校的教育目的如何定位？课程如何设计？教学活动如何展开？师生关系如何处理？教学结果如何评价？几乎所有教育问题的解决都直接取决于这一形态的观念。以国家教育意识形态来规范学校教育意识形态。国家在强调素质教育的同时，体现在显性硬强制和隐性软强制两个方面，依靠政策和法律来实现；或者依靠各种教育类媒体的宣传，通过师资培训的灌输、传授等。学校的教育观念受到国家政策的指导，为此如何解决现行的应试教育观念，解决“城市中心”趋向①（苏选良，2003；苗培周，2005）。

基于农村教育目的来说，农村教育应当推进城市化和乡村本身的社会经济发展。然而，农村教育的现实情况并非如此，以城市需求为目标的片面强调升学率的应试教育大行其道，从而引发了农村教育资源浪费和生源流失等问题②（秦玉友、杨兆山，2004）。这些问题的出现明显和学校办学的目标、宗旨以及目的不符合，致使农村学校教育没有向着正确的方向发展。如何让学校实现自身的初衷，就要靠国家和政府的政策支持。只有依靠政府的政策予以一定的改革和支持，

---

① 苏选良：《当前农村教育存在的问题及解决的对策》，《教育探索》2003年第2期。

② 秦玉友、杨兆山：《结构的视角：农村社会阶层结构变迁与农村教育发展的重新定位》，《当代教育科学》2004年第22期。

才能促进中国教育的制度化改革。

基于学校组织来说，国家教育政策和农村社会政策对学校的影响具有显著性作用。如表 4 - 52 所示，有 95.6% 的学校认为国家的教育政策对学校的发展是有利的，其中 15.9% 的学校认为是非常有利的。但教育政策的有利性具有一定的区域差异，75% 的东部地区的学校认为教育政策对学校的发展是比较有利的，中部地区有 74.4% 的学校这么认为，而西部地区的学校只有 64.7% 的学校认为教育政策是有利的。从农村政策的有利性来看（见表 4 - 53），65.2% 的学校认为农村社会政策有利于学校的发展，5.4% 的学校认为农村社会政策不利于学校的发展。农村社会政策对学校的发展影响具有一定的区域性差异，东部地区学校认为农村社会政策对学校的发展基本上都是有利的；而中部地区的学校中，有 20.5% 的学校认为农村社会政策是非常有利的，但又有 10.3% 的学校认为农村社会政策不太有利于学校的发展；在西部地区的学校中，有 14.7% 的学校认为农村社会政策非常有利于学校的发展，也有 5.9% 的学校认为不太有利于学校的发展。总体而言，教育政策和农村社会政策对农村教育的发展是有利的，但也存在不利的方面。

表 4 - 52　　教育政策的有利性　　（单位：%）

		地区			总数
		东部	中部	西部	
现行的教育政策对您校的发展是否有利	非常有利	12.5	23.1	11.8	15.9
	比较有利	62.5	51.3	52.9	55.8
	一般	20.0	20.5	32.4	23.9
	不太有利	2.5	5.1	2.9	3.5
	不利	2.5	—	—	0.9
总数		100.0	100.0	100.0	100.0
$\chi^2 = 6.149^a$，$p = 0.631$					

表 4－53　　农村社会政策对学校的发展　　（单位：%）

		地区			总数
		东部	中部	西部	
现行的农村社会政策对您校的发展是否有	非常有利	15.4	20.5	14.7	17.0
	比较有利	46.2	48.7	50.0	48.2
	一般	38.5	20.5	29.4	29.5
	不太有利	—	10.3	5.9	5.4
总数		100.0	100.0	100.0	100.0
$\chi^2=6.494^a$，$p=0.37$					

（二）基于社会环境对农村学校办学的影响

我国是最早提倡“绿色教育”的国家之一。1992 年，联合国在巴西里约热内卢召开了有 180 个国家代表参加的“联合国环境与发展”大会，通过了《21 世纪议程》。它不仅要求教育要“对环境友好”，而且要求教育关心人的需求，以人为核心，以人的全面发展为目标，培养未来“合格而负责任的公民”，从而实现社会、经济和生态的协调进步。“绿色学校”是指学校在实现其基本教育功能的基础上，在全面的日常工作中将可持续发展思想纳入管理中，将环境和人的因素纳入其中，形成人、社会以及环境的可持续发展。总体来说，农村学校办学一是体现在周边文化社会环境的发展情况以及政府的扶持力度，二是基于学校本身的师资的发展情况。

1. 文化社会环境方面

在学校周边的人文环境方面，从调查的结果（见表 4－54）来看，有 47% 的学校人文环境较好；44.3% 的学校人文环境一般。这对整个学校的文化建设和使学生有一个良好的文化氛围起到了关键性作用。

表 4－54　　　　　学校周围的文化社会环境

	频次	百分比（%）
很好	8	7.0
比较好	46	40.0
一般	51	44.3
不太好	7	6.1
不好	3	2.6

由此可以看出，学校周边的文化社会环境为学校创造了一个良好的文化氛围，有助于学校进行自身的社会文化建设，从而实现学校的最终的目的和宗旨。按地区来看（见表 4－55），东部地区，认为“学校文化社会环境好”的比例占到 40%，认为“学校文化社会环境一般”的占 53.3%，而认为“学校文化社会环境不好”的占 6.7%；中部地区，认为“学校文化社会环境好”的比例占到 58.4%，认为“学校文化社会环境一般”的占 33.3%，而认为“学校文化社会环境不好”的占到 8.3%；西部地区，认为“学校文化社会环境好”的比例占到 36.4%，认为“学校文化社会环境一般”的占 50%，而认为“学校文化社会环境不好”的占到 13.6%。通过学校地区分布与周围文化社会环境的交互分析发现二者关系并不显著，这说明学校周围的文化社会环境与地区差异没有显著的关系，表明东、中、西部之间没有显著性差异，学校的环境都较好。

表 4－55　　学校地区分布与周围文化社会环境的相互分布表　（单位:%）

	东部地区	中部地区	西部地区
很好	6.7	6.3	9.1
比较好	33.3	52.1	27.3
一般	53.3	33.3	50.0
不太好	4.4	6.3	9.1
不好	2.3	2.0	4.5
$\chi^2=6.538^a$，$p=0.587$			

2. 政府整治

根据调查显示（见表 4－56），就东部地区而言，认为“需要政府整治环境”的比例占到 66.7%，认为“不太需要政府整治环境”的比例占 8.9%；就中部地区而言，认为“需要政府整治环境”的比例占 73%，认为“不太需要政府整治环境”的比例占 14.5%；就西部地区而言，认为“需要政府整治环境”的比例占 72.8%，认为“不太需要政府整治环境”的比例占 13.6%。

表 4－56　学校地区分布与是否需要政府整治环境的交叉分布表（单位：%）

	东部地区	中部地区	西部地区
非常需要	20.0	29.2	45.5
比较需要	46.7	43.8	27.3
一般	24.4	12.5	13.6
不太需要	8.9	14.5	13.6
$\chi^2=7.546^a$，$p=0.273$			

以上结果说明，χ^2 值为 7.546，p 值为 0.273，地区差异不显著。就东、中、西部而言，认为学校周边的环境迫切需要政府大力整治的比例在整个地区占到 65% 以上。是什么原因导致学校组织急切需要政府大力整治环境？诸多可能的因素，例如，学校周边的人文环境与学校内部的人文环境和所倡导的宗旨不合，影响了学校的正常运作和学习的氛围，为此学校组织急切需要政府进行整治，给学校和学生一个良好的学习和生活的环境。

3. 教师福利和待遇

美国行为科学家弗雷德里克·赫茨伯格（Fredrick Herzberg）提出双因素理论（Two Factors Theory），又称激励保健理论（Motivator-Hygiene Theory）。该理论认为引起人们工作动机的因素主要有两个：一是保健因素，二是激励因素。教师的福利待遇和地位都属于保健因素。虽然保健因素不能给人们带来满意感，但是如果保健因素不能得到满足，往往会使人们产生不满情绪、消极怠工，甚至引起罢工等对抗行为。因此保证农村教师的福利待遇和地位，对于农村学校教育非常重要。

就教师的福利和待遇而言，调查显示（见表4－57），东部地区认为“教师的福利和待遇好”的比例占到26.6%，认为“教师的福利和待遇一般”的比例占44.4%，而认为“教师的福利和待遇不好”等占到29%；中部地区认为“教师的福利和待遇好”的比例占20.8%，认为“教师的福利和待遇一般”的比例占37.5%，而认为“教师的福利和待遇不好”等占到41.7%；西部地区认为“教师的福利和待遇好”的比例占18.2%，认为“教师的福利和待遇一般”的比例占40.9%，而认为“教师的福利和待遇不好”的比例占到40.9%。χ^2 值为16.672，p值为0.034小于0.05，因此地区差异对教师的福利和待遇具有显著性影响，表明不同地域之间的教师福利和待遇出现显著性差别。

表4－57　　教师的福利和待遇　　（单位：%）

	东部地区	中部地区	西部地区
很好	2.2	0.0	9.1
比较好	24.4	20.8	9.1
一般	44.4	37.5	40.9
不太好	20.1	31.3	9.1
不好	8.9	10.4	31.8
$\chi^2=16.672^a$，$p=0.034$			

从以上数据看出，东、中、西部的教师福利和待遇满意程度不高，并且东、中、西部的教师福利和待遇依次呈现出递减的状态，而且待遇和福利的满意程度越来越低。东部的满意程度较高，而西部的满意程度最低。笔者认为教师福利和待遇的差异与东中西部的经济发展水平有关，东部经济较好，而西部的经济发展水平较低。为此，三大地区的教师福利和待遇的差距是影响学校办学和师资力量建设的最重要的因素，无法提高教师的福利和待遇水平，致使教师的工作满意度无法得到充分的体现，并最终影响学校的办学条件。

4. 教师地位

调查显示（见表4－58），东部地区认为“教师地位比较高”的比例占48.9%，认为“教师地位一般”的比例占40%，而认为“教师地位不高”的比例占到11.1%；中部地区认为“教师地位比较高”的比例占43.8%，认为“教师地位一般”的比例占39.6%，而认为“教师地位不高”的比例占到16.7%；西部地区认为“教师地位比较高”的比例占31.8%，认为“教师地位一般”的比例占54.5%，而认为“教师地位不高”的比例占到13.6%。χ^2 值为3.818，p值为0.873大于0.05，因此地区差异对教师的地位无显著性差异，表明东、中、西部地区的教师地位都处于一个类似的水平。从全国数据看，仅有24.6%的被访者认为教师在当地地位比较高，有35.6%的被访者认为教师在当地地位不高甚至很低，有39.8%的被访者认为教师在当地地位一般。由此可见，农村教师在社会上处在一个并不高的位置。

表4－58　　教师在当地的地位　　（单位：%）

	东部地区	中部地区	西部地区	全国
很高	2.2	2.1	4.5	2.6
比较高	46.7	41.7	27.3	22.0
一般	40.0	39.6	54.5	39.8
不太高	8.9	14.6	13.6	22.0
很低	2.2	2.1	0.0	13.6
$\chi^2=3.818^a$，$p=0.873$				

以美国社会心理学先驱——勒温（Kurt Lewin）为代表的社会环境决定论认为，解决教师职业社会地位和角色形象问题的关键在于社会环境条件，因为影响和决定某种职业社会形象的根本因素是经济利益、社会地位、职业声望等外部社会条件。① 农村教师福利待遇和地位不高，加上农村教育基本条件相对差，这是导致农村学校教职工短

① 程方平：《中国教育问题报告》，中国社会科学出版社2002年版。

缺、教师队伍素质不高的直接原因。要吸引高素质优秀人才去农村执教，就必须大幅度提高农村教师的福利待遇和社会地位。几乎所有的国家采取立法的形式，将教师纳入国家公务员管理系列，确保从事教育职业人员的社会政治地位；在福利待遇方面，西方多数国家规定教师工资要高于普通公务员的工资，如日本法律规定，教师工资要高于一般公务员工资30%～40%。我国《教师法》规定“全社会应当尊重教师”，“提高教师的社会地位”，“教师的工资待遇不低于或高于国家公务员的平均工资水平、正常晋级加薪、津贴、补贴”。但是，通过前面的分析，我们可以看到《教师法》贯彻实施中还存在一些问题和不足，教师福利待遇还有待进一步落实。然而，学校自身不发展，教师本职工作不发展，要提升学校和教师的社会地位，还是有一定难度的。在我们调查的过程中，大部分学校和教师把社会对自己的低评价一味归咎于外在因素，这种想法太过于主观、片面。要从根本上提高教师的社会地位，最终还是取决于全体教师的职业工作态度。

总体来说，学校周边环境、教师社会地位以及教师的待遇和福利水平存在着不令人满意的因素。社会环境对学校办学的主要影响在于对学生和师资力量的影响，社会环境影响学生的学习氛围，教师的社会地位状况以及福利待遇水平影响教师的积极性。从而对整个学校的办学会产生较大的影响。

（三）基于农户因素对农村学校办学的影响

农户作为学校教育的需求者，与教育供给者（学校）是相辅相成的关系。学校作为组织，组织的运行应体现农户导向性（需求层面）和内部运作的协调性（供给层面）。需求层面与供给层面的相互配合，通过农户对学校的教学和管理工作的相互配合，实现需求者与供给者的对接。

调查发现（见表4－59），农户对学校的教学工作的配合程度在东、中、西部都较高，比例分别为68.9%、66.7%、63.6%。农户对学校的管理工作的配合程度就东、中、西部而言，处于“较好”水平以上的比例分别为71.2%、68.7%、63.6%（如表4－60所示）。整体而言，农户对学校的教学和管理工作具有良好的配合程度。由于卡方值不显著，说明就全国来说农户对学校的教学和管理工作的配合程度都趋于一致。

表 4－59　　学校地区分布与学生家长对学校的教学工作配合程度的交叉分布表　　（单位：%）

	东部地区	中部地区	西部地区
很好	20.0	14.6	4.5
比较好	48.9	52.1	59.1
一般	28.9	31.3	27.3
比较差	2.2	2.1	9.1
$\chi^2 = 5.242^a$，$p = 0.513$			

表 4－60　　学校地区分布与学生家长对学校的管理工作配合程度的交叉分布表　　（单位：%）

	东部地区	中部地区	西部地区
很好	20.0	16.7	13.6
比较好	51.2	52.0	50.0
一般	24.4	27.1	27.3
比较差	4.4	4.2	9.1
$\chi^2 = 1.245^a$，$p = 0.975$			

农户作为教育需求者与教育供给者的相互配合有助于学校更好地进行经营和管理学生。巴纳德认为组织协作理论的核心是协作，其目的在于通过人与人、人与组织之间的相互协作，完成个人无法完成的任务。因此，组织通过与人的相互合作，利用正式和非正式沟通将组织结合起来，完成组织目标①。学校作为一个组织，目标在于实现学校的目标和宗旨，通过学校和农户的协作实现组织的快速和谐发展。

我国当前的社会转型是社会经济、政治、文化结构分化重组、递

① ［美］马尔科姆·沃纳：《管理思想全书》，人民邮电出版社 2009 年版，第 39 页。

升跃迁的历史运动，是整个社会由僵滞走向变革、由封闭走向开放、由落后走向文明的现代化过程[①]（范国睿，2006）。计划经济向市场经济的转变，带来了各方面制度以及文化的变迁，学校教育观念也避免不了受到其影响。关于教育，我们从“德、智、体三好学生”发展到“德、智、体、美、劳五好学生”，这是培养学生的纲领，学校的教育观念也围绕着此纲领展开。而当下社会中，以市场为导向，在劳动力市场中具有什么素质的学生受欢迎，这些信息反馈到学校，学校的教育观念受其影响也会发生转变。

① 范国睿：《社会转型下的学校变革》，《教育发展研究》2006年第1期。

第五章　农村教育的教师队伍问题

在1978年全国教育工作会议上，邓小平提出了“尊重教师的劳动，提高教师质量”的口号，认为“一个学校能不能为社会主义建设培养合格的人才，培养德智体美劳全面发展、有社会主义觉悟的有文化的劳动者，关键在教师”。1985年，《中共中央关于教育体制改革的决定》中又明确指出“建立一支有足够数量的、合格而稳定的师资队伍，是实行义务教育、提高基础教育水平的根本大计。为此，要采取特定的措施提高中小学教师和幼儿教师的社会地位和生活待遇，鼓励他们终身从事教育事业”。2008年3月5日，温家宝在政府工作报告中提出“要加强教师队伍特别是农村教师队伍建设，完善和落实教师工资、津贴补贴制度”。

由此可以看出，国家非常重视教师队伍的建设，无论是在制度上还是在政策方面都做了很大努力，给教师权利予以保障。但当前在许多地区尤其是贫困落后的农村地区，教师流失的情况还比较严重。一方面，表现在流失的数量上，相对都比较大。据搜狐新闻网2007年6月11日题为《我国农村教师流失严重，甘肃一乡中学10年走80人》报道：甘肃省庆阳市洪德乡河连湾村的环县三中在不到10年的时间里，教师来了120名，走了80名；另据2008年3月4日《中国教育报》题为《人大代表：农村教师待遇问题真让我头疼》的报道：颍上县一所中学在短短几年内，先后有20多名教师跑到城市学校，有的甚至不再计较自己的编制，让学校损失非常惨重。安徽省阜阳市教育局局长胡涛说：“现在农村地区教师收入事实上处于教师收入的最底层，这让我很头疼”，他和其他农村教师一样都期盼着尽快提高教师待遇，毕竟这关系教育发展的大计。目前，当地正在努力破解困扰教育发展的难题，农村教师队伍建设就是其中的一道大关。另一方面，当前农村中小学教师流动过程中存在极为不合理的一面，主要表现为流动具有单向性及无序性的特征。主要是从农村流向城市、从贫困地区流向富裕地区（刘平，2006；胡敬峰，2007），从工作条件差、收入待遇低的地区流向工作条件好、生活待遇高的地区（汪丞，2005）。这种无序不合理的单向流动造成了农村中小学校师资力量的缺乏，发达地区的学校出现师资过剩的局面，导致了教师资源分配的不均衡，很大程度上影响了农村基础教育的发展，影响了教育公平的实现。

本章通过问卷调查，获取农村中小学教师社会流动意愿的相关数据，通过描述农村中小学教师的社会流动意愿，分析影响其流动的因素，探讨促进农村中小学教师职业稳定的措施，提出加强农村教师队伍建设的对策建议。

一 调查区域概况及调查样本特征

（一）调查区域基本情况

1. 社会经济发展总体概况

随州市位于湖北省北部，跨北纬31°19′~32°26′，东经112°43′~113°46′，地处长江流域和淮河流域的交汇地带，东承武汉，西接襄樊，北临信阳，南达荆州，是湖北省对外开放的“北大门”，还是国家实施西部大开发战略由东向西的重要接力站和中转站。随州市常住人口为2162222人（根据第六次全国人口普查）。下辖一市一区一县，共有47个乡级单位。

2007年，全市地区生产总值为257.62亿元，位居全省16个市（不包括神农架）排名的第11位。城镇居民人均可支配收入为10025元，农村居民人均纯收入为4177元。全市2007年财政一般预算支出合计231007万元，其中教育支出合计55447万元，占财政一般预算支出合计的24%。全市各行业在岗平均工资为13837元，而教育业在岗职工人年均工资为16480元。如表5－1所示。

表 5-1　2007 年随州市社会经济发展基本情况

2007 年项目	指标	单位	随州市
国民经济综合指标	地区生产总值	亿元	257.62
	第一产业	亿元	62.98
	第二产业	亿元	113.27
	第三产业	亿元	81.37
本年财政收支情况	地方财政收入	亿元	11.9
	地方财政支出	亿元	23.1
居民收入情况	城镇居民人均可支配收入	元	10025
	城镇居民人均工薪收入	元	6938
	农村居民人均纯收入	元	4177
年末总人口数	年末户籍总人口	万人	254.23
地区土地面积	土地面积	平方公里	9636
财政一般预算支出	支出合计	万元	231007
	教育支出	万元	55447
	科学支出	万元	350
教育业	教育业在岗职工数	人	20758
	教育业在岗职工工资总额	万元	34210
	教育业在岗职工年人均工资	元	16480
全市各行业	在岗职工人数	万人	10.32
	在岗平均工资	元	13837

资料来源：《随州年鉴 2008》统计数据。

2. 教育事业发展基本情况

2007 年，全市共有各级各类学校 442 所，其中小学有 220 所，普通中学及职业中学有 120 所。教职工人数为 22736 人，其中小学教职工人数为 7557 人，而普通中学及职业中学教职工人数为 12058 人。2007 年，全市在校学生数为 408080 人，其中小学为 136620 人，普通中学及职业中学为 197192 人。如表 5-2 所示。

表 5－2　　2007 年随州市教育事业发展基本情况

指标	单位	随州市
一、学校数	所	442
其中：小学	所	220
普通中学及职业中学	所	120
二、教职工人数	人	22736
其中：小学	人	7557
普通中学及职业中学	人	12058
三、在校学生数	人	408080
其中：小学	人	136620
普通中学及职业中学	人	197192

资料来源：《随州年鉴 2008》统计数据。

（二）调查样本基本特征

1. 样本选择

本章的数据来源于 2008 年 9 月在随州市实施的问卷调查。因研究目的需要，调查的抽样主要以分阶段抽样的方法为主。先根据不同的经济发展水平，抽取随州市的 3 个镇；而后以教师规模大小为主，在综合考虑学校地理位置的基础上，选出了分别位于村里、乡镇上、城郊等地的 6 所学校，涉及 2 所初级中学、4 所小学；最后，抽中学校的所有任课教师全部进入样本框，而后根据方便性原则就每所学校调查当天在校的任课教师进入样本，问卷调查主要采取当天发放当天回收的方式进行，共发放问卷 300 份，回收 281 份，有效问卷 249 份，有效回收率为 88.6%。

2. 样本特征分析

本次调查的样本基本特征如表 5－3 所示：从性别来看，男性教师占 37.9%，女性教师占 62.1%；从年龄来看，30 岁及以下教师占 27.8%，31～35 岁教师占 29.0%，36～45 岁及 45 岁以上教师分别占 29.8%、13.4%；就学历而言，高中（包括职高及中专）及以下学历教师占 4.8%，大专学历教师占 53.7%，本科学历教师占 41.5%；从任教年级来看，任教小学低年级的占35.3%，任教小学高年级的占18.9%，任教初中低年级的占28.9%，任教初中高年级的占16.9%；从教师职称来看，初级职称的教师占45.2%，中级职称的教师占49.6%，高级职称的教师占5.2%。因此，无论是从学校类别、教师学历，还是从教师职称等方面来看，本次抽取的样本均具有较强的代表性。

表5-3　　调查样本2008年基本特征

项目	维度	频次	百分比（%）
性别	男	94	37.9
	女	154	62.1
年龄	30岁及以下	69	27.8
	31～35岁	72	29.0
	36～45岁	74	29.8
	45岁以上	33	13.4
学历水平	高中及以下	11	4.8
	大专	132	53.7
	本科	102	41.5
婚姻状况	未婚	7	2.9
	已婚	238	97.1
职称级别	初级	112	45.2
	中级	123	49.6
	高级	13	5.2
任教年级	小学低年级	88	35.3
	小学高年级	47	18.9
	初中低年级	72	28.9
	初中高年级	42	16.9

说明：小学职称："中级"指小学高级教师；"初级"指小学一、二、三级教师。初中职称："高级"指中学高级教师、高级实验师等；"中级"指中学一级教师、实验师等；"初级"指中学二、三级教师、助理实验师、实验员等。

从所调查的学校基本情况来看（见表5-4），就学校位置而言，处在乡镇上的学校共有3所，处在村里、城郊的学校分别有1所和2所；就学校类别而言，完全中学的学校有1所，以中学为主附带小学的学校有1所，完全小学学校共有4所；就各校的在校学生数而言，1000人以下的学校有2所，1000～1500人的学校共有3所，1500人以上的学校有1所；最后，就各学校教师规模而言，50人以下的有2所，50～80人的有3所，80人以上的有1所。

表5－4　　调查学校2008年基本情况

项目	属性	频次	百分比（%）
学校位置	村里	1	16.7
	乡镇上	3	50.0
	城郊	2	33.3
学校类别	完全中学	1	16.7
	以中学为主附带小学	1	16.7
	完全小学	4	66.7
在校学生数	1000人以下	2	33.3
	1000～1500人	3	50.0
	1500人以上	1	16.7
教师数	50人以下	2	33.3
	50～80人	3	50.0
	80人以上	1	16.7

说明：完全中学是指仅设有义务教育7～9年级的学校；完全小学则指仅设有义务教育1～6年级的学校。

二　农村中小学教师社会流动意愿

社会分层理论认为，社会中的人们总是处于不同的阶层中，一般来说，处于较高阶层中的人们拥有更多的社会资源，他们拥有的社会地位较高，具有的权利也较大。因此，处于较低阶层的人们总是试图通过各种行动流动到较高阶层中去。教师作为现实社会生活中的个体，也会试图通过一系列理性的决策过程，努力流动到更高一级的阶层中，以达到最大限度地满足自己需要的目的，而社会流动则是他们实现这一目的的重要途径之一。

多数学者都将教师社会流动划分为教育系统内部流动和教育系统外部流动两种。其中，教育系统内部流动包括教学岗位与教育管理岗位之间的流动、学校内部同一岗位不同级别之间的流动、学校与教育管理部门之间的流动以及学校与学校之间的流动——转校，等等；而教育系统外部流动则为离开教师行业、转出教育系统，从事其他行业——转行。因为考虑到教育系统内部学校与教育管理部门之间的流动、学校内部岗位之间及同一岗位不同级别之间的流动难以测量，所以后文主要考察教师的转校及转行流动意愿，也称为内部流动意愿和外部流动意愿①。

（一）社会流动意愿基本情况

西方学者认为实际的离职行为受到很多因素的影响，比离职意向更难预测（Bluedorn，1982），且离职意向是离职行为发生的预兆，与离职态度、愿望和行为具有一致性（Fishbein，1967）。在社会学中，一般认为社会态度是由认知、情感和行为三个层次构成。其中，认知成分是主体对态度对象的认识和评价，是人对于对象的思想、信念及其知识的总和；情感性成分是主体对态度对象的情绪或情感性体验；行为倾向成分是主体对态度对象向外显示的准备状态和持续状态。这三种成分各有各自的特点，认知成分是态度的基础，其他两种成分是在对态度对象的了解、判断基础上发展起来的；情感性成分对态度起

① 实际上，教师社会流动意愿与教师社会流动行为存在很大的不同，具体的社会流动行为只能表现为“转校”或“转行”之一；而社会流动意愿中，在转校和转行意愿之间还存在另外一种意愿倾向——转校或转行均可。存在此类流动意愿的教师只要其中一种社会流动意愿具备可能条件，他们就会采取流出行动，也就是说，他们的社会流动意愿强度中等。与有转校意愿者相比，他们的社会流动意愿较强；但与有转行意愿者相比，他们的社会流动意愿又较弱。考虑到这一社会流动意愿类型较为复杂，兼有转校和转行意愿，因而在转校与转行意愿的具体分析中，既将其纳入转校意愿考察，也将其纳入转行意愿考察。

着调节和支持作用；行为倾向成分则制约着行为的方向性。因此，为了了解农村中小学教师社会流动行为现状与问题，对于其流动行为倾向——社会流动意愿的分析就显得非常有必要。那么，当前农村中小学教师的社会流动意愿如何？具体表现如何？在这一节中，我们主要从是否希望流动、社会流动意愿倾向、社会流动途径选择三个方面分析当前农村中小学教师的社会流动意愿基本情况。

1. 是否希望流动

当前，农村中小学教师社会流动意愿如何？有多少教师有社会流动意愿？通过对问题“您是否希望流动（转校或转行）?”的回答结果进行分析发现，在成功访问的249名教师中，有207名教师选择了“希望”，占有效被访者的83.1%；持“无所谓”态度的教师有33名，占13.3%；“不希望”的教师有9名，占3.6%。可见，目前大多数农村中小学教师希望流动，有较强的社会流动的意愿。

2. 社会流动意愿类型

有社会流动意愿的教师在社会流动上表现出哪一种意愿类型？从问卷数据分析结果来看（见表5－5），存在社会流动意愿的207名教师中，有22名教师希望转校，占有社会流动意愿教师的10.6%；有134名教师转校或转行均可，占64.7%；有51名教师希望转行，占有社会流动意愿教师的24.6%。实际上，因为转校或转行均可的教师有转校意愿的同时，也有转行意愿。因此，从广义上来看，有转校意愿的教师有156名（22+134），占有社会流动意愿教师的75.3%；有转行意愿的教师有185名（51+134），占有社会流动意愿教师的89.3%。由此可见，当前农村中小学教师社会流动意愿非常强烈，有近九成的教师有转行的意愿，希望流出教育系统，这在很大程度上说明了被调查区域农村中小学教师队伍极为不稳定。

表5－5　　社会流动意愿类型

社会流动类型	频次	百分比（%）	累计百分比（%）
转校	22	10.6	10.6
转校或转行均可	134	64.7	75.4

续表

社会流动类型	频次	百分比（%）	累计百分比（%）
转行	51	24.6	100.0
合计	207	100.0	

说明：“转校”指的是“只希望转校，不希望转行或者对转行持无所谓态度”；“转校或转行均可”指的是选择了“希望转校”，同时也选择了“希望转行”；“转行”指的是“不希望转校或对转校持无所谓态度，但希望转行”。

3. 社会流动途径选择

在社会流动的研究过程中，一般认为社会流动途径主要有两类：一是正式途径，主要包括那些通过招聘广告、职业介绍机构、人才市场等方式而实现的社会流动，这种途径更多的是依靠求职者自身的努力。通过这类途径流动时，劳动者与用人单位之间一般都没有预先存在的社会关系，流动与否完全取决于雇佣双方的谈判，所以在这种流动中，劳动者的人力资本就显得相当重要。同时，在这种流动过程中，信息必须是公开和透明的，劳动力市场中的每一个成员都有同样的机会获得相关的劳动力供求信息。二是非正式途径，主要指依靠各种社会关系而获得就业机会，如依靠非正式社会网络等途径。在以这类途径为主的流动中，劳动力供需信息并不是完全开放的，劳动者与用人单位之间的社会关系以及社会关系中所蕴含的社会资源显得更为重要。此外，在我国市场转型的过程中，还存在着第三种社会流动途径——体制安排，这是源于我国原有计划经济体制下的劳动力分配方式（陆德梅，2005）。

从当前农村中小学教师社会流动途径选择倾向来看，调查表明(见表5-6)，“自谋出路”这一途径是当前农村中小学教师首选的流动途径，选择这一途径的教师有107名，占52.2%；其次为选择“找朋友帮忙”的教师有49名，占23.9%；再次为选择“组织调配”途径的教师有38名，占18.5%；最后为选择“找家人帮忙”这一途径的教师，有6名，占2.9%。由此可见，当前农村中小学教师较为倾向于选择正式途径（自谋出路）和非正式途径（找朋友或者找家人帮忙）这两种社会流动途径来实现社会流动，而希望依靠体制安排（组织调配）途径实现社会流动的教师相对较少。对于这一现象的解释，笔者认为这是受到采用不同流动途径条件限制的缘故。因为要通过非正式途径实现流动，则会受到社会结构性因素的影响，不仅表现为劳动者在社会流动时追求的动机包括了真诚、赞同、信任等非经济收益（Granovetter，2002），而且也表现为劳动者在社会流动过程中时刻受到社会结构性因素特别是社会关系网络的影响（陆德梅，2005）。社会网络关系的影响一方面表现在社会网络决定了社会流动者所能接触的社会成员的数量，数量越大，社会成员之间的异质性程度越高，则求职者可能接触到的信息就越多，且信息不重复的可能性就越大，这不仅有助于求职者形成对工作的恰当预期，还可指导求职者在求职过程中采取更为恰当的行动（Fernandez & Weigberg，1997）；另一方面，社会网络中成员地位的高低还直接影响到求职者所能动用的资源数量。对于农村中小学教师来说，多数教师希望转行，即从教育体制内流出，而转校的教师相对较少，所以总体上看，选择“自谋出路”及“找朋友帮忙”的被访者就比较多，所占比例就较大。另外，由这一分析结果可以推论，当前农村中小学教师在社会流动过程中对于组织的依赖程度比较低，换句话说，即学校组织或者教育组织对于教师社会流动的干预能力比较弱，因为多数教师主要倾向依靠自谋出路或者依靠社会网络实现社会流动。

表 5-6　　对社会流动途径的选择倾向

流动途径	频次	百分比（%）	累加百分比（%）
组织调配	38	18.5	18.5
自谋出路	107	52.2	70.7
找家人帮忙	6	2.9	73.7
找朋友帮忙	49	23.9	97.6
其他	5	2.5	100.0
合计	205	100.0	

（二）转校意愿基本情况

通过前面的分析不难看出，当前农村中小学教师具有强烈的社会流动意愿。其中，有156名被访者有转校意愿，占有社会流动意愿教师的75.3%。那么，教师的转校意愿有哪些特征？笔者将从教师转校的条件选择、转校的区域选择以及转校的途径选择三个方面去分析。

1. 转校的条件选择

为了了解教师对转入学校的条件选择倾向及其在转校这一社会流动中的方向选择倾向，在问卷中研究者特地设计了“您希望转到哪一条件的学校”这一问题。答案共分四个维度：条件较好的学校、条件差不多的学校、只要能转校条件无所谓、条件差点的学校也行，方向依次由上到下。从具有转校意愿的教师对这一问题的回答结果来看，绝大多数教师选择了前两项。其中，有121名教师希望转入“条件较好的学校”，占78.1%；有26名教师选择“条件差不多的学校就行”，占16.8%；而选择“只要能转校，条件无所谓”及“只要能转校，条件差点也行”的教师仅分别占3.9%和1.3%。这一分析结果说明了在有转校流动意愿的教师中，多数教师希望向上流动，表现出较强的向上流动意愿。

2. 转校的区域选择

从有转校意愿的教师对转入的学校区域选择倾向来看，在被问及“您希望转到哪一区域的学校”问题时，从有效回答的结果来看（见表5-7)，选择“本县县城”的教师最多，有77名，占49.7%；其次为选择“东部沿海城市”的教师，有56名，占36.1%；再次为选择“中西部城市”的教师有15名，占9.7%；最后为选择“其他”地方的教师，占3.2%；而选择“本县乡镇”的教师仅有1.3%。由此可见，在转入学校的区域选择上，绝大多数教师的转校流动意愿都表现出向上流动的趋势。同时，多数教师倾向于选择“本县县城”作为转校的流入区域。

表 5－7　　对转入学校的区域选择倾向

转校的区域选择	频次	百分比（%）	累加百分比（%）
本县乡镇	2	1.3	1.3
本县县城	77	49.7	51.0
中西部城市	15	9.7	60.7
东部沿海城市	56	36.1	96.8
其他	5	3.2	100.0
合计	155	100.0	

一般来说，东部沿海城市或者中西部城市等大城市相对于农村和本县县城来说，经济条件都较为发达，交通环境较优越，学校条件较好，工资待遇较为丰厚，所以农村中小学教师的流动理应主要选择流向东部沿海发达城市或者中西部大城市，但是本研究多数被访教师却以“本县县城”作为转校的区域选择，与国内多数学者认为的当前教师流动趋势不太符合，他们认为目前我国教师流动趋势主要为从农村流向城市、从贫困地区流向富裕地区（刘平，2006；麻跃辉，2007；胡敬峰，2007）。对于这一现象的解释，笔者认为这可能是受到家庭因素影响的缘故，因为在我国的许多农村中，传统“家本位”的思想仍根深蒂固，强调个人要服从家庭，强调以家庭的利益和意志为主，而个人的利益和意志退居其次。作为农村中小学的教师，尤其是作为家庭成员之一的教师，其决策行为无疑也会受到“家本位”思想的影响，在转校的区域选择上，更倾向于选择离家比较近的本县县城，这点可以通过访谈资料得到佐证：

Case：我们这也有老师到广州、深圳、上海去的，之前我也想去，但是因为家人都在这里，孩子需要照顾，家里老人需要照顾，脱不开身，能到（本县）县城（学校）当然要好点，因为离家比较近，还可以经常回来……（WD-C-L）

Case：也想过（去大城市）啊，但是莫办法，孩子还在念一年级，老婆又经常生病，走不开……到本县县城（学校）就好些，还有朋友可以照顾，老婆看病也比较方便。（WF-X-J）

3. 转校的途径选择

人们的社会流动都需要通过一定的途径，而作为教师，要想实现转校流动也是如此。就有转校意愿教师对转校流动途径的选择倾向上看（见表5－8），“自谋出路”途径是教师首选的转校流动途径，有73名教师选择了这一选项，占有转校意愿教师的47.1%；其次为“找朋友帮忙”，有41名教师选择了这一转校流动途径，占26.5%；再次为选择“组织调配”的教师有34名，占21.9%；最后为选择“其他”的教师有5名。占3.2%。可见，教师在转校途径的选择上更倾向于“自谋出路”这一正式途径；而“找朋友帮忙”的社会网络关系途径及“组织调配”的体制安排途径也是其中重要的途径。

表5－8　　对转校流动途径的选择倾向

转校途径选择	频次	百分比（%）	累加百分比（%）
组织调配	34	21.9	21.9
自谋出路	73	47.1	69.0
找家人帮忙	2	1.3	70.3
找朋友帮忙	41	26.5	96.8
其他	5	3.2	100.0
合计	155	100.0	

（三）转行意愿基本情况

与转校意愿相比，农村中小学教师转行意愿又存在哪些特征？在流动区域选择上及流动途径选择上与有转校意愿的教师有何差异？我们将从教师转行的行业选择、转行的区域选择以及转行的途径选择三个方面来展开。

1. 转行的行业选择

通过前面的分析不难得知，在有效的被访教师中，具有转行意愿的教师有185名，占有社会流动意愿被访者的89.3%。那么，这些有转行意愿的教师对于转入的行业选择倾向如何？希望转入哪些行业？调查表明（见表5－9），“从事个体经营”是多数教师的首选，有50

名教师选择了这一选项，占27.3%；其次为选择“党政机关、企事业单位办事人员”的教师，有25.7%的教师选择这一选项；其余依次分别为选择“公司企业的管理人员”、“专业技术人员”、“外出打工”和“党政机关、企事业单位负责人”的教师，依次分别有30名（16.4%）、22名（12.0%）、18名（9.8%）和12名（6.6%）。由此可见，在转行流动过程中，多数农村中小学教师倾向于转入“个体经营”和“党政机关、企事业单位办事人员”及“公司企业的管理人员”行列，希望转入这三个行业的教师占有效被访者的69.4%，而在选择其他行业方面的差别不是很大。相比较而言，教师所选择较多的这三个行业不是经济收入较好就是社会地位较高的行业，从这一角度来看，教师的转行意愿也表现出较强的向上流动趋势。这一结论与张成芳及阳德华（2006）的研究结果相符，他们认为农村中小学教师的流动去向主要为政府和其他机关部门、商界及第三产业，即几乎都是“有权”或“有钱”的行业。

表5－9　　对转入行业的选择倾向

转行行业选择	频次	百分比（%）
外出打工	18	9.8
从事个体经营	50	27.3
党政机关、企事业单位办事人员	47	25.7
专业技术人员	22	12.0
公司企业的管理人员	30	16.4
党政机关、企事业单位负责人	12	6.6
其他	4	2.2
合计	183	100.0

说明：“党政机关、企事业单位办事人员或负责人”不包括学校或者教育管理部门在内。

2. 转行的区域选择

从有转行意愿教师对转入行业的区域选择倾向来看（见表5－10），多数农村中小学教师倾向于选择“东部沿海城市”作为转入行业的区域，选择这一选项的教师有109名，占59.6%；其次为“中西部城市”，有41名教师选择该项，占22.4%；再次为“本县县城”，有30名教师选择，占16.4%；最后为“本县乡镇”，被选比例为1.1%。由此可见，教师在转行的行业区域选择上更倾向于选择“东部沿海城市”。从这个角度上看，教师转行意愿也表现出较强的向上流动的意愿。

表5－10　对转入行业的区域选择倾向

行业区域	频次	百分比（%）	累加百分比（%）
本县乡镇	2	1.1	1.1
本县县城	30	16.4	16.4
中西部城市	41	22.4	38.8
东部沿海城市	109	59.6	98.4
其他	3	1.6	100.0
合计	183	100.0	

与有转校意愿教师对转入学校的区域选择不同，具有转行意愿的教师在转入行业的区域选择上更倾向于选择“东部沿海城市”这一区域，而有转校意愿的教师则更倾向于选择“本县县城”。这主要是受到社会流动意愿倾向的影响，因为在转校方面，相比较而言，较多的教师倾向于依靠“组织调配”这一体制安排的途径，由于组织的力量有限，即使调配也只能在本县城甚至只能是在本乡镇内调配，再加上教师家庭因素的影响，因此，多数有转校意愿的教师倾向于选择“本县县城”作为转校的区域选择。而教师的转行则涉及离开教育行业，转向其他行业，相对来说，东部沿海城市和中西部大城市就业的机会相对较多，选择余地也较大，因而有转行意愿的教师更倾向于选择“东部沿海城市”和“中西部城市”。

3. 转行的途径选择

就教师转行流动的途径选择倾向而言，调查显示（见表5－11），在转行的途径选择上，具有转行意愿的教师大多选择“自谋出路”这一途径，占有效被访者的54.3%；而“找朋友帮忙”这一途径次之，有47名教师选择，占25.5%；再次为“组织调配”这一途径，有26名（占14.1%）教师选择；最后为选择“找家人帮忙”这一途径的教师，有6名，占3.3%。由此可见，在转行流动上，教师更倾向于选择“自谋出路”和“找朋友帮忙”，选择这两条途径的教师占有转行意愿教师的79.8%，也就是说，除了正式途径外，社会网络途径也是教师转行途径的重要选择。

表5-11　对转行流动途径的选择倾向

转行流动途径	频次	百分比（%）	累加百分比（%）
组织调配	26	14.1	14.1
自谋出路	100	54.3	68.5
找家人帮忙	6	3.3	71.7
找朋友帮忙	47	25.5	97.3
其他	5	2.7	100.0
合计	184	100.0	

与有转校意愿教师对流动途径的选择倾向不同，有转行意愿的教师除了主要依靠“自谋出路”这一途径外，还倾向于依靠朋友这一社会网络关系；而有转校意愿教师除了“自谋出路”和“找朋友帮忙”这两条途径外，还较为倾向于依靠“组织调配”这一体制安排的社会流动途径。由此不难看出，不同社会流动意愿倾向影响了教师社会流动途径的选择倾向。在转校流动过程中，教师主要是在教育体制内流动，因而借助“组织调配”这一体制安排的途径，他们能够更顺利地实现流动，而且还可以减少其流动成本的开支（包括心理成本、经济成本等）。而转行流动中，因为是跨越体制的流动，是从教育体制流向另一体制，且因为转行流动中需要获得更多的其他行业的就业信息，而这是通过朋友可以比较容易获得的，尤其是对于那些社会网络资源丰富的教师来说更是如此，因此，有转行意愿者更多地会依靠自己的努力或者社会网络来实现流动。

通过对农村中小学教师社会流动意愿基本情况分析发现：当前多数农村中小学教师希望社会流动，且在社会流动意愿类型上更倾向于流出教育系统，即转行；无论是从转校的条件、区域选择倾向上来看，还是从转行的行业、区域选择来看，当前农村中小学教师社会流动意愿都表现出向上流动的趋势；在社会流动的途径选择上，无论是对于有转校意愿的教师而言，还是对于有转行意愿的教师来说，“自谋出路”及“找朋友帮忙”这两条途径都是他们的重要途径选择，但具体来看，有转校意愿的教师还较为倾向于依靠“组织调配”这一体制安排的途径，有转行意愿的教师则更倾向于依靠自身努力这一正式社会流动途径。综上所述，可以进一步推论，当前农村中小学教师队伍极为不稳定，而且从教师社会流动途径选择倾向的视角上看，学校组织或者是教育组织对于农村中小学教师社会流动的干预能力相对较弱。

三　影响农村中小学教师社会流动意愿的因素

从以上分析中可以看出，有些教师具有很强的社会流动意愿，而有些教师不希望流动，还有一些教师持无所谓的态度；有些教师希望转行，而有些教师希望转校。为什么不同的教师会有不同的社会流动意愿？为什么不同的教师在转校与转行方面的意愿会存在差异？教师社会流动意愿主要是受到了哪些因素的影响？为了回答这些问题，同时也为了探讨农村中小学教师社会流动意愿规律以更好地规范教师的社会流动，下文从教师的个人因素、家庭因素、工作因素、学校因素及社会因素五个方面入手，分析农村中小学教师社会流动意愿的影响因素。其中，个人因素主要包括性别、年龄、文化程度及婚姻状况等；家庭因素则包括配偶工作地点及家庭经济状况两个方面；工作因素包括教师任教年级、参加工作的年数及工作过程中参加培训状况；学校因素包括不同的学校地理位置、学校办学规模及学校教师外流情况等维度；社会因素包括社会压力、社会地位及教育制度等。

（一）个人因素的影响

已有国内外研究都表明，个体特征对教师社会流动有着非常重要的影响。但在国内研究中，对于个体特征对教师社会流动意愿的影响多为定性分析，而较为缺乏定量分析。那么，教师个体特征对教师社会流动意愿有何影响？又是如何影响的？在参照学界相关研究的基础上，本研究关于教师个体因素对教师社会流动意愿的影响分析，主要从教师的性别、年龄、文化程度、婚姻状况及个人收入五个方面来进行分析。

1. 性别

社会角色理论认为，社会角色指的是与人们的某种社会地位、身份相一致的一整套权利、义务的规范与行为模式，是人们对具有特定身份的人的行为期望。对于男性来说，其社会角色要求其具有较强的家庭责任感和不错的个人事业，同时他们也更喜欢一些富有挑战性的工作；对于大多女性来说，她们更希望有一份比较稳定的职业，而教师这一职业对她们来说，无疑具有较强的吸引力。因此，男性教师在流动方面表现出更高的积极性，有着较强的愿望。此次研究结果也证实了这一点。调查表明（见表5－12），性别因素对教师社会流动意愿的影响较为显著。其中，男性教师中有90.4%“希望”流动，而女性教师中有78.6%有社会流动意愿，两者相差11.8个百分点，可以看出，相对于女性教师来说，男性教师更倾向于流动。

表5－12　性别和年龄对教师社会流动意愿的影响　（单位：%）

是否希望流动	性别		年龄		
	男	女	35岁及以下	36～45岁	45岁以上
希望	90.4	78.6	87.2	82.4	66.7
无所谓	7.4	13.6	9.2	13.5	15.2
不希望	2.1	7.8	3.5	4.1	18.2
合计	100.0	100.0	100.0	100.0	100.0
（N）	（94）	（154）	（141）	（74）	（33）
显著性检验	$\chi^2=6.17$，$p=0.047$		$\chi^2=10.74$，$p=0.024$		

2. 年龄

一般来说，人们的身体素质与其年龄密切相关，越年轻身体素质相对比较好，精力也比较旺盛，因而工作上更具激情，上进心也更强。那么，年龄对教师社会流动意愿有何影响？表5－12显示，随着年龄段的逐步提高，教师的社会流动意愿逐渐下降，教师流动的可能性越小，即教师的社会流动意愿与教师的年龄呈负相关。其中，35岁及以下年龄段的教师中，有87.2%的人希望社会流动；36～45岁年龄段的教师中，有82.4%的被访者有社会流动意愿；而在45岁以上年龄段教师中，这一比例下降到了66.7%。

3. 文化程度

调查表明（见表5－13），随着教师学历水平的提高，教师社会流动意愿越强；学历水平越低，越是不倾向于流动。其中，本科及以上学历水平的教师中有88.2%希望流动，大专学历水平的教师中有84.1%有社会流动意愿，而高中及以下学历水平的教师中只有25.0%希望流动。由此可见，农村中小学教师社会流动意愿受到其文化程度的影响，与其文化程度呈正相关，即文化程度越高的教师，其流动的可能性就越大。一方面，作为人力资本的一个重要方面，文化程度越高的劳动者在流动过程中职位获得的可能性越大，社会流动后的收入可能越高。因此，具有较高能力和较高自我实现愿望的高学历者，越倾向于流动。另一方面，随着市场经济的发展及社会现代化水平进一步提高，具有高文化水平、高素质的人才越来越受到社会的青睐，因此文化程度越高的教师拥有的就业机会就越多，他们的社会流动意愿也就更为强烈。

表5－13　受教育水平和婚姻状况对教师流动意愿的影响　（单位:%）

是否希望流动	受教育程度			婚姻状况	
	高中及以下	大专	本科及以上	未婚	已婚
希望	25.0	84.1	88.2	96.2	81.7
无所谓	50.0	9.8	8.8	3.8	12.4
不希望	25.0	6.1	2.9	—	6.0
合计	100.0	100.0	100.0	100.0	100.0
（N）	（12）	（132）	（102）	（26）	（218）
显著性检验	$\chi^2=23.46$，$p=0.00$			$\chi^2=2.65$，$p=0.22$	

4. 婚姻状况

从教师的婚姻状况对其社会流动意愿的影响来看，两者关系在统计学意义上并不显著，这可能是受到样本规模的影响，因为未婚的教师只有 26 名，而已婚教师有 218 名，由于未婚教师样本太少的缘故，影响了本次分析结果。但从调查结果来看（见表 5 - 13），未婚教师的社会流动意愿要比已婚教师的强。其中，未婚教师有 96.2% 希望流动，已婚教师中有 81.7% 的被访者有社会流动意愿。

一般来说，未婚教师多数都比较年轻，还处在事业的发展前期，因此具有更强的冒险精神和探索精神以及自我实现意识，希望找到更适合自己发展的舞台，更适合自己发展的事业道路，因而更倾向于社会流动。

> Case：在这里上班两年了，总感觉看不到希望和前景，因为工资很低嘛，每个月都不够自己用，加上跟朋友时不时出去喝个小酒，钱就没了……反正自己年纪还不算很大，趁着还没结婚想出去闯一闯，以后就没有这样的机会了……（JJG-X-S）
>
> Case：一毕业就到这里来，自己年纪也不小了，家里也催得紧，但是没办法，没有钱，经济上不来，暂时还不想那么快结婚，想出去开开眼界……做老师没什么钱的，还比不上别个在外打工的（JKM-X-D）

5. 个人收入

根据马斯洛的需要层次理论，人的需要各种各样，具有多种层次，而生理需要是最基本的，是人们出于对衣食住行等方面的需要。作为社会人的教师，其最基本的需要是否得到满足，日常生活能否得到维持，将很大程度上影响他们日常的教学工作，影响其教学心态，从而影响着其社会流动意愿。在本文中，笔者考察了作为满足教师生存需要最基本的条件——教师工资这一经济因素对教师社会流动意愿的影响。

结果显示（见表 5 - 14），总体上，随着教师工资的提高，教师的社会流动意愿呈现逐步降低的趋势，即教师社会流动意愿与教师的个人月收入呈负相关。其中，收入在1000元以下的教师中，有社会流动意愿的教师占82.8%；收入在1000～1200元的教师中，有社会流动意愿的教师占88.8%；而收入在1200～1400元的教师有71.9%希望流动；收入在1400元以上的教师有72.7%有社会流动意愿。由此可见，教师社会流动意愿受到教师个人经济收入的影响，或者一定程度上是受到教师个体需要满足状况的影响。

表5－14　　个人收入对教师社会流动意愿的影响　　（单位：%）

是否希望流动	教师月个人收入			
	1000元以内	1000～1200元	1200～1400元	1400元以上
希望	82.8	88.8	71.9	72.7
无所谓	13.8	5.2	21.1	18.2
不希望	3.4	6.0	7.0	9.1
合计	100.0	100.0	—	100.0
（N）	（58）	（116）	（57）	（11）
显著性检验	$\chi^2=12.62$，$p=0.034$			

综上分析，不难发现，农村中小学教师个体特征对其社会流动意愿具有较为显著的影响。就个体特征对教师社会流动意愿的影响而言，男性教师流动的可能性较大；年纪较轻教师流动的可能性较大；文化程度越高的教师流动的可能性越大；个人月收入较低的教师流动的可能性较大；但婚姻状况对教师社会流动意愿没有显著影响。

人力资本理论认为，人力资本是体现在劳动者身上的一种资本类型，它以劳动者的数量和质量，即劳动者的知识程度、技术水平、工作能力以及健康状况来表示，是这些方面价值的总和。人力资本是通过投资而形成的，同土地、资本等实体性要素一样，在社会生产中具有重要的作用。已有研究表明人力资本在农民工城市化转移过程中起到了支持的作用（应瑞瑶，2006）。从此次分析结果来看，有社会流动意愿的教师多为文化程度较高、年纪较轻的教师，他们的知识程度、工作能力相对较强；同时，因为年纪较轻，他们的健康状况较为良好，精力较为旺盛。因此，从一定程度上说人力资本对教师社会流动意愿影响较为明显，相比较而言，人力资本积累越丰富的教师流动的可能性就越大。

（二）家庭因素的影响

家庭环境作为教师专业发展的生活场所，将会通过教师个体的生活状态影响教师的社会流动。尤其是在“家本位”思想仍较严重的中国，人们在日常生活中做出各种决定时，多将家庭作为重要的考虑因素之一，家庭在一定程度上总是影响着人们的各种抉择，教师群体也不例外。对于一个生活负担很重，工作时间和精力严重地受到家庭生活影响的教师，其用于专业发展的时间和精力也会受到牵扯和干扰，而对于一个工作的意义和价值都得到家庭认可或得到家庭支持的教师来说，不仅精神上享受到了专业发展的轻松和愉悦，而且在时间和精力上也没有了后顾之忧，这样又会促使教师全身心地投入到专业学习和研究中，充分发挥其创造性，获得专业的快速发展。那么，家庭因素对教师社会流动意愿有何影响？又是如何影响的？本研究将从配偶工作地点及家庭收入两个方面来考察。

1. 配偶工作地点

就农村中小学教师配偶工作地点对教师社会流动意愿的影响而言，从调查样本的数据分析来看（见表 5 – 15），配偶在本地工作的教师，其社会流动意愿相对较低，仅有 80.7% 希望流动；而配偶在外地工作的教师中则有 93.1% 有社会流动意愿。由此可见，配偶在本地工作的教师，其工作心态更为稳定，社会流动的可能性较小，反之，配偶工作地点为外地的教师社会流动意愿则较强。但从显著性检验的结果看，配偶工作地点对教师社会流动意愿的影响并不显著。为什么会出现这一现象？这可能与教师配偶工作的性质有关。本次调查发现，在被问到教师配偶在外地从事何种职业时，多数教师选择了“在外地务工”，而在这一定程度上限制了教师的社会流动意愿，因为要放弃现有的较为稳定的教师职业，则可能会给教师带来家庭收入不稳定的风险。另外，通过将配偶工作地点分别与教师转校、转行意愿进行交互分析发现，配偶工作地点与教师转校意愿关系并不显著；而教师转行意愿与配偶工作地点关系较为显著（见表5－16），配偶在外地工作的教师转行的可能性较大。由此可见，虽然配偶工作地点对教师总体社会流动意愿影响不显著，但对教师转行意愿有着较为明显的影响。

表5－15　配偶工作地点及被访者家庭收入对教师社会流动意愿的影响　（单位：%）

是否希望流动	配偶工作地点		教师家庭年收入		
	本地（本县内）	外地（本县外）	1万元及以下	1万～2万元	2万元以上
希望	80.7	93.1	80.6	86.9	76.1
无所谓	12.3	5.2	8.3	8.5	19.4
不希望	7.0	1.7	11.1	4.6	4.5
合计	100.0	100.0	100.0	100.0	100.0
(N)	(187)	(58)	(36)	(130)	(67)
显著性检验	$\chi^2=4.68$，$p=0.105$		$\chi^2=7.35$，$p=0.107$		

表5－16　配偶工作地点对教师转行意愿的影响　（单位：%）

是否有转行意愿	配偶工作地点	
	本地	外地
有转行意愿	71.7	86.2
对转行无所谓或不希望流动	28.3	13.8
合计	100.0	100.0
(N)	(187)	(58)
显著性检验	$\chi^2=5.01$，$p=0.025$	

2. 家庭经济状况

以往研究认为，在教师家庭收入中位数较高的学校所在的区域，教师流失率也较高，因为这意味着在教师行业外，有更好的工作机会（Mont & Daniel，1996）。但在本研究中，家庭经济收入较高的教师流动的可能性反而较小，而且就家庭收入与农村中小学教师社会流动意愿的关系来看，在统计学意义上，两者关系并不显著。这其中的原因可能有两个：一是受到地缘关系的限制，因为被访教师所任职学校多在村里或乡镇上，因而其他行业就业机会相对较少，被访者放弃教师这一职业的机会成本较大；二是因为在农村区域，教师的社会地位相对较高，较为受到人们的尊重和重视，因而即使存在经济收入较高的其他行业，但他们为了保持目前的社会地位，仍然留守在现有教师行业内。

从问卷数据统计结果分析可以看出（见表5－15），家庭收入在1万元及以下的教师中，希望流动的有80.6%；家庭收入在1万～2万元收入段的教师中，有86.9%有社会流动意愿；而收入在2万元以上收入段的教师中，有社会流动意愿的教师占76.1%。也就是说，教师社会流动的可能性随着教师家庭收入的提高呈现出先上升后下降的倒“U”型趋势。为什么会出现这一情况？其可能的原因是：首先，对于低收入家庭的教师来说，他们自身的工资是家庭收入的主要来源，因而他们在考虑是否转校时较为慎重。如果他们要变换学校，则可能花上不少的经济成本，而且如果不能顺利流动，就会直接影响他们家庭的经济开支，还可能会被学校领导贴上不好的标签，影响以后的发展。因此，他们更有可能留守现任职学校，以保障家庭的经济支出，所以转校的可能性较小。其次，家庭收入处于中间阶段的教师，其工资在家庭收入中可能不是主要来源，因而他们有较大的选择空间，受到的家庭“牵累”较小，甚至他们还可以得到来自家庭经济对其社会流动的支持，他们转校的可能性相对就较大。最后，家庭收入较高者，他们从事教师职业可能更多的是出于兴趣的选择或者理想的需要，因而对于这部分教师来说，他们转校可能性较小。

Case：家里都是靠我的工资，我不好换（个学校）……要换（学校）还得花钱去找关系，换（学校）成不成还说不定，如果我把这边的（工作）辞了，换不成就一点（收入）都没了……(WFT-X-Z)

Case：想过（换个学校）啊!! 但是家里没钱，还等着我每个月的工资……这个你知道，出去找（学校）得花些钱吧，吃的、住的还有送礼的，这些都得花钱……（JJG-X-J)

通过对家庭因素与中小学教师社会流动意愿的关系分析，不难发现，由于受到配偶工作性质、地缘关系及教师在农村中社会地位的影响，农村中小学教师配偶工作地点及家庭收入对教师社会流动意愿的影响均不显著。但配偶工作地点对教师转行意愿的影响较为明显，相对来说，配偶在外地工作的教师转行的可能性就较大，但配偶工作地点与教师的转校意愿关系不显著。

（三）工作因素的影响

工作本身作为人们参与社会生活的一种手段，同时也是人们发挥才能，实现自我价值的一种需要，工作情况、工作环境能否让工作者真正发挥才能，产生自我实现感，将会影响到工作者的工作心态，进而影响到其社会流动意愿。教师的工作主要为教书育人，其所任教年级、参加工作时间及所参加培训情况等方面，对其社会流动意愿无疑会产生较重要的影响。

1. 任教年级

从教师任教年级对教师社会流动意愿的影响来看，本次调查显示(见表5-17)，教师任教年级对教师社会流动意愿影响统计学意义上并不显著。但从样本数据分析来看，任教小学的教师中有80.0%希望流动，而任教初中的教师中有社会流动意愿的教师占86.8%。那么，任教年级对教师转校及转行意愿的影响如何？通过进一步深入分析(见表5-18)，发现，任教年级对教师转校意愿有显著的影响，任教小学的教师有72.2%希望转校，而任教初中的教师有85.1%有转校意愿。任教年级对教师转行意愿影响也比较显著，随着教师任教年级的提高，教师转行的可能性就越大，即教师所任教年级与教师的转行意愿呈正相关。其中，教1~6年级的教师有68.1%有转行意愿，教7~9年级的教师有81.6%有转行意愿，两者相差13.5个百分点。为什么任教7~9年级的教师转校、转行意的可能性都比较大，这可能与任教年级不同的教师所接触的群体有关，任教7~9年级的教师多是在规模较大的学校任职，因而他们面临的学校环境较为复杂，尤其是在人际关系上更为如此，同时受到各种行政压力、同行竞争的压力也比较大，因此他们更容易表现出社会流动意愿。

表 5-17 任教年级及参加工作时间对教师社会流动意愿的影响（单位：%）

是否希望流动	教师主要任教年级		教师参加工作时间		
	小学	初中	10 年及以内	10~20 年	20 年以上
希望	80.0	86.8	85.1	87.5	68.4
无所谓	12.6	9.6	11.7	10.2	15.8
不希望	7.4	3.5	3.2	2.3	15.8
合计	100.0	100.0	100.0	100.0	100.0
(N)	(135)	(114)	(62)	(128)	(57)
显著性检验	$\chi^2=2.406$，$p=0.282$		$\chi^2=13.82$，$p=0.004$		

说明：小学包括小学 1~6 年级，也即义务教育 1~6 年级；初中包括初中 1~3 年级，也即义务教育 7~9 年级。

表 5-18 任教年级不同的教师转行及转校意愿的差异（单位：%）

是否有转行意愿	任教年级		是否有转校意愿	任教年级	
	1~6 年级	7~9 年级		1~6 年级	7~9 年级
有转行意愿	68.1	81.6	有转校意愿	72.2	85.1
对转行无所谓或不希望流动	31.9	18.4	对转校无所谓或不希望流动	27.8	14.9
合计	100.0	100.0	合计	100.0	100.0
(N)	(135)	(114)	(N)	(97)	(101)
显著性检验	$\chi^2=5.8$，$p=0.016$		显著性检验	$\chi^2=4.9$，$p=0.025$	

2. 参加工作时间

一般来说教师参加工作时间越长，其积累的经验也就越丰富，因而越具有流动的资本，流动的可能性就越大，本次调查支持了这一论断。调查显示（见表 5-17），教师参加工作时间与教师社会流动意愿之间关系较为显著，总体上，教师社会流动意愿随着教师工作时间的增长而呈现先上升后下降的趋势，即教师社会流动意愿与教师工作时间呈倒“U”型变化趋势。其中，工作时间不超过 10 年的教师中有

85.1%希望流动；工作10～20年的教师中有87.5%有社会流动意愿；工作20年以上的教师中有68.4%希望流动，呈现逐步降低的趋势。

一方面，教师社会流动意愿与教师参加工作时间呈倒“U”型变化的趋势；另一方面，当参加工作时间从10～20年这一阶段跨越到20年以上这一阶段的时候，教师社会流动的可能性下降趋势非常明显，下降的幅度较大。为什么会出现这样的现象？这可能是受到教师职业生涯周期影响的缘故。每一种职业都有自己特定的职业生涯周期规律，教师也概莫能外，休伯根据工作年限把教师职业生涯周期划分为：入职期（工作1～3年）、稳定期（工作4～6年）、试验和歧变期以及重新估价期（工作7～25年）、平静和关系疏远期以及保守和抱怨期（工作26～33年）、退休期（工作34～40年）（叶澜，2001）。其中，在试验和歧变期以及重新估价期这一阶段中，教师处于上升与平庸的选择分化期，他们会重新考虑自己的人生选择以及重新设计自己的人生，因而会更多地考虑现任职学校或现有职业及其他学校或其他行业的发展机会，因此，处于这一阶段的教师转校或转行的可能性都较大。而过了这一周期后，他们的流动可能性就渐渐减小，直到即将退休的时候又可能因为生活的变迁而上升。较为遗憾的是在本次研究中，由于受调查样本量的限制，未能将教师参加工作时间进行细分以更好地探讨教师工作时间长短与教师社会流动意愿的关系，这在以后的研究中值得进一步探讨。

3. 参加培训状况

社会化理论认为，社会在不断发展变化中，青年人步入成年之后，为适应社会发展的需要，还必须继续学习新的知识、技能与规范，参与新的生活，社会学将这种社会化称为继续社会化。教师这一职业与其他行业不同，不像其他行业那样要使用多少劳动工具，而是要同教师自己的知识、智慧、人格魅力在和学生互动的过程中去影响学生，教师对学生来说是知识的传播者、智慧的启迪者和情操的陶冶者。正是教师职业的这些特点决定了教师更需要不断继续社会化，不断学习新知识和新技能，全面提高自身素质，以适应新形势对其素质的要求，而教师培训无疑是提高教师素质的重要的途径。一般来说，教师参与的培训级别越高，说明他们越受到学校领导的尊重和重视，对于发展的预期也较良好，因而对于学校的认同度就比较高，归属感较为强烈，进而他们的社会流动可能性就相对较小。本次调查显示（见表5－19），没有参加过培训的教师有100.0%希望流动；参加培训级别为乡镇级或县级的教师中，88.2%有社会流动意愿；参加培训级别为市级的教师有78.4%希望流动；参加培训级别为省级及以上的教师中，78.6%有社会流动意愿。总体上，呈现逐步降低的趋势。

另外，要全面考察教师参与培训情况对教师社会流动意愿的影响，还需要分析教师参加培训次数对教师社会流动意愿的影响。此次调查显示（见表5－19），教师参与培训的次数越多，其社会流动的可能性就越小。其中，仅参加过1次培训的教师中有89.9%希望流动，参加过2次的教师中有87.0%有社会流动意愿，参加过3～5次的教师中有69.0%希望流动。由此可见，教师参与培训次数与其社会流动意愿呈负相关。

表5－19　参加培训状况对教师社会流动意愿的影响　（单位:%）

是否希望流动	教师参加的培训级别（最高级别）				2007—2008学年度教师参加培训次数			
	没有	乡、县级	市级	市级以上	1次	2次	3～5次	5次以上
希望	100.0	88.2	78.4	78.6	89.9	87.0	69.0	58.3
无所谓	—	6.9	12.5	17.9	5.0	6.5	17.2	37.5
不希望	—	4.9	9.1	3.6	5.0	6.5	13.8	4.2
合计	100.0	100.0	100.0	100.0	100.0	100.0	100.0	100.0
(N)	(25)	(102)	(88)	(28)	(119)	(46)	(29)	(24)
显著性检验	$\chi^2=9.87$，$p=0.04$				$\chi^2=25.52$，$p=0.00$			

综上分析，不难发现，教师工作因素对教师社会流动意愿具有较显著的影响。其中，教师任教年级对教师整体社会流动意愿影响不显著，但对教师具体的社会流动意愿倾向——转校意愿、转行意愿有较为显著的影响。教师参加工作时间对教师社会流动意愿的影响非常显著，因为受到教师职业生涯周期的影响，教师社会流动意愿与教师参加工作时间呈倒“U”型变化的趋势。教师参加培训情况对教师社会流动意愿影响显著，教师参加培训级别、参加培训次数均对教师社会

流动意愿有着显著的影响，参加培训级别越高、参加的培训次数越多，其流动的可能性就越小。

（四）学校因素的影响

教师作为社会生活中的一员，具有社会人的特征，其社会流动意愿会受到家庭因素的影响。但同时，教师又具有独特的个性，在教师的成长和发展过程中，有其独特的一面，即不断的专业化。因此，影响教师成长和发展的外在因素，在很大程度上也会对教师社会流动意愿产生不可避免的影响，而在这些因素中，学校因素无疑是最为关键的。学校的各方面条件，如软硬件设施、学校制度、学校文化等将会影响到教师的心态，影响着教师的社会流动。这一节将从学校位置、学校办学规模以及学校教师外流情况等方面入手，来考察学校因素对教师社会流动意愿的影响。

1. 学校地理位置

学校所处地理位置关系到教师生活的各个方面，影响教师所接触的群体以及对信息的掌握程度，甚至关系到教师经济收入的高低。从此次调查来看（见表 5 - 20），教师社会流动意愿与所任职学校所处地理位置有较强的关系。处于“村里”学校的教师有 88.6% 希望流动，处于“乡镇”学校的教师有 87.2% 有社会流动意愿，而处于“城郊”学校的教师有 70.3% 希望流动，呈现逐步降低的趋势。也就是说，教师的社会流动意愿随着学校位置的不同而不同，处于“村里”和“乡镇”学校的教师流动的可能性更大，而处于“村里”学校的教师流动的可能性又大于处于“乡镇”学校的教师。

表 5 - 20　学校地理位置及学校在校学生规模对教师社会流动意愿的影响　（单位:%）

是否希望流动	学校地理位置			在校学生规模		
	村里	乡镇	城郊	1000 名及以下	1000 ~ 1500 名	1500 名及以上
希望	88.6	87.2	70.3	82.7	80.2	87.0
无所谓	4.5	9.9	20.3	11.1	11.0	13.0

续表

是否希望流动	学校地理位置			在校学生规模		
	村里	乡镇	城郊	1000 名及以下	1000～1500 名	1500 名及以上
不希望	6.8	2.8	9.4	6.2	8.8	—
合计	100.0	100.0	100.0	100.0	100.0	100.0
(N)	(44)	(144)	(64)	(81)	(91)	(77)
显著性检验	$\chi^2=11.609$，$p=0.014$			$\chi^2=9.97$，$p=0.045$		

根据劳动力迁移的推拉理论，劳动力之所以迁移是由迁入地与迁出地的工资差别所引起的，迁移的推拉因素除了更高收入以外，还有更好的职业、更好的生活条件、为自己与孩子获得更好的受教育机会、更好的社会环境。一般来说，与城郊相比，农村的交通较为不便，环境也较差，同时工作生活的方便程度也较低，这就成了推动教师社会流动的推力，尤其是处于“村里”学校的教师，受到的推力更大。而城郊的交通、环境一般都较好，经济发展水平也比较高，同时其他兼职就业的机会也比较多，因此促使“城郊”学校教师流动的推力就相对较小。

2. 学校办学规模

国外已有的研究认为学校办学规模在一定程度上影响着教师的社会流动，规模较小的学校教师流动的可能性要比中等规模或大规模学校的教师大（Shin，1995；Ingersoll，2001），但本次研究并不完全支持这一论断。在本研究中，因考虑到学生规模是学校规模的一个非常重要的衡量指标，所以本研究主要以能够反映学校规模的重要指标——学生规模为变量，对学校规模与教师社会流动意愿关系进行分析。调查显示（见表 5－20），在学生规模为 1000 名及以下的学校中，有 82.7% 的教师希望流动；在学生规模为 1000～1500 名的学校中，有 80.2% 有社会流动意愿；而在 1500 名及以上学生规模段的学校中，有社会流动意愿的教师占被访教师的 87.0%。也就是说，规模较小的学校教师流动的可能性要比中等规模学校的教师大，但又比大规模学校的教师小。为什么会出现这一现象？这可能的原因是受到学校组织因素的影响，组织规模过大或过小都会使得组织成员对组织认同度降低，对组织的信赖程度减小。因此，在规模过小或过大的学校中，教师社会流动意愿均会上升。

3. 学校教师外流情况

社会心理学认为，人们具有从众心理，从众是人类由于其社会性而存在的一个非常普遍的现象，经常在一起交流的人由于相互影响，他们往往具有类似或者相近的思想或行为；同时，当决策者在行动时，常常考虑他人的判断和行为。作为"社会人"的教师，同样也会受到其所接触的周围人群行为的影响。本研究证明教师社会流动意愿受到学校其他教师行为的影响。调查表明（见表 5－21），教师外流情况"很多"的学校中，有 90.6% 的被访者希望流动；教师外流"较多"的学校中，有 94.4% 的教师有社会流动意愿；教师流动"较少"、"很少"和"几乎没有"的学校中，依次分别有 79.0%、65.5% 和 53.8% 的教师希望流动。总体上，教师社会流动的可能性随着学校教师外流程度的减少而呈现逐步降低的趋势。换句话说，教师社会流动意愿与其所在学校其他教师外流程度呈正相关，越是有教师流动的学校，其教师社会流动意愿越强，流动的可能性越大。这一现象不难解释，一方面，受到从众心理的影响，学校教师外流越是频繁，越会影响到留守教师的教学心态，影响到留守教师的行为倾向；另一方面，教师流出越是频繁，留守教师通过这些流出教师所获得的其他相关就业机会的信息也就越多，因而更倾向于社会流动。

表 5－21　学校教师流动情况对教师社会流动意愿的影响　（单位：%）

是否希望流动	所在学校教师外流的情况				
	很多	较多	较少	很少	几乎没有
希望	90.6	94.4	79.0	65.5	53.8
无所谓	6.2	3.7	21.0	20.7	23.1
不希望	3.1	1.9	—	13.8	23.1
合计	100.0	100.0	100.0	100.0	100.0
(N)	(32)	(107)	(62)	(29)	(13)
显著性检验	$\chi^2=35.39$，$p=0.000$				

综上分析，不难看出，学校因素对农村中小学教师社会流动意愿具有一定的影响，无论是学校因素中的学校地理位置、学校办学规模，还是学校因素中的文化氛围——教师外流情况，对农村中小学教师社会流动意愿均产生显著的影响。其中，就学校地理位置而言，受到区域推力因素的影响，处于“村里”或“乡镇”学校的教师与处于“城郊”学校的教师相比，前者社会流动意愿更强，社会流动的可能性更大；就学校办学规模而言，教师社会流动意愿与学校办学规模呈倒“U”型变化的趋势，学校办学规模过小或过大都会增加教师社会流动的可能性；就学校教师外流程度对所留守教师社会流动意愿的影响而言，教师外流越频繁的学校，其留守教师社会流动的可能性越大。

（五）社会因素的影响

社会行动理论认为，作为社会中的一员，其社会行动并不是独立的、个人化的，而是受到社会结构的制约，受到外在社会因素的影响。要分析农村中小学教师社会流动意愿，就需要将其纳入整个社会大环境中，考察社会环境是如何影响农村中小学教师社会流动意愿的。在这一节里，研究者将从教师的社会压力感、教师的社会地位评价以及社会制度等方面入手，来分析社会因素对教师社会流动意愿的影响。

1. 社会压力

心理学研究表明，适当的压力能引起人们的积极反应，但当压力过度时，则可能引起人们生理上、心理上、行为上的消极反应，产生种种身心失调的现象。当压力大到无法承受时，这种压力就有可能导致职业倦怠（王清平，2002），从而使员工产生离职行为。本研究通过“作为教师，您感到来自社会的压力如何？”这一问题了解教师的主观社会压力，压力强度共分为“很小”“较小”“说不清楚”“较大”“很大”五个等级。此次调查发现，多数教师都感到较大的社会压力，选择这五个等级的教师依次分别占 0.4%、3.6%、7.7%、42.1%和 46.2%。那么，教师所感到的社会压力对教师社会流动意愿的影响如何？如何影响？通过将教师所感到的社会压力与其社会流动意愿进行交互分析可以看出（见表 5 - 22），教师社会流动意愿受教师社会压力感的影响非常显著。其中，认为压力"很大"的教师有 90.4% 有社会流动意愿，认为社会压力"较大"的教师有 81.7% 希望流动，认为"说不清楚"的教师有 73.7% 有社会流动意愿，认为"较小"的教师有 33.3% 有社会流动意愿。由此可见，教师的社会流动意愿随着教师社会压力感的增强而增强，感到社会压力越大的教师，社会流动的可能性就越大，也就是说教师的社会流动意愿与教师的主观社会压力感呈正相关。

表 5 - 22　社会压力对教师社会流动意愿的影响　（单位：%）

是否希望流动	教师主观社会压力				
	很大	较大	说不清	较小	很小
希望	90.4	81.7	73.7	33.3	—
无所谓	6.1	12.5	15.8	.55.6	100.0
不希望	3.5	5.8	10.5	11.1	—
合计	100.0	100.0	100.0	100.0	100.0
(N)	(114)	(104)	(19)	(9)	(1)
显著性检验	$\chi^2 = 25.85$, $p = 0.00$				

2. 职业社会地位

职业声望是人们对某种职业社会地位高低的看法，是社会舆论对特定职业的评价，属于人们的心理因素，也是人们对职业社会地位的主观评价，是职业生涯管理研究的重要范畴之一。而所谓社会地位是指某一职业根据其工作的难度、强度及对社会发展的贡献给予的工资条件、报酬等物质条件以及社会地位或敬意等价值评价。社会地位不仅代表职业所受到的物质待遇和精神价值，还代表了公众对从事这种职业工作人员的认可度。对于社会地位高的职业的从业者来说，不仅能够获得较好的生活条件，而且还享受着这种职业带来的公众的信任与尊重。因此，社会地位的高低不仅关系到职业从业者的素质，而且还影响着从业者的进取心和发展动力。作为教师，其行动也无可避免地会受到社会地位高低因素的影响。

为了了解教师社会地位层次高低，本次研究主要通过被访者自我评价得出，在问卷中操作化为“您觉得自己的社会地位处于哪一层次”这一问题，层次维度从高到低依次分别为：上层、中上层、中层、中下层和下层。通过对这一问题回答的结果分析发现，多数农村中小学教师对自我职业社会地位评价较低。其中，有119名教师认为自己处于“下层”，占47.8%；有70名被访者认为自己处于“中下层”，占28.1%；认为处于“中间层次”的教师有23名，占9.2%；认为自己社会地位比较高，处于中上层的被访者有37名，占14.9%。那么，教师自我社会地位评价对其社会流动意愿有没有影响？影响如何？通过对教师自我社会地位评价与教师社会流动意愿两个变量做交互统计分析发现（见表5-23），认为自己处于社会地位“下层”的被访者中，有96.6%的教师有社会流动意愿；认为处于“中下层”的被访者中有91.4%的教师希望流动；认为处于“中层”的教师中有82.6%被访者有社会流动意愿；而认为自己处于“中上层”的教师有24.3%希望流动。由此不难得出结论，农村中小学教师的社会流动意愿与其对自身职业社会地位的评价有关，评价越高的教师其流动可能性就越小，反之，评价越低的教师流动可能性就越大。换句话说，教师的社会流动意愿与其社会地位的自我评价呈负相关。

表5-23　职业社会地位对教师社会流动意愿的影响　（单位：%）

是否希望流动	教师职业社会阶层地位			
	中上层	中层	中下层	下层
希望	24.3	82.6	91.4	96.6
无所谓	43.2	17.4	8.6	2.5
不希望	32.4	—	—	0.8
合计	100.0	100.0	100.0	100.0
（N）	（37）	（23）	（70）	（119）
显著性检验	$\chi^2=90.98$，$p=0.00$			

3. 城乡教师待遇差距

由于我国城乡二元分割体制的长期存在，国家财政对于农村的投入远远小于城市，不仅影响到了农村经济的发展，也影响到了农村政治、文化教育的发展，而表现在文化教育方面，最为突出的表现就是对农村义务教育的投资上。因为投资比例太低，加上受到县级财政有限的影响，使得城乡教师待遇差距不断地扩大。据《国家教育督导报告2008（摘要）》[①] 报道，农村中小学教师的工资不到城市的70%，教师工资收入水平城乡差距依然较大，全国农村小学、初中教职工人均年工资收入分别仅相当于城市教职工的68.8%和69.2%。那么，城乡教师待遇的差距对于教师社会流动意愿有何影响？本次调查显示（见表5－24），认为"城市教师待遇比农村高很多"的教师中有89.9%希望流动，认为"差不多"的教师中有73.0%有社会流动意愿，而认为"城市教师工资相对农村较低"的教师中有62.5%希望流动。由此可见，认为城乡教师待遇差距很大的教师流动的可能性最大。

表5－24　城乡教师待遇差距对教师社会流动意愿的影响　（单位:%）

是否希望流动	城乡待遇比较		
	城市教师待遇高很多	城乡没多大区别	城市教师待遇稍微低些
希望	89.9	73.0	62.5
无所谓	9.5	14.9	18.8
不希望	0.6	12.2	18.8
合计	100.0	100.0	100.0
(N)	(158)	(74)	(16)
显著性检验	$\chi^2=23.6$，$p=0.00$		

4. 义务教育新机制

前面分析了社会因素中主观方面对教师社会流动意愿的影响，而作为教育体制内的教师，作为事业单位编制内的一员，他们的行动总会受到体制内政策制度等因素的影响。其中，教育经费短缺一直是制

① 原春琳：《国家教育督导报告正视农村教育困境》，《中国青年报》2008年12月17日第6版。

约农村义务教育发展的主要因素之一。2002 年财政体制改革后，农村义务教育管理体制从“以乡为主”变成了“以县为主”。2005 年《国务院关于深化农村义务教育经费保障机制改革的通知》又明确提出“逐步将农村义务教育全面纳入公共财政保障范围，建立中央和地方分项目、按比例分担的农村义务教育经费保障机制”（以下简称义务教育新机制或新机制）。新机制是对“以县为主”管理体制的完善，强调了政府在义务教育经费投入中的责任，在免除学杂费、免除贫困家庭学生教科书费、寄宿生生活费补助、提高公用经费水平、校舍维修改造费用等方面，提出了各级政府分担的比例，并要求省级政府增加转移支付力度，保障中小学教师工资经费。新机制政策的出台对保障教师工资的按时足额发放起到了很大的作用，同时有利于改善学校各方面硬件设施，在一定程度上给教师带来了较良好的预期。那么，对新机制的预期有没有影响到中小学教师社会流动意愿？又是如何影响？我们将从教师对新机制的了解程度、新机制实施后教师工资变化水平对教师社会流动意愿的影响两个方面来展开。

一般来说，教师对新机制越是了解，对其实施的效果预期越好，其流动的可能性就越小。但此次调查表明（见表 5 – 25），教师对新机制的了解程度与教师社会流动意愿关系统计学意义上并不显著。其中，对新机制“较为了解”的教师中有 78.9% 希望流动，“一般了解”的教师中有 81.8% 有社会流动意愿，“不了解”的教师中有 88.5% 有社会流动意愿，比例差别并不是很大，尤其是在“一般了解”和“较为了解”的教师中，差别更小。为什么会出现这一结果？这可能是受到目前新机制实施效果的影响。

虽然新机制实施后，学校教师工资由县级财政统一筹措，基本保证了教师工资及时、足额发放，但由于公用经费补助标准偏低，教师的待遇反而出现了下降情况（王颖、胡守荣和李林旺，2007）。本次调查也显示，认为新机制实施后工资反而下降的教师有 20.1%，认为没有变化的教师有 48.6%，认为有所提高的教师有 31.3%。通过进一步地分析发现（见表 5 – 25），新机制实施后教师工资变化水平对教师社会流动意愿影响非常显著，认为工资“反而下降”的教师中有 94.0% 希望流动，认为工资“没变化”的教师有 86.8% 有社会流动意愿，认为“有所提高”的教师有70.5%希望流动，呈现逐步降低的趋势。

表5-25　新机制对教师社会流动意愿的影响　（单位:%）

是否希望流动	对新机制的了解程度			新机制实施后工资变化水平		
	较为了解	一般了解	不了解	有所提高	没变化	反而下降
希望	78.9	81.8	88.5	70.5	86.8	94.0
无所谓	15.8	10.	8.0	20.5	8.3	6.0
不希望	5.3	7.6	3.4	9.0	5.0	—
合计	100.0	100.0	100.0	100.0	100.0	100.0
(N)	(95)	(66)	(87)	(78)	(121)	(50)
显著性检验	$\chi^2=4.07$，$p=0.39$			$\chi^2=14.05$，$p=0.004$		

由此可见，教师对于新机制的了解程度对其社会流动意愿没有显著的影响，而义务教育新机制实施效果对教师社会流动意愿影响显著，新机制实施后，认为工资反而下降的教师更倾向于流动。

通过以上对社会因素与教师社会流动意愿的关系分析不难看出，社会因素对教师社会流动意愿具有影响。其中，教师的社会压力感、职业社会地位、城乡教师待遇差距以及义务教育新机制实施后教师工资水平变化对教师社会流动意愿均产生非常显著的影响。相比较而言，社会压力感越大的教师、自我职业社会地位评价越低的教师、认为城乡教师待遇差距越大的教师以及认为新机制实施后工资反而下降的教师社会流动的可能性较大。而由于受到新机制实施效果的影响，教师对于新机制的了解程度对其社会流动意愿的影响并不显著。

四　小结

首先，当前农村中小学教师队伍极为不稳定。通过对农村中小学教师社会流动意愿的分析不难看出，当前农村中小学教师队伍工作心态极为不稳定，教师“隐性流失”现象较为严重，大多数农村中小学教师有社会流动意愿。调查显示，有八成以上的教师希望流动，而且这种社会流动不仅是在教育系统内部的流动，更多地表现为流出教育系统的倾向。其中，有流动意愿的教师中有89.4%的教师有转行流动的意愿，即希望流出教育系统。

其次，当前农村中小学教师社会流动彰显出无序、不合理的流动特征。与以往学者研究的结果相符，本研究结果也表明了教师社会流动呈现出无序、不合理的流动趋势。一方面，绝大多数农村中小学教师均表现出向上流动的意愿。其中，就转校社会流动意愿来看，多数教师希望流入条件较好的学校，且大都以县城及东部沿海城市作为转校的流入地；就转行社会流动意愿来看，教师主要倾向于流入资源丰富、社会地位高的行业，且大多以流入东部沿海城市或者中西部大城市为主。另一方面，有社会流动意愿的教师多为学校的优秀骨干教师。相对而言，有社会流动意愿者具有学历较高、年纪较轻等特征，而这些教师拥有的人力资本相对较为雄厚。反之，留守农村中小学的教师多为学历较低以及年纪较大的教师。

再次，当前农村中小学教师社会流动途径选择呈多样性特征，但以正式途径为主。在社会流动途径的选择倾向上，无论是对于有转校意愿的教师来说，还是对于有转行意愿的教师而言，都倾向于通过自己的努力来实现社会流动，即通过诸如跑招聘会、考公务员、考研等正式社会流动途径实现流动。同时，依靠社会网络关系（找朋友帮忙）这一非正式途径也是教师流动途径的重要选择。此外，由于受到社会流动意愿倾向不同的影响，有转校意愿的教师还较为倾向于选择体制安排（组织调配）的转校流动途径；有转行意愿的教师则更为倾向于依靠“自谋出路”这一社会流动的正式途径。

最后，当前农村中小学教师社会流动意愿受到教师个人、家庭、工作、学校及社会等因素的影响。具体说来：（1）就个体因素而言，男性教师、年纪较轻的教师、文化程度较高的教师、个人月收入较低的教师流动的可能性较大；但婚姻状况对教师社会流动意愿影响不显著。（2）就家庭因素而言，教师配偶工作地点及教师家庭收入对教师整体社会流动意愿的影响均不显著，这可能是受到配偶工作性质及农村地区特性的影响所致；但具体到转行意愿而言，配偶工作地点为外地的教师转行的可能性较大，而对教师转校意愿没有显著影响；家庭收入对教师转校意愿或转行意愿影响均不显著。(3)就工作因素而言，参加工作时间、参加培训情况对教师社会流动意愿均产生显著的影响，任教年级对教师整体社会流动意愿影响不显著，对教师具体的转校、转行意愿影响较为明显。其中，由于受到教师职业生涯周期的影响，教师社会流动意愿与教师参加工作时间呈倒“U”型变化的趋势；教师参加培训级别、培训次数与教师社会流动意愿均呈负相关。(4)就学校因素而言，学校地理位置、办学规模及学校教师外流情况对教师社会流动意愿均产生显著影响。其中，处于“村里”或“乡镇”上的学校的教师、办学规模过大或过小的学校的教师、教师外流较为频繁的学校的教师流动的可能性较大。(5)就社会因素而言，教师的社会压力感、职业社会地位、城乡教师待遇差距以及新机制实施后教师工资变化水平对教师社会流动意愿均产生非常显著的影响。总体上，认为社会压力感较大的教师、认为自我职业社会地位较低的教师、认为城乡教师待遇差距较大以及新机制实施后工资反而降低的教师，流动的可能性较大。

第六章 我国农村教育的主要问题及成因

作为国民教育的重要部分，农村教育不仅仅是服务农村的教育，而且还是服务全国的教育。服务于农村的教育主要包含提高农村社会生产力发展，改善农村生活环境，提高农民生活水平和质量的教育，以及促进“乡风文明”和提高农民民主意识、法律意识和管理能力的教育。当前，我国农村教育虽然取得巨大成绩，但是我们也要清醒地认识到，目前我国农村教育的发展只是相对于过去过于相对薄弱和落后的局面而言发生了一些积极的变化，对今后的可持续发展提供了良好的开局和基本的条件。整体而言，农村教育与城市教育体系相比依然有较大的差距，仍然是国民教育体系中最为薄弱的环节，现实中依然有许许多多的困难，仍需要全社会予以高度关注，丝毫不可松懈和掉以轻心。提高农村教育水平、办好农村教育依然任重道远。

服务于全国的教育包括服务于农村和服务于城市的教育，具体表现为全面提高中国人口素质的农村基础教育和促进中国农村现代化和整个社会现代化发展的教育。由于二元社会结构的影响，目前我国农村教育更多地体现为服务城市的教育，而忽视了服务农村的教育。城乡社会经济发展的差距，必然产生农村基础教育明显落后于城市。我国农业处于由传统农业向现代农业转变，由粗放式经营向集约式经营转变的更替时期，不仅需要农民掌握科技知识和现代农业科学技术，还需要农民观念的现代化，以适应不断变化的社会发展需要，促进农村社会协调发展。然而，我国农村教育还存在教育制度不适应农村发展、教育观念不适应时代发展、基础教育与青年就业脱节严重、教育体系结构不合理、教育资源贫乏等诸多问题。① 本章将结合第三章、第四章和第五章实证分析结果，具体从农村教育的供求两个视角深入分析农村教育体系存在的问题及成因。

一 基于教育组织视角的农村教育主要供给问题与成因

（一）农村教育供给目标不明确，导致教育内容城市化和应试化

在所有的农村教育问题中农村教育目标是最为关键与核心的问题，因为它直接决定了农村教育的发展方向，也关系到农村经济与社会乃至整个民族与国家的发展与稳定。农村教育从广义的角度来说包括农村基础教育、农村职业技术教育、农村成人教育。目前无论是哪一类的农村教育都存在比较严重的目标定位偏差的问题。例如表4－35显示，有56.8%农村学校的办学宗旨是“为当地的经济社会发展服务”，只有32.2%的学校的办学宗旨是“为农村发展服务”。主要原因如下：

首先，二元社会结构客观上产生了“跳农门”教育目的，导致教育内容城市化和应试化。农村教育从理论上是服务于农村，并进而服务于整个社会现代化的。但在教育实践层面，农村基础教育具有严重的“城市中心化”倾向，无论是教学内容还是教学方式与城市教育定位并没有差异，主要定位于普通文化知识的传授。表4－34表明，在我们调查的118所农村学校中，45所学校的办学目标是“为高一级的学校输送成绩优秀的学生”，占38.1%；61所学校的办学目标是“普及学生的基础文化知识”，占51.7%；3所学校的办学目标是“培养学生的职业劳动技能”，占2.6%；9所学校的办学目标是“培养适合农村发展的优秀人才”，占7.6%。

其次，由于考试是考察文化知识掌握情况的最简单方式，所以这种教育的外在表现就是强调考试成绩和升学，就是所谓的“应试教

① 孙立群、孙福田：《农村教育与经济社会协调发展关系的研究》，中国农业出版社2007年版，第129—134页。

育”。农村子女一旦不能升入高一级的学校，回到农村，成了既不会农业生产劳动，也无法立足于城市的人口，导致农村“读书无用论”思想的泛滥，无形中打击了农民教育投入的积极性。在整个社会普遍重视学历教育、轻视职业教育的形势下，农村职业教育的定位发生重大的错位，从以培养具有较高素质的农村劳动者为根本目的，转变为以农村学生的升学、就业提供帮助为导向。在这种指导思想下，许多农类职校放弃农类专业，转而以财经、计算机等社会热门专业为主，专业设置与农村经济发展的要求不相适应，教学内容也重理论轻实践，违背了农村职业技术教育“三农服务”的宗旨，从而难以实现农村职业技术教育为“三农”服务的目标。农村成人教育是一种有别于“学术性”“研究型”的教育，是职业特征明显的“应用型”教育，它可以针对不同对象开展相应层次、类别、形式和规格的各种教育培训活动，为农民接受终身教育提供广阔的学习机会和浓厚的学习氛围。“书生气”的学院办学是目前农村成人教育突出的弊病，这种教学模式脱离社会实际需求，无法实现其服务农村社会的主体目标。

这样的情况下，中国农村教育出现了一种悖论：在教育成本不断走高的前提下，农村学生要么不断升学脱离农村，要么辍学回家留在农村。而农村经济和社会的发展需要掌握相应的知识与技能的知识和技术性人才，具有这种能力的人不断离开，而留下的又不能为新农村建设作出大的贡献。这种悖论所造成的结果是，一方面，片面追求升学率屡禁不止，“万般皆下品，惟有读书高”的现象在新的历史条件下不断上演；另一方面，农村厌学、失学、辍学的现象时有发生。农村教育领域里矛盾现实加深了农村经济和社会与教育发展的失衡，使得农村社会和经济发展需要的人才不断流失，农村教育变成了在农村办城市教育，这势必会制约新农村建设的开展。[①]

（二）农村教育经费投入不足和不平衡，造成农村教育发展失衡

本研究调查结果显示，东部地区，58.3%的农村学校“非常希

---

① 史成明：《对新农村背景下农村教育的审视和对策》，《学术交流》2009年第12期。

望”得到教育经费上的资助；中部地区，77.1%的农村学校“非常希望”得到教育经费上的资助；西部地区77.3%的农村学校“非常希望”得到教育经费上的资助；虽然无论是哪个区域的学校都非常需要经费的支持，但是中西部地区的学校的需求程度更为强烈。其成因如下：

首先，农村教育经费投入总量不足，特别是基础教育的经费长期处于低水平运转。一般用国家财政性教育经费占国内生产总值的比重来衡量一国教育投资的总体规模。1993年2月中共中央和国务院颁布的《中国教育改革和发展纲要》提出，到2000年末，财政性教育经费占GDP的比例达到4%。不过到目前为止，这一目标始终没有实现。从1980年到2009年，国家财政性教育经费占国内生产总值的比例始终在3%左右，1980年为2.99%，1985年为2.93%，1990年为3.04%，1995年为2.41%，2000年为2.58%，2005年为2.82%，[①] 2008年财政性教育经费占GDP的比重达到历史最高，但也只占GDP的3.48%。根据联合国教科文组织和世界银行的统计，2001年，世界127个国家公共教育经费（即财政性教育经费）占国内生产总值的比例平均为4.42%，其中高收入国家为5.32%，中上收入国家为5.09%，中下收入国家为4.37%，低收入国家为3.51%。2001年中国公共教育经费支出占GDP的比重为3.14%，2004年则下降到2.79%。由此可见，中国公共教育经费投入水平不仅低于高、中收入水平的国家，甚至低于低收入国家的平均水平。[②] 农村教育经费的主要来源是国家财政性教育经费的投入，2005年农村基础教育资金投入总额为1938.66亿元，其中国家财政性教育经费投入为1654.47亿元，占农村基础教育总投入的85.34%。[③] 国家教育经费投入总量不高决定了农村教育经费投入水平偏低。

其次，农村教育经费投入地区差距大。2007年中国农村小学生均

---

① 根据国家统计局编《中国统计年鉴2007年》提供的数据计算得出。

② 霍英：《本世纪初我国义务教育经费的城乡差距分析》，《教育导刊》2008年第2期。

③ 根据国家统计局编《中国统计年鉴2006年》提供的数据计算得出。

教育经费支出，其中东部代表省市北京市为7765.37元，上海市为9560.69元，浙江省为4078.71元，天津市为3850.30元；中部部分省市湖南省为1717.77元，湖北省为1342.56元，江西省为1442.83元，山西省为1826.13元，河南省为1067.75元；西部部分省份贵州省为1095.31元，甘肃省为1411.06元，广西壮族自治区为1415.45元。[①] 从这些数据可以看出，东、中、西部不同地区农村小学生均教育经费支出差距很大，其中最高的上海市农村小学生均经费是河南省的9倍。

再次，农村与城市教育经费差距加大。2007年，全国有中小学校31.917万所，中小学在校生16284.9万人。其中县镇中小学校4.95万所，占总数的13.08%，农村中小学校30.44万所，占总数的80.29%。县镇中小学生4982.18万人，占总数的30.59%，农村中小学生8489.05万人，占总数的52.16%。两项合计农村中小学占总数的93.37%，农村中小学生占总数的82.75%。[②] 而2007年全国中小学教育经费总量为4849.7亿元，其中农村中小学教育经费总量为2169.94亿元，仅占全国中小学教育经费总量的44.7%。城市中小学生均经费是农村中小学生均教育经费的3倍多[③]，教育经费在城乡之间极不平衡。

农村教育经费投入不足，尤其是农村基础教育经费的短缺引发的拖欠教师工资问题、学校公用经费不足问题、农村中小学大量危房问题、教育负债问题等悬而未决，愈演愈烈，并最终影响农村教育质量和教育发展。

（三）农村教育师资队伍建设滞后，严重影响教育质量

随着农村经济和教育事业的发展，农村教师队伍建设潜在的问题

---

① 国家统计局编：《2007年中国教育年鉴》，中国统计出版社2008年版。

② 根据国家统计局编《2007年中国教育年鉴》提供的数据计算得出，中国统计出版社2008年版。

③ 根据国家统计局编《2007中国教育经费统计年鉴》提供的数据计算得出，中国统计出版社2008年版。

越来越突出地表现出来。表 4－7 显示，41% 的农村学校教职工人数不足。其中农村中小学的教职工缺乏情况比较严重。其中东部地区农村学校中，37.8% 的学校教职工数量有点短缺，2.7% 的学校的教职工的数量非常缺乏；中部地区农村学校中，39.4% 的学校的教职工的数量有点短缺，6.1% 的学校的教职工的数量非常缺乏；西部地区学校中，26.7% 的教职工数量有点短缺，10% 的学校的教职工的数量非常缺乏。

首先，农村教师数量相对不足。本研究的表 4－7 显示了绝大多数学校师资短缺。我们从全国总体生师比的重要指标看，2003 年，中国农村教师达 536.47 万人，其中农村小学教师 371.81 万人，农村普通中学老师 164.66 万人，农村中小学的生师比分别为 20.01∶1 和 21.90∶1，而全国中小学的生师比分别是 18.94∶1 和 21.04∶1，农村中小学的生师比和全国的平均值有较大的差距，若与城市中小学相比（城市中小学生师比分别为 16.80∶1 和 19.02∶1），差距更大。近些年来，中国农村教师数量在增加，但相对数量仍不足。

其次，农村教师队伍整体素质较低，结构不合理。农村教师学历偏低。2002—2007 年，虽然全国小学教师的学历合格率由 97.39% 提高到 99.1%，其中具有大专及以上学历的小学教师比例由 33.09% 提高到 66.88%；初中教师的学历合格率由 90.36% 提高到 97.19%，其中具有本科及以上学历的初中教师比例由 19.74% 提高到 47.26%①，但全国仍有约 31 万名教师未达到国家规定的合格学历。② 而现有教师中，大部分农村中小学教师的达标学历是第二学历，是通过在职培训和教育获得的，这种状况使得农村中小学教师队伍的整体素质不高。农村教师队伍结构也不合理，包括教师队伍构成、性别比例、职称比

① 教育部发展规划局编：《中国教育统计年鉴（2007）》，人民教育出版社 2008 年版。

② 储召生：《农村教师队伍建设问题突出 31 万名教师学历不达标》，《中国教育报》2006 年 4 月 28 日第 1 版。

例和年龄结构、专业结构等。农村基础教育中仍有近 50 万名代课人员[①]，教学质量无法得到有效保障。从性别比例看，中国农村中小学教师队伍中男女比例悬殊，与城市教师队伍中的性别比例形成鲜明对照，例如某地农村中小学在岗教师315 人，男女比例为8:1[②]。从年龄结构看，由于历史原因，农村中小学教师年龄结构失调，年龄普遍偏大。湖南省中部某县农村中小学有教师 4200 余人，他们的平均年龄为 46.2 岁。这些农村中小学教师中 70% 是 20 世纪 70 年代或 80 年代初参加工作、90 年代转正的原民办教师，还有 10% 是 20 世纪 80 年代老教师退休后其子女顶职的教师。另外，这个县 96 个边远山村学校共 920 名教师的平均年龄更大。[③] 从专业结构来看，农村中小学教师基本上专业不对口，所有老师都是一专多能，这些学校缺乏专业的音乐、体育、美术老师的配备。

再次，农村中小学教师队伍更新机制不畅。一是人员更新机制不畅。农村中小学教师缺编严重，目前缺编总数达到 60 万人，部分农村学校因缺少教师编制，无法引进合格的教师，不得不聘请代课教师，这严重地影响了教学秩序和教学质量。2004—2006 年，全国约有 10% 的县连续三年未补充公办教师。一些农村学校五六年没有录用新教师。[④] 二是知识更新渠道不畅。农村中小学教师整体年龄结构偏高，接受新知识的能力较弱，无法及时有效地接受新知识的输入，而且这部分教师自身接受新知识的热情也不高，加之部分农村中小学教师是民办教师转变过来的，知识的原始累积不足，不能适应迅速更新的知识内容。农村整体社会条件较城市差，公共设施和物质条件都不如城市，缺少必要的可供教师进行自主提升的条件，再加上农村中小学教

① 储召生：《农村教师队伍建设问题突出　31 万名教师学历不达标》，《中国教育报》2006 年 4 月 28 日第 1 版。

② 石颂德、肖坤华：《教师年龄结构老化成为当前农村教育发展的障碍——对我省某县农村教师年龄结构的调查与思考》，《湖南教育》2004 年第 18 期。

③ 同上。

④ 《缺乏退出机制影响农村教师队伍建设》，《教育发展研究》2009 年第 1 期。

师收入等条件也不如城市教师，自主知识更新的成本要远远高于城市教师。

最后，农村中小学教师队伍保障不足，导致教师不均衡流动。通过对农村中小学教师社会流动意愿基本情况分析发现：当前多数农村中小学教师希望社会流动，而且有倾向于流出教育系统的趋势。例如，表5－17显示任教小学的教师中有80.0%希望流动，任教初中的教师中有社会流动意愿的教师占86.8%。农村中小学教师生存环境差，工资收入偏低。大部分农村地区没有建立教师医疗保障制度，一些地区教师住房十分紧张，在集中办学的制度下，农村教师既要承担教育责任，又要负责管理寄宿学校学生的日常生活，工作量和压力都很大。例如，表5－22表明，压力“很大”的教师有90.4%有社会流动意愿，认为社会压力“较大”的教师有81.7%希望流动，认为“说不清楚”的教师也有73.7%有社会流动意愿。2007年，全国普通小学、普通初中有专任教师907.7万人。从城乡分布看，县镇和农村的教师占82.7%。全国义务教育阶段约有1/4的教师工作在条件艰苦地区。[①] 农村的师资力量薄弱，一个重要原因是长期以来农村中小学教师的社会地位和工资待遇得不到保障，农村优秀教师大多愿意努力提高学历和教学水平，进而转到待遇较好的城市工作。同时，人事制度和管理制度又严重制约着师资力量的调整，很大程度上影响了教育质量的提高。

（四）农村职业教育被边缘化，成人教育缺位

农村教育应该包括基础教育、职业教育、成人教育三个组成部分。但是目前的结构以基础教育为主，职业教育和成人教育比重非常小，受到社会认可和重视的程度不够。调查的118所农村学校中，仅2.6%的学校办学目标是“培养学生的职业劳动技能”。

虽然在国家政策扶持和媒体的积极宣传下，农村职业教育取得了一定发展，但是目前还存在很多问题，还不能完全适应培育新型农

① 《国家教育督导报告2008（摘要）》，《中国教育报》2008年12月5日第2版。

民、建设社会主义新农村的需要。其一，农村职业教育经费短缺，办学条件落后。由于政府长期以来经费支持向基础教育倾斜，许多职业中学和技术培训学校办学经费不足、学校设施简陋、教学仪器和图书资料奇缺。虽然近年来政府财政投入在不断增加，一些学校办学条件得到很大改善，但是由于学校办学条件改善的速度跟不上扩招的规模，农村仍有相当一部分学校教学资源紧缺，教学设备、实训条件出现了新的困难。其二，农村许多职业学校师资力量不够，专业教师队伍不稳定，流失严重。由于农村职业院校教师办公条件、福利待遇、社会地位都不如普通高中，许多优秀教师都倾向于选择普通中学教书，教师流动性大，部分老师专业素质也有待提高，真正能指导学生就业方向和传授就业技能的老师越来越少。其三，涉农专业规模比较小。农村职业学校是为农村建设培养人才的地方，但是遗憾的是我国职业教育中涉农专业的规模在不断减少。由于农村职业学校就业前景不明朗，加上长期以来农村对职业教育的认识存在偏颇，许多家长不愿让子女上职业学校，学生本人也都向往普通中学以便将来升学，不到万不得已，成绩不够，上不了普通中学才会考虑念职业中学，其中不少人从一开始便抱着到职业中学混的思想。[①] 多数学生即便选择了职业中学，也倾向于选择财会、电子等能够脱离农村的职业学校和专业，导致农村职业学校涉农专业越来越少，一些农业职中为了发展下去，也迎合学生的需求，偏向于发展非农的热门专业。

与职业教育相比，农村成人教育处于更加薄弱的环节。我国目前有几百万初中毕业生毕业之后既没考上高中，也没有接受中等职业教育，就直接进入劳动力市场，如何解决他们在就业中的困难是一个重大的问题。另外，随着城市经济发展的加快，许多农民工为了生计在城市和发达地区从事社会最底层的工作，年终带回家一点微薄的工资，维持家庭的基本需要。由于一些民工没有接受过常规的道德教育职业培训，再加上部分人仇富心理的作用，利益诉求往往成为农民进城后的压倒一切的主导诉求。在民工犯罪案件中，盗窃、抢劫、诈骗

① 周洪宇：《农村、农民与农村教育》，《当代教育论坛》2005 年第 1 期。

等以获得金钱和财物为目的的侵财性犯罪占民工犯罪案件的80%以上。[①] 农民是农村社会建设的主体，农村成人教育起着提高农民素质，培养多层次技术人才的作用。但目前我国成人教育处于教育体系中最薄弱的环节，当前农村成人教育存在的主要问题有“教育观念陈旧落伍；农村成人教育不受重视；教育体制老化；管理体系不健全；成教教师结构不合理；教育内容脱离实际且教育方法单调，教学效果堪忧；教育经费滞后，教学设备陈旧，缺乏应有的市场经济办学竞争力”[②] 等。

近年来国家把“三农”问题提高到了战略的高度，建设社会主义新农村还面临很多困难。农业面临产业结构调整和增长方式的转变，农村大量富余劳动力需要转移，这些都对农村教育提出了前所未有的要求和挑战，而这些问题解决的关键在于农村教育的发展和农村劳动力素质的提高。目前我国农村基础教育还存在很多问题，职业教育和成人教育发展缓慢，农村教育在办学模式和教学内容等方面应该加快改革，资金投入方面也需要增加投入渠道和投入数量，农村教育还有很长的路要走。

二　基于农户视角的农村教育体系主要需求问题与成因

农村教育问题体现在农户的微观需求和农村社会的宏观需求两个层面。教育需求是人们对教育的一种需要，而且是有支付能力的需要，是获得教育服务的愿望与对教育的支付能力的统一。农户教育需求是农村教育最基础的需求，是农户为了家庭成员取得较高的社会地位、获得较高的收入，通过享受教育服务提高自身的知识和能力的需要。结合本研究实证分析结果，从农户视角分析农村教育存在的需求

① 史成明：《对新农村背景下农村教育的审视和对策》，《学术交流》2009年第12期。

② 滕金芳：《农村成人教育存在的问题及对策》，《中国成人教育》2007年第4期。

问题。同时，为能结合农村现代化过程中的城乡统筹、新农村建设、农业现代化等新发展趋势，从农村社会角度分析农村教育的社会需求问题。

（一）农户对基础教育需求强烈，凸显农村基础教育体系的不完善

在农村社会，农户既是一个经济单元，也是一个社会单元。其对教育的需求往往根据自身的发展需求而呈现出不同的水平，除此之外，农户还因自身环境条件的限制而对教育需求作出相对理性的调整。通过调查发现，当前，农户对教育的需求比较强烈。具体表现在对幼儿学前教育和中小学义务教育的需求。

调查结果显示，农户对子女的幼儿教育越来越重视，非常希望子女能够接受良好的启蒙教育。但在农村地区，农村幼儿教育的发展还处在极其低级的阶段和水平，部分地区没有幼儿园，没有幼儿教育学校，幼儿教育是缺失的。已有的农村幼儿教育又多以私立性的幼儿教育为主，教育环境和条件都亟待改善，对其管理也有待完善。研究数据表明，有20.1%的农户子女并未接受学前教育，比例显然偏高。而92.6%的农户期望子女能够接受学前教育，具有显著差距。其中主要原因是农户所在地没有学前教育学校，无法送子女接受学前教育。除此之外，还因为上学不方便和上不起而不能送子女接受学前教育，以及受农户认为子女没必要接受学前教育的观念的影响。

农户对子女的中小学教育期望非常高，希望子女能够入学方便，近92%的农户期望子女在2公里以内的小学就读，80%的农户期望子女在1公里以内的小学就读，这与实际情况相去甚远。同时希望子女的教育质量比较高，并能够获得更高的教育程度。调查表明，有16.3%的农户认为子女上小学“不太方便”。3.4%的农户认为子女上小学很不方便。农户对于子女就读小学的过程总体评价中，有58.8%的被访者评价不满意和不太满意。对子女就读学校的教学条件不满意态度的农户占22.8%，持很不满意的态度的农户占4.6%。总体满意度偏低。

农户正在上学的子女数量呈大幅度递减趋势，其子女入学的年龄呈偏大的趋势。在学前教育中，农户子女学前教育首先受到当地教育

资源不足的影响，而无法满足所有农户子女接受学前教育的需求；其次表现为农户对学前教育的保守观念降低农村子女学前教育的接受率。在小学教育中，农户子女以就读公立学校为主，以单子女正在接受小学教育为主，农户子女就读小学各年级分布比较均衡，农村教育中小学辍学现象仍不可避免。在初中教育中，农户家庭子女所就读的学校的性质主要以公立学校为主，目前农户能够承担子女接受初中教育的各种费用，农户家庭子女初中辍学率较高，样本中10.9%的农户有子女初中辍学，学习成绩的好坏以及由此产生的学习兴趣低下成为农村初中生辍学的头号杀手。

（二）农户对职业教育和技术培训需求强烈，凸显农村职业教育的缺口

随着社会经济的发展和技术的进步，农户对职业教育和技术培训的需求越来越强烈，对于没有机会接受普通中学和大学教育的子女，农户对其首选的出路是接受职业教育，由此获得比较理想的职业。此外，农户对农业技术培训持欢迎的态度，但当前农村实用技术培训的组织主体还比较单一，还没有形成多元主体组织的局面，不能满足农户的培训需求。职业教育和成人教育中，尽管样本农户中接受职业技术教育的比例不高，但样本农户的亲戚或本村村民接受职业技术教育的现象比较普遍。

研究结果表明，83.8%的农户认为职业技术教育对农户是有必要的，只有13.9%和2.3%的被访农户分别认为“不太有必要”和“完全没有必要”。就农户对实用技术培训的组织主体期望来看，此次调查的分析结果显示：有76.6%的农户希望由“政府”来组织实用技术培训，选择由“非政府组织”来组织的农户占11.3%，希望由“高等院校”来组织的占8.6%，最后选择“私人营利组织”和“企业营利组织”的分别占2.2%和1.2%。不难看出，农户对于政府还是比较信任，比较期望由政府来组织实用技术培训。农户最需要的是“农业种植”的技术培训，占37.9%；其次为“经营管理”技术培训，占27.1%；再次为“产品加工”技术培训，占18.4%；最后为“其他”技术，占16.5%。由此可见，农户对于实用技术的需求呈现出多元化趋势，但主要表现为对“农业种植”和“经营管理”的技术需求。

（三）现有农村教育体系不能满足农户向“新型农民”转型的需要

社会主义新农村建设是新的历史时期提出的我国现代化进程中的重大的历史任务，是解决“三农”问题的战略举措。其主要内容包括：生产发展、生活宽裕、乡风文明、村容整洁、管理民主。涉及农村物质文明、精神文明和政治文明等多方面的内容。大力推动新农村建设既要发展农村生产力，也要调整和完善农村生产关系；既要加快农村经济发展，也要加快农村社会事业发展；既要提高人民群众的物质生活水平，也要提升农民的科学文化素质和思想道德水平。这将是一个长期的历史任务。这个重大的历史任务中，发展农村教育是其中的重要路径，发展农村教育是新农村建设的必然要求。新农村建设与农村教育发展相互制约、相互促进。新农村建设的水平，特别是经济发展水平直接制约着教育发展的水平和教育投资的总量，经济增长的速度制约着教育的发展速度，经济结构制约着教育结构。农业要发展，农村要建设，农民要富裕，首先要依靠农村教育的发展。农村教育是我国整个教育事业的基础，也是提高国民素质的关键，教育发展能有效促进经济社会健康、可持续发展。新农村建设对发展农村教育提出新的要求。新农村建设的核心和关键是培育有文化、懂技术、会经营的新型农民，广大农民是新农村建设的主体，要培育和造就新一代农民，必须发展农村教育。

（四）城乡统筹发展的农村人口变化，使农村教育需求产生变化

中共十七大和十七届三中全会提出，到2020年，农村经济体制更加健全，城乡经济社会发展一体化体制机制基本建立；现代农业建设取得显著进展，农业综合生产能力明显提高，国家粮食安全和主要农产品供给得到有效保障；农民人均纯收入比2008年翻一番，消费水平大幅提升，绝对贫困现象基本消除；城乡基本公共服务均等化明显推进，农民基本文化权益得到更好落实，农村人人享有接受良好教育的机会，农村基本生活保障、基本医疗卫生制度更加健全，农村社会管理体系进一步完善；资源节约型、环境友好型农业生产体系基本形成，农村人居和生态环境明显改善，可持续发展能力不断增强。“十二五”规划纲要提出“要在工业化、城镇化深入发展中同步推进农业现代化，完善以工促农、以城带乡长效机制，加大强农惠农力度，提高农业现代化水平和农民生活水平，建设农民幸福生活的美好家园”。要实现这些目标，需要实质性地转移大量农村劳动力，为提高农业现代化水平提供创造性的空间和环境。

农村人口增长、土地压力和机械化程度的提高，加大了我国农村劳动力市场的压力。加快有效转移农村剩余劳动力既是缓解农村就业压力的必然选择，也是推进我国城市化、工业化的必经之路。农村劳动力的转移主要分为三个部分：传统农业劳动力向现代农业劳动力转移，传统乡村劳动力向现代乡村劳动力转移，大部分农村劳动力向现代工业、服务业的城镇转移。无论是哪种类型的劳动力转移都不是人口简单地在空间位置上的变动，其实质是生产方式的改变，这种改变需要人力资本的提升，才能真正实现改变，教育是提升人力资本的最主要的手段和途径。从我们的调查数据中也可以发现当前农村人口的人力资本存量普遍不高，被调查对象中76.6%的人文化程度在初中及其以下水平，还有相当一部分人口的文化水平在小学文化程度及以下。这显然不能满足农村劳动力转移的智力需要，对农村成人教育及技术培训提出了相应的要求。

人口的整体规模、年龄和性别构成及其变化，决定了教育的供给和需求，其中任何一个方面的变动，都将打破人口与教育之间的平衡关系。随着计划生育效应的日益显现和城镇化进程的加快，农村义务教育阶段的适龄人口在总体规模上呈逐渐下降的趋势。有研究表明：从2005年到2020年，全国各级教育学龄人口总体上趋于减少。而且，全国学龄人口从2005年到2014年一直处于下降状态。从2015年之后开始回升。从阶段上看，初等教育学龄人口有所增长，中等教育和高等教育适龄人口都呈下降趋势。从城乡教育适龄人口规模变动看，农村学龄人口大致呈下降趋势，城乡学龄人口变动的差异受城市化进程影响，同时城市人口和农村人口年龄结构，以及迁移人口年龄结构的影响导致了城市和农村学龄人口的波动。从阶段和城乡上看，初等教育学龄人口城乡均呈上升趋势，中等教育和大学教育学龄人口，农村出现持续下降趋势，城市一直呈现缓慢上升趋势。农村不同阶段学龄人口的变化，为各阶段农村教育发展提出了具体的量上的需求，是确定农村教育不同阶段的发展规模的重要依据（秦玉友，2008）。

（五）现代化背景下的农村产业结构调整，产生了新的农村教育需求

伴随城市化、工业化进程的加速，产业结构的调整速度加快。传统农业社会，第一产业在整个产业结构中占极其重要的比重。根据钱纳里的研究：第二产业的比重超过第一产业，工业化进入中期第一阶段；第一产业比重下降到20%以下，第二产业的比重高于第三产业而在GDP中占最大比重时，工业化进入中期第二阶段；第一产业下降到10%左右，第二产业比重上升到最高水平，工业化达到基本实现阶段。中国的工业化处于中期第二阶段。不同产业从业人员所占的比例是一个国家或地区经济社会发展阶段的重要标志，劳动力从生产率低的部门向生产率高的部门转移，反映了经济增长方式的转变。随着三次产业结构的变化，中国三次产业的从业人员的数量也发生重大的变化。1990年三次产业的从业人员比例分别为：60.1%、21.4%、18.5%（数据来源国研网数据中心），到2009年则分别调整为：38.1%、27.8%、34.1%（数据来源国研网数据中心）。尽管如此，从业人员结构仍需要进一步优化。随着农业机械化程度的不断提高，农业就业机会将会不断减少，因此，需要有序地推进农业现代化和从业人员从第一产业向第二和第三产业转移大量剩余劳动力。而当前农村劳动力素质与产业结构调整和发展的要求相距较大。提高农村人口素质，为三次产业的发展分流、补充和提供必要的劳动力成为当务之急。这对当前的农村教育提出了多元的需求，是确定农村教育体系中的不同类型教育的规模和比例的重要依据。

第七章 农村教育体系构建思路

农村教育体系是教育体系在农村地区的特殊系统，不同国家以及不同历史时期，农村教育体系具有差别。国际上比较通用的概念是日本学者提出的被联合国教科文组织采纳的定义，即“农村教育”体系是指农村地区的基础教育、职业技术教育和成人教育，包括有文凭的全日制正规学习和短期非正规的成人扫盲学习以及技能培训的体系。对于发展中国家来说，农村教育体系是在从农业文明向工业文明过渡中、在城市化进程中，对农村人口进行教育和培训使得他们获取知识与劳动技能的教育的制度安排。国内对农村教育的解释有两种比较有代表性的观点：一种是从地域上划分的，认为农村教育是县和县以下的教育；另一种是从内容上划分的，认为农村教育应该是服务于农村、以农业为主要内容的教育。[①] 综合以上观点并结合我国实际，本研究将“农村教育体系”界定为发生在农村地区、以农村人口为对象，包含农村基础教育、职业教育和成人教育等服务于农村以及全社会经济社会发展的教育体系。

长期以来城乡二元经济结构的存在，形成了城乡教育差异，农村与城市相比，经济社会发展都相对落后，农村教育的概念也因为这种差异而分化产生。一直以来我国农村教育在教育资金和教育资源方面与城市相比都处于不利地位，导致教育目标错位，教育质量和教育水平落后。近些年来，随着我国经济社会的不断发展以及国家对“三农”问题重视程度的提高，城乡统筹发展、新农村建设、农村城市

---

① 孙立群、孙福田：《农村教育与经济社会协调发展关系的研究》，中国农业出版社 2007 年版，第 87—88 页。

化、工业化和农业现代化的同步发展，使农村教育问题越来越成为社会关注的焦点，对农村教育体系的完善和教育定位也成为农村教育改革发展的关键。

解决“三农”问题的根本在于发展农村教育，因为农村教育是提高农民思想道德素质、科学文化知识和发展农村经济最根本的力量。温家宝曾经指出：“农业、农村和农民问题是关系现代化建设全局的根本性问题。”农村教育是服务农村各年龄段人口发展的教育，并非单纯地面对农业、农村和农民的教育。随着经济社会的发展，农村各年龄段人口的结构、教育需求处于动态的变动中。农村教育是一个历史的概念，其本身在价值体系上是以区域的划分为特征的一个社会结构体系。在“城乡二元”社会结构体系下，农村教育被限定为农村区域的教育，服务于农业、农村、农民的教育。这种教育观局限了农村教育的视野和农村人口的发展。随着户籍制度的松动，城乡结构的变动，农村人口作为人的基本教育需求得到相应的关注。因此，发展农村教育，满足教育需求成为解决农村教育问题的突破口。农村教育的供需不平衡问题首先表现在农村教育的体系建设上。从短期看，当前农村教育体系不能适应农村经济社会发展的需求，表现在农村教育体系不完整、不能跟从农村社会发展的现实状况；从长远看，农村教育体系不能满足中国社会整体未来发展的走向。如何建立一个“加快发展农村教育，技能培训和文化事业，培养造就有文化、懂技术、会经营的新型农民”的农村教育体系，是一项重要的历史使命和紧迫的现实任务。

本研究基于上述农村教育改革背景、农村教育供求问题及成因分析等研究结果，提出如下农村教育体系构建的基本思路（如图 7－1 所示）。第一，体制的构建。具体包括农村教育内涵的重新定位、农村教育组织的重新定位、管理体制的内在关系。第二，机制的构建。通过农村教育体系中相关组织相互关系和作用方式研究，具体构建一个可操作性的运行机制，具体包括城乡教育的均等机制、教育经费筹措机制、城乡统筹教育机制，全民素质教育机制、农村特色教育机制、多元组织协同教育机制和教育的问责机制。第三，完善农村教育体系的措施和路径，具体包括多元教育组织协调和教育经费筹措措

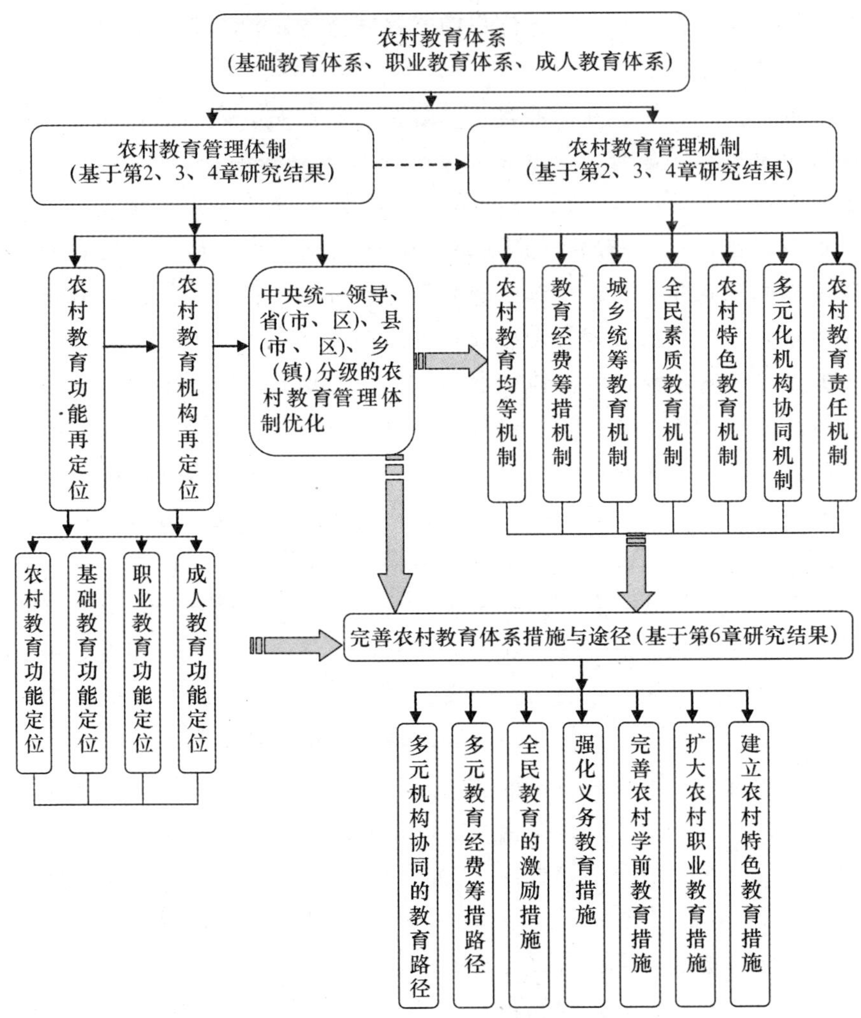

图 7－1　农村教育体系构建思路

施，强化义务教育、职业教育和全民教育的措施，特色教育和教师队伍建设措施等。

一　农村教育的重新定位与管理体制

由于历史条件、社会背景、经济状况不同，农村教育与城市教育相比在发展模式和发展重点上应该有所不同。农村教育的定位决定着农村教育的目标，决定着农村教育为谁服务。因此农村教育定位问题关系到农村教育的发展方向、教学内容和培养模式，是农村教育必须解决的基本问题。长期以来，我国对农村教育的定位上一直存在两种对立的看法。一种观点认为农村教育应该是“离农”的教育，认为农村教育要致力于普世性文化知识的传授，培养离开农村、农业，进入城市主流文化而不是回归乡土文化的人才①。另一种观点则强调农村教育必须立足于农村，贴近农村生活，是对农业生产技术和职业技能的教育，注重培养农村所需要的人才，为农村经济社会发展服务。这两种观点被学者们归纳为“离农”和“为农”教育。选择一种就意味着舍弃另外一种，两者相互对立，不可调和。现实中，我国农村教育在功能定位上也确实处于非此即彼的境地。“离农”教育目的在于培养离开农村、农业而进入城市主流文化的人才，其宗旨是服务城市；“为农”教育强调教育对农村经济发展的重要作用，要求农村教育直接为农村发展服务。在目前城乡二元分割的情况下，农村教育要么“为农”，要么“为城”，很难找到农村教育同时为两者共同服务的契合点，所以农村教育的目标定位陷入困境也是必然的②。

目前的农村教育在实践中更多的体现为“离农”教育。农村教育除了在教学质量上与城市存在很大差距，其他诸如使用的教材、教学方法、教学目标等和城市教育在定位上基本上不存在实质的区别，也就是说农村教育在实际运行中处于“离农”状态。如此定位的农村教育和城市教育一样，主要注重普通文化知识的传授。而考试是考查学生知识掌握情况和教师授课效果最简单、最普遍的方式，所以这种教

---

① 佘秀兰：《中国城乡教育差异》，教育科学出版社2004年版，第346页。

② 张济洲：《“离农”？“为农”？——农村教育发展中的悖论》，《当代教育科学》2005年第19期。

育的外在表现就是强调考试成绩和升学率，因此这种教育又被称为"应试教育"[①]。"应试教育"看重的是考试成绩和升学率，不注重学生本身的发展，在这种目标定位和考核制度下，老师和学校把精力更多地放在少数优秀学生身上，而大部分学生因为学习成绩不好又得不到老师重视，产生自卑或"破罐破摔"的心理，混到毕业后回到农村家乡，务农不懂农业生产技术，外出打工又没有一技之长。因此很多学者认为定位于"离农"的农村教育是对农村稀缺教育资源的巨大浪费，主张农村教育除了教授基本的文化知识外，要贴近农村和农民生活实际，教育内容要为农村的发展服务。这种观点受到陶行知、晏阳初等早期教育学家观点的影响，看起来更符合农村实际。"为农"教育不但让农村子女学到了文化知识，也培养了一定的谋生技能，符合国家培养"新型农民"的号召，因此受到了理论界很多学者的支持。不过这种观点的科学性和可行性遭到了一些人的质疑，一些教育实践者认为让农村教育承担农业发展这一"不可承受之重"既不公平，又缺乏实施的现实条件。与此相反，虽然面临着理论界和学术界的严厉批评，以"离农"为目标的应试教育在农村却显示出旺盛的生命力，得到了农村学生和家长的欢迎与支持。这种理想和现实的错位造成了农村教育定位理论和现实中的悖论。

"离农"教育不利于农村和农业的持续发展，容易造成农村劳动力的断层，显然是不合理的。在城乡二元分割的格局下，农村在许多方面与城市相比都处于劣势地位，农村教育如果以培养城市导向的人才为目标，成绩优秀通过高考进入大学的农村子女毕业后流入城市，而因成绩不好大量留守农村的学生由于既不愿在农村务农，又没有在农村务农的技术和能力，纷纷离开农村涌入城市从事底层的、不需要高级技术和文化的工作，收入微薄，前途未知。农村教育培养目标的离农性和培养模式的单一性导致农村子女找不到在农村发展的空间，而农村的劳动力越来越显现出老龄化趋势，青壮年农民越来越少，某些地方已经开始出现农村劳动力的断层危机。另外，出生在城市的青年或已经考入大学、跳出农门的农村青年接受不了农村艰苦的条件和

① 王一涛：《农村教育定位：实践与反思》，《教育科学》2006年第1期。

落后的基础设施，更不愿意到农村发展。农村现有的农民习惯了传统的生产方式，缺少开拓创新精神，先进的生产技术和生产模式不能及时带到农村得到推广也无人推广，使得农业发展缓慢，仅靠政府有限的补贴不可能解决根本问题，广大农民贫穷的现状得不到有效的改善，农村社会经济发展越来越滞后，与城市发展速度的差距也越来越大。

然而，“离农”教育与我国当前国情和社会结构密切相关，有着深刻的历史和现实根源，摒弃“离农”教育，发展“为农”教育太过理想化，无论在理论上还是现实中都是行不通的。城乡二元对立结构的社会特征使得城市成为现代化的载体和文明、先进、富裕的象征，而农村则在人们心中代表着落后、贫穷和野蛮。一直以来，我国社会经济的发展都以城市为重心，社会需要的资金、技术和人才首先满足城市需要，而农村则游离于边缘之外。① 城市和乡村在各种资源和机会上的不均衡造成了城市和农村不同的生存境遇。因此农民都希望自己的子女通过高考走出农门，进入城市，过上城市人的生活，甚至改变全家的命运。在现代中国社会，教育是决定人的职业和社会阶层的关键因素。农村子女考入大学，尤其是重点大学，不仅仅意味着学生自身受益，也可能意味着学生所在家庭的大大受益。②

此外，“应试教育”不只农村在搞，城市教育也同样十分重视学生的应试能力。甚至由于城市占据更为丰富和更高水平的教育资源，很多培训班、辅导班发展得如火如荼，城市家长和学校对子女成绩的重视甚至比农村有过之而无不及。在目前的招生录取体制下，城市的子女在高考中已经占据了优势。城市学生的教育条件和教学质量大大优于农村，再加上高考试卷改革开放性题目的比例加大，对农村没有条件获取丰富学习资源的学生来讲已属不利，如果农村教育再放弃“离农”、发展“为农”，本来有限的教育资源无异于雪上加霜，农村子女通过高考来改变自身前途和家庭处境的道路将变得更加狭窄。原

---

① 张济洲：《“离农”？“为农”？——农村教育发展中的悖论》，《当代教育科学》2005 年第 19 期。

② 黄金来：《农村教育定位的“两难困境”》，《学术论坛》2005 年第 9 期。

本农村子女上大学就要付出比城市子女更多的艰辛和努力，如果城市教育只需要注重培养考上大学建设城市的人才，而农村教育除了做好基础教育“为城”培养人才，还要担负起建设农村的重任，不仅对农村教育本身不公平，更是对农村子女的不公平。况且，目前我国城市化进程和现代农业的发展对农村劳动力转移提出了很高的要求，因此允许一部分农村子女通过高考进入城市，实现社会阶层的流动是应该的，也是必需的。农村子女进入城市工作，回乡时带回去现代的生活理念和生活方式，对于改变农村相对落后的观念和生活习惯，促进新农村建设也是有利的。农村教育定位模糊，理论和实践背道而驰，发展现代农业、建设新农村对农村人才的需求和农民希望子女努力读书跳出农门、离开农业的愿望相背离，使得农村教育发展困难重重，改革步履维艰。

（一）新时期农村教育内涵的重新定位

著名农村教育专家赵家骥教授在 2010 年“教育促进农村发展”黄山论坛“农村教育问题的一线报告”中说道：“我国农村教育纵向看，变化喜人；横向看，发展缓慢；全局看，是制约现代化发展的瓶颈。发展中的农村教育虽有奋力拼搏之姿，却显步履蹒跚之态。困难重重，迷雾重重的农村教育，现实与理想错位，困境与希望并存。”新时期要解决农村教育问题，首先必须确定农村教育的定位，理清农村教育的发展方向。

我国现行的农村学校教育制度是清末民初从日本和欧美引进的，重基础教育对传授基础文化知识、提高国民素质、培养文明公民具有重要作用，但以基础教育为主的教育制度是在欧美国家基本完成工业化，实现社会化大生产的历史条件下形成的，完全照抄照搬欧美的基础教育制度不符合我国目前的国情。但是，“离农”教育宏观上不利于广大农村地区的发展和农业的现代化进程；“为农”教育微观上不利于农村子女个人的发展和农村居民向更高社会阶层的流动，不符合教育公平。因此，在我国农村地区还没有实现规模化大生产，农民的教育观和价值观还是以脱离农村、进入城市为导向时，“离农”教育不可能完全被废除，“为农”教育的推广也必然会遇到重重阻力。因此，我国的农村教育必须重新进行定位。

要做好农村教育的定位，必须首先弄清楚教育的价值究竟在哪里。教育价值是“教育作为社会系统中的一种客体，对社会主体和个体主体的发展需要的一定满足……教育对个体主体身心发展需要的满足是教育的本体（内在）价值，教育对社会主体的发展需要的满足是教育的社会（外在）价值”。[①] 因此，教育的价值既存在于对受教育者本身发展的培养作用上，又体现在对整个社会发展的助推作用中。农村教育价值的终极意义就在于本体价值、终极关怀和社会价值、现实关怀的统一。“成人”是农村教育的本体价值和终极关怀，无论是农村教育还是城市教育都应旨在“形成人、发展人、服务人”，促进受教育者的全面发展，这一点是教育的本质要求；而我国农业发展滞后、农民生活还不富裕、农村发展缓慢，全面建设农村、实现农业的可持续发展和农民生活条件的改善都对农村教育提出了更高的要求，因此农村教育的社会价值和现实关怀就在于促进农村、农业、农民的健康快速发展。这两种价值和两种关怀都不可缺少、不能忽视。[②] 所以，笔者认为，无论是现实中农村教育的城市化、应试化取向还是理论界片面强调农村教育要立足服务农村的观点都是对农村教育双重价值的割裂与对立，在理论上和实际中都是片面的、不科学的。目前我国政府在大力倡导实施科学发展观，“以人为本”作为科学发展观的核心，也应该贯彻到农村教育的办学思想中去。农村教育首先要以学生为本，以学生自身的发展为宗旨，不能简单地定位为“离农”还是“为农”。不管是农村还是城市，都担负着我国现代化建设的重任，都应该为整个社会的发展作出贡献。城市为城市建设培养人才，农村为农村建设培养人才的模式导致以出身定命运的结果，阻碍了社会阶层的流动，既违背社会公平又违背教育公平，而且不符合我国城市化建设对转移农村人口的要求。在信息化、全球化的时代背景下，实现农

---

① 王卫东：《教育价值概念的历史考察与理论分析》，《北京师范大学学报（社会科学版）》1996 年第 2 期。

② 郭祥超：《农村教育价值之本真与“三教”价值的重新定位》，《集美大学学报》2005 年第 1 期。

业现代化单靠培养一批懂农业生产技术、了解农业生产过程的人留在农村是不够的，更需要依靠农业科技的创新，农业生产方式、经营方式的转变；建设新农村更不仅是单纯的农村乡土教育就可以搞好的，更需要引入现代的生活方式和生活理念。此外，在我国城市建设过程中，农村做出了巨大的贡献和牺牲，要求农村脱离城市依靠自身独立发展是不公平的，也是不可能的，所以农村的发展不仅要靠农村，也要靠城市的反哺和支持。农村教育完全脱离农业是不可取的，但把建设农业和农村的重任全部担在农村子女的肩上更不合理，城市教育也需要在“三农”建设中做出贡献。

因此，我们认为，农村教育培养的首先是能够为整个社会的发展做出贡献的人才，应该允许一部分农村子女通过高等教育或职业教育走向城市，实现向城市的转移，为整个社会服务；同时也要重视为农业进步和农村发展培养人才，转变农村子女一心一意离开农村的心理，谨防农村劳动力的断层，为农村建设培养人才，加快农村的城市化和现代化进程。

（二）农村教育的功能再定位

有些学者提出我国农村教育本来基础就比较薄弱，如果既要承担普通知识的传授，为国家整体建设培养人才，又要担负职业性教育，为城乡发展提供力量，无疑加大了农村教育的负担，在现实中很难得到实现。但我们认为，最好的办法往往是难度最大的办法，我们不能因为看到眼前的困难就止步不前，质疑它的可行性。从长远发展来看，这两个任务都是农村教育所必须承担的，我们更应看重的是教育的合理性而不仅仅是眼前一时的公平。况且，不只农村教育要改革，城市教育以后也必须在农村建设中发挥作用，而且要发挥更大的作用。尽管农村教育发展困难重重，但我们要看到目前已经取得的成绩，相信在国家的大力支持下，通过较长时期的改革和探索，农村教育一定能更加公平合理，取得更大的成绩。

不管发展阶段和发展程度如何，世界各国都非常重视农村教育工作，并且在推进农村教育功能改革、发展农村教育中取得了许多经验。总结和研究其他国家和地区的成功经验，对推动我国农村教育的发展具有很大借鉴意义。纵观各国的农村教育经验，主要在于在政府经费支持和政策、立法保证下大力推行全民教育，提高农村人口的整体素质，同时注重灵活高质的职业技术教育和非正规社区教育的发展。① 我国农村教育的发展既要借鉴国外的成功经验，又要结合我国的具体国情。在功能上，既要注重基础教育对普世性文化知识的传授，为高一级学校输送人才；基础教育阶段之后又要根据学生的职业方向注重培养学生的职业技术和能力，为农村和整个社会经济的持续、健康发展提供人力资本和智力支持。

（三）农村基础教育和基础教育学校的功能再定位

农村基础教育是国家基础教育体系的一部分，因此无论是在农村还是在城市，都必须注重基础教育的基础性、全面性和普及性，为城乡每一个适龄儿童提供知识、能力和精神发展的基础，使其成为合格的社会主义公民。② 教育的目的首先在于促进“人”的发展和成长，农村基础教育的功能就在于为农村和整个社会的发展培养全面的人才。在义务教育阶段，需要在职业规划和发展前途方面给学生一些必要的指导，但不应过于强调职业技术的传授，而应该着眼于满足学生基础文化知识学习和现代文明的传播，着眼于开发学生的智力、开阔学生的眼界、培养学生的思考能力和动手能力，以学术性学力养成为主。如果在基础教育阶段花过多时间在农村进行职业技能的学习，不但导致农村学生在高考等全国选拔性考试中与城市学生相比处于不利地位，对整个国民教育来说也是不合理的，不利于整个社会发展的。因此农村教育必须树立基础教育的先导性地位，优先发展基础教育，解决农村义务教育办学难、条件差、师资弱的现状，继续巩固“普九”取得的成果，坚决杜绝“读书无用论”思潮重新兴起和退学、辍学现象的发生。在英国、法国、西班牙、日本等国家，中央投入占整个基础教育投入的20% ~80%。而在新西兰、爱尔兰、意大利、荷

---

① 徐辉：《国外农村教育发展的几点经验》，《人民教育》2003年第20期。

② 张济洲：《“离农”？“为农”？——农村教育发展中的悖论》，《当代教育科学》2005年第19期。

兰、韩国等国家，这一比例更高，有些国家的基础教育甚至完全依赖中央政府。[①] 因此，国家要继续加强对农村基础教育的资金投入，努力保证农村学校教职工的工资水平尽量与城市持平，确保农村教师的数量和教学质量，着力于做好农村基础教育工作。

（四）农村职业教育和职业教育学校的功能再定位

要实现农业和农村的现代化，必须大力推进农业技术创新，促进农村科技水平的不断提高。推动农业科技进步不仅需要具备高等农业技术知识的人才，还需要大量受过专业教育和培训的初级和中级农业技术人才和熟练劳动者，而这些人才的培养要靠在基本的文化科学教育基础上通过农业职业技术教育来完成。发达国家很早就认识到了这一点，因此他们很重视在普及一定年限的义务教育后进行农业职业技术教育。[②] 而随着西方国家城市化的发展和农业大规模、产业化经营的实现，农村的一部分劳动力需要转移到城市或农村的非农产业，因此各国农村职教经历了一个从单纯培养农业技术人员到既培养农业也培养非农业技术人员、由培养传统农业技术人员到培养现代农民的转移过程。[③]

在我国，加强农业职业技术教育，推进后中学继续教育，是义务教育后学生分流的重要措施，也是推进我国新农村建设、为城市发展培养人才的重要方式。农村职业教育应该以就业为导向，以提高农村劳动力素质、开发农村人力资源为目标，以职业资格教育和专业技术教育为主要内容，以教学与实践相结合为手段，以培养农村现代化建设需要的农业技术人才为主，兼顾有特色、有需求的非农专业的发展，承担起为农业现代化和农村未来发展培养技术型、实用型人才的使命。我国目前职业教育虽然取得了一定进步，但仍存在很多诸如资

---

① 徐辉:《国外农村教育的历史经验及启示》,《中国人口报》2006 年 3 月 15 日第 3 版。

② 冯广兰:《当前中国农村教育的困境及解决对策——国际比较的视角》,《当代教育科学》2007 年第 1 期。

③ 徐辉:《国外农村教育发展的几点经验》,《人民教育》2003 年第 20 期。

金困难、师资短缺、专业设置不合理的问题，因此政府应当继续增加对职业教育的财政投入，努力改善农村职业技术学校的基础设施和办学条件，重点扶持农业相关专业的发展。农村职业技术学校本身也要重新调整专业设置、逐步提升办学水平，使得农村职业教育既适应服务当地社会生产生活的要求，又符合新形势下农业结构调整和农民职业分流的需要。①

（五）农村成人教育和成人教育学校的功能再定位

农村成人教育的目的在于提高农民素质、培养多层次技术人才，对于建设社会主义新农村、培养新型农民、实现农村劳动力的转移具有重大作用。农村成人教育要在进一步扫除农村青壮年文盲的基础上致力于为农村的全面发展服务和农民生活水平的提高服务。农村成人教育不仅要帮助农民扫盲脱盲，还要努力带动农村脱贫致富；不仅要注重基础文化知识的传授，还要关注农民人文素养的提升与道德观念的养成；不仅要满足农民与农业生产相关的农业技术和生产方式的传授，还要满足农村经济多样化发展和农村富余劳动力转移的需要；不仅要重视理论知识的学习，更要注重理论和实践的密切结合，以提高农村劳动者的岗位适应能力和致富能力为核心。②

我国农村成人教育由来已久，但发展缓慢、成效一直不够显著。究其原因，一方面是由于政府和社会对成人教育的重视程度不够，农村成人教育教学设施和课程设置落后，很多地区的成人教育名存实亡、形同虚设；另一方面是由于农民对于成人教育认识不够，缺乏学习的积极性和主动性。因此，将深入扫盲和提高农民增收能力结合起来才是调动农民接受成人教育积极性的有效举措。通过发展农村成人教育，不仅能够让农民学到科学文化知识，还能够学到农业生产技术和向非农产业转移所需要的职业技能，提高农民增收致富能力，能使

---

① 苗培周：《当前我国农村教育存在的问题及其应对》，《中国教育学刊》2005 年第 5 期。

② 王莉颖：《发展中国家农村成人教育之困境与对策》，《教育学术月刊》2009 年第 7 期。

农民切实体会到农村成人教育的实惠。对于政府而言，成人教育的发展不但提高了农民的道德素质和文化素质，促进了乡风文明，有利于农民收入的提高，有助于农业生产发展和农民生活宽裕，还可以促进农业生产技术的传播，推动农业和非农产业的共同发展，由此整个农村社会的运转进入良性循环。[①] 因此，在农村成人教育推行的过程中，不能单纯地自上而下式地强制进行，不能流于形式、做表面文章，而是应该从农民需求出发、以农村发展为导向，把农村扫盲和农民增收有机结合起来，探索农村成人教育的新模式、新方法，提高农民对成人教育的认识，调动大家学习的积极性，切实把农村成人教育办大办好。

（六）农村教育管理体制优化

由于我国存在农村教育事业管理权限划分界限不清晰，而且农村教育结构不合理、层次比例失调等教育管理问题，2001 年 6 月，国务院颁布了《关于基础教育改革与发展的决定》，提出建立“在国务院领导下，由地方负责、分级管理、以县为主”的农村义务教育管理新体制。农村教育管理体制的优化，必须进行系统的改革。不但加强宏观管理，还要坚决实行简政放权，扩大学校的办学自主权，调整教育结构，还要改革同农村现代化不相适应的教育思想、教育内容、教育方法。发展基础教育，需将责任分级交给地方，实行省、市（地）、县、乡分级办学分级管理的办法；发展职业技术教育，我们需建立一个结构合理的职业教育体系，并且需要发展中等职业技术教育，同时积极发展高等职业技术院校，建立一个行业配套、结构合理并能与普通教育相互沟通的职业技术教育体系。

当前新的农村义务教育管理体制是“中央统一领导，地方政府负责，分级管理，以县为主”的模式。“中央统一领导”的农村教育管理体制有利于整合全国资源和统一全国认识，从国家战略高度进行指导农村教育体制改革和运行机制的有效运行。“地方政府负责”特别

① 郭祥超：《农村教育价值之本真与“三教”价值的重新定位》，《集美大学学报》2005 年第 1 期。

是省级农村教育管理问题，起到承接中央战略布置，连接县区农村教育工作，并结合全省资源重点发展农村特色教育和高等教育。“以县为主”的教育管理体制可以更有利于农村教育的统一规划、教师的统一配置与培训、教学硬件与软件建设的质量把关，确保有足量的教师从事农村教育，从而有利于农村教育整体质量的提高。将义务教育的投入责任以及主要人事责任交由县级政府负责。然而，事实上县政府在完成自己在这一新体制中应该负有的责任方面还远远没有达到要求，“以县为主”的教育管理体制并不能切实保证农村教育的发展。因此我们要进一步优化“以县为主”的教育管理体制，坚定不移地推进这项体制的落实，从而有利于实现“面向三农”，有利于“三教统筹”，有利于实现农村教育的民主性、多样性与开放性，从而使农村教育大大推进一步，为建设社会主义新农村、为培养农村留得住的新农民而做出贡献。

二 农村教育机制构建

（一）农村教育均等机制

一是建立接受教育的公平机制。知识和技能是一个人参与社会、获得劳动机会的关键，教育是获得知识和技能的重要手段。尽管人是生而平等的，然而，由于人生自不同的家庭，受遗传、父母教育力和经济能力等因素的影响，不同个体受教育的机会和程度将会存在客观差别。发展新农村教育，则有助于弱化这种差别。由于农村人口经济背景和社会背景等差异显著，实现均等机会教育是体现社会公平的本质问题，因此，农村教育应该从法律层面规定全社会受教育和支持教育的义务，其中包括农村人口受教育的均等权利和义务，同时任何公共部门和家庭有义务促进农村教育活动。接受教育均等化的另一个重要措施是使农村任何地区的人口能够便利获得教育机会，特别是农村义务教育、职业教育和成人教育的机构能够分布合理，创造不同地区居民受教育机会的可能性。

二是农村教育资源均衡化。农村教育资源包括教育资金、设施和教师资源。促进农村教育均等化，必须保证农村教育资源的均等化分布。首先教育部门应该根据农村地区教育需求，科学分配教育设施资源，保证不同规模和不同类型农村教育设施资源的充足供给，避免地区差异性。其次在资金供给上要确保农村教育的需求，尤其是边远地区教育资金的充足性保证。科学建立农村教师教育资源进退机制，实行教师资格认证制度，凡是有能力教学的通过资格证书进入农村教育体系，通过定期考评淘汰不合格教师。同时改善农村教师生活条件和环境，促进城市优质教师定期“下乡”教学，建立城乡、名校教师定期轮流或巡回执教制度，使教师互相学习，使落后地区学生得到高品质师资的熏陶和启发，从而提高农村教师资源质量。

（二）城乡统筹教育机制

在我们国家，存在明显的城乡教育“二元”结构差别，农村教育不管从硬件还是软件看，都长期落后于城市。首先，国家有责任以系统和统筹的思维方式，站在历史长河的角度，引导城市反哺农村，加大对农村教育的投资，归还历史债务。其次，加强农村教育有利于促进农村剩余劳动力向城市或高层次产业转移，促进城乡一体化和城市化进程。据对某地调查分析，劳动力受教育培训时间平均每提高一年，可促使近190万农村剩余劳动力向高层次产业转移，促进农村现代化进程。城乡教育结构二元化严重集中表现为城乡教育的剪刀差。一是大学安排在城市，农村主要是基础教育。二是大学教育不断强化其产业化特征，农民承担了子女上大学的费用，而农村义务教育等于名存实亡，农民承担了子女的各种教育费用。三是人才地域选择效应不利于农村，人才大量流入城市，农村人才缺乏。这种二元结构将使农村陷入恶性循环，一方面出现经济与教育发展悖论，农村教育越发展，农民越贫穷；另一方面导致农村教育接受率越来越低，教育层次越来越低，辍学率越来越高。

实现城乡统筹教育，第一，要继续加大政府投入，履行政府办学主体责任，加大教育经费投入，保证实现区域内财政性教育经费占国民生产总值4%的目标。第二，建立城乡统一管理体系，包括城乡统一的办学成本核算，统一城乡教育配置标准，统一的城乡生均经费，统一的城乡教师福利，统一城乡资源调配和统一城乡公共服务等。第三，城乡统一的学校性质。根据农村教育需求，将农村区域内所有义务教育学校全面回归国家公办性质，以公共财政解决学校的办学成本，降低学生入学费用，切实减轻家长负担。对于其他成人教育和职业教育，政府依据城市办学条件给予财政支持，同时积极鼓励社会投入。第四，城乡教师同工同酬。实现城乡教师同一职级同等薪金待遇，并建立城乡教师的常态流动机制，促进校际教育均衡发展。第五，加快农村学校“数字化校园”建设和学校环境建设。不仅要建立远程教育的数字化教育平台，打破城乡教育资源隔离，实现城乡优质教育资源共享，还要加大农村学校环境建设力度，为广大师生提供优良的学习和工作环境，确保城乡教育在环境和文化建设的同步发展。

（三）农村教育经费筹措机制

农村教育经费筹集机制不健全，农村教育经费的短缺有目共睹。导致农村教育运行中经费投入不足，教育付费机制也不合理。本研究也显示52.1%的农户认为地方政府比较重视当地教育，14.4%的农户认为地方政府非常重视地方教育，虽然地方政府比较重视当地的教育，但地方政府往往限于财力的困境，而无力投资教育。据国务院发展研究中心2000年的一项调查显示，目前我国义务教育投入中，乡镇、县、省和中央的经费分担比例分别是78%、9%、11%和2%。而乡镇和县级负担（占87%）实际上都转嫁给了农民。农民负担了大部分的教育成本，这是不公平的。这种机制造成农村学校运转经费降低，学校运转越来越困难；税费改革后，学校教育经费降低，危房改造和校舍建设很难；辍学率趋高；教师工资不能保证，人才流失严重；教育质量难以保证。

根据我国现行财政体制，按照各级政府财力水平大小的具体情况，建立以中央公共财政转移支付为主，合理划分各级政府对农村教育投入的责任和比例。研究和规范农村地区特别是经济欠发达地区义务教育投入的差别分担机制，改变因地方经济水平差异而造成农村教育经费投入的巨大差别，形成教育投入的差别。必须逐步改变目前把义务教育经费责任层层下放的做法，建立以中央和省级财政为主，县乡根据财力水平配套落实的经费投入机制，其中要加大中央和省级财政对落后经济发展地区的教育经费的扶持力度。在此基础上，中央、省、地（市）、县和乡各级政府，在农村教育经费承担责任应进一步清晰化、具体化和差别化。同时要把农村教育中的教师工资和离退休、医疗待遇、工作生活条件、校舍改造、办学公用经费与仪器、图书购置等主要经费的来源渠道，逐步分解到具体预算中，实现农村地区教育经费筹措的平等。发达地区农村教育的投入优势，应该体现在社会筹措方面，而不能体现在中央财政水平上。这样中央财政和地方财政的经费体现广大农村地区教育经费平衡性，也鼓励了发达地区农村教育经费的社会途径的筹措积极性。

（四）农村全民素质教育机制

提高农村全民素质也是提升农村人力资本积累，强化农村劳动力由“输血”机制向“造血”机制迈进。发展经济学家舒尔茨说：“如果我们懂得了农业，也就懂得了穷人的经济学。”他开创了人力资本学说，阐述了农村教育对农村经济增长的重要作用。20 世纪 90 年代，以罗默和卢卡斯为代表的学者同样提出了新的经济增长理论，其主要手段是提高农村人口素质，进而推进了现代教育经济理论的创新与发展。通过对 1985—2004 年江西农村调查数据作的实证分析，劳动力受教育培训时间平均每提高一年，可使农民年收入增加 180 元左右。构建全民终身教育体系，必须将农村中各个层面的劳动者纳入新农村教育体系，并根据其实际需求提供相应的教育内容。

当前建设社会主义新农村的措施虽然有许多方面，但关键是通过提高农村人口素质来培养农村新人。具体包括如下几个方面：第一，要全面落实义务教育制度，同时对于贫困学生实施免费教育或者国家教育补贴，实现贫困子弟和有钱人同样获得均等的受教育机会，不仅要杜绝新的文盲产生，而且要保证适龄儿童完成义务教育过程。第二，改变农村学校的教育理念，不仅要加强一般的知识性教育，而且要加大公民道德素质、法律素质教育和专业技能素质教育。第三，合理分流农村适龄学生的高中教育和职业教育，农村地区的学校既要为国家输送大学生，成为将来的研究型人才，同时也要为国家输送职业技校学生，特别是农村本地区的实用性人才。第四，加强农民的职业培训、科技知识培训、道德素质培训和其他文明素质培训。培训的对象不仅包括在校学生和在生产的农民，也包括失去劳动能力的老年人，让农村人口在素质和技能等方面适应农村现代化进程中的工作和生活需要。

（五）农村特色教育机制

当前我国农村教育出现典型的城市化教育趋势，失去与当地农村文化和产业的结合形成特色，造成城乡教育内容和特点无差异性，失去基于本土化的个性和创造性来源的多元化。农村教育不仅与城市教育一样，既要有为城市输送高层次的科技人才培养机制，也要有为农村本土层面服务的应用人才培养机制。该机制培养的学生体现了教育的一般性和本土的特殊性特点。农村教育与城市教育存在环境差别，因此实行农村特色教育是教育创新的必然要求，是农村教育遵循现代教育教学规律，结合学校本土实际，在教学内容中，创建与本地区文化环境、自然环境和产业特色相结合的特色教学，不仅丰富农村教育的内涵、提升农村教育的品位、确保农村教育可持续发展的基石，还更加有利于全面推进农村人口素质教育、实现农村教育创新的新突破。

建立农村特色教育机制，首先在思想上要破除“跳农门”的城市教育模式，要根据本地特点设置教育内容和教育机构。一是结合本地产业需求，大力兴办职业教育，缩短教育战线，提高人才应用率。例如在原捷克斯洛伐克，啤酒是乡村的主要产业，围绕啤酒酿造为中心进行啤酒职业教育，同时职业教育毕业后也可以参与城市普通大学的深造，这样既满足乡村文化传承，也为城市输送出具有特点的人才。二是通过建立为农村服务的农村型高校，主要研究在农村现行体制下如何创新发展农村社会经济，注重能力培养。三是为农村社会化服务培养人才，同时体现不同农村的地方特色。农村特色教育中最重要的环节包括开发农村乡土教材，通过学习当地农村的基本知识，正确认识农村现代化发展中存在的新科学问题和传统价值问题。例如了解什么是生态农业，什么是循环经济，本乡土特点是什么，存在哪些问题，结合本土传统农业，如何发展致富。同时在课程中增加对学生的动手能力、劳动技能的培养，如种植、养殖、加工、厨艺、竹艺、木工、修理、刺绣、工艺品等，依据各年龄特征循序渐进，理论加实践，培养学生良好的兴趣爱好和正确的人生观，将来为建设社会主义新农村做出贡献，也为自己的美好未来打下坚实的基础，从而形成具有农村特色的农村教育机制。

（六）农村教育协同机制和责任机制

农村教育协同的内涵包括义务教育、成人教育和职业教育的协同，协同的关键是农村教育信息传播机制建设。通过信息平台和协同的调节平台实现各类教育体系或教育机构的优势互补、功能互补和职能互补。通过协同的农村教育机制，让更多的农村人口根据自身需要积极参与到农村教育体系中，从而减少农村教育成本，提高农村教育效率，让更多的农村人口成为德才兼备、学有所成、学有所用的持续人才。同时，建立健全监督机制，保证农村教育健康发展。第一，建立健全政府监督检查制度。省、地（市）、县级人民政府明确目标责任，保证各项要求落实到位。特别是农村中小学教职工工资发放情况。财政部、教育部每年年底向社会公布各省、自治区、直辖市农村中小学教职工工资发放情况。第二，建立社会监督机制。设立并公布公众举报电话，接受社会各界对农村中小学教职工工资拖欠、农村中小学违规收费、教育内容等情况的举报，并及时调查处理。第三，建立表彰奖励和责任追究制度。各级政府明确主要负责人和第一责任人，主要负责人对农村义务教育工作负有领导责任。第一责任人对农村教育问题承担法律和道义责任。同时，对推进农村义务教育工作卓有成效的，上级人民政府要予以表彰。第四，建立逐级责任追究制度。凡是在农村教育中的失误或违规者，要追究领导责任和法律责任。

三　完善农村教育体系的主要措施

农村教育要以培养合格劳动者兼顾知识教育作为基础教育的办学目标，把普通教育和职业技术教育结合起来，解决农村发展对教育的迫切需求。以此为出发点，对农村教育体制提出以下具体措施。

（一）改变以应试教育为主的农村教育模式

构建以农村技术教育、专业知识教育为基本特征，以文化素质教育为基础的新的农村教育发展模式，建立基础教育、职业教育与成人教育相互沟通的教育体制。职业教育是提高农村劳动力素质，开发农村人力资源的有效途径。以农民培训为重点，开展农村成人教育。要不断完善农村成人教育体系，积极推广实用生产技术的培训和非农就业必须技能的培养。加强农村基础教育，构建“分流式”教育体制，最大限度地遏制新文盲的产生，巩固和加强农村“普九”教育成果。

（二）加大“政府＋社会”的农村教育经费的投入

一方面要强化政府投资办学的主体地位。各级政府应当充分意识到只有加大对农村教育的投入，通过农村教育来提高农民素质，才能从根本上促进农村经济的发展，从而形成“教促富，富促教”的良性循环机制。另一方面要拓宽教育经费的筹集渠道，特别是社会对农村教育的投入。创造条件尽快开征大家所建议的教育税，发行教育彩票，允许企业和个人捐助教育经费等；发动全社会对教育的支持。另外，加大农村学生在校学习资金的财政支持，辅之以助学贷款等，以减轻农村学生的负担，刺激农村学生的学习积极性。

（三）重视农村幼儿教育，完善农村教育体系缺口

教育部和联合国的相关研究表明：高质量的幼儿教育是儿童教育的良好开端，它有助于儿童顺利适应小学阶段的学习和生活，提高他们在小学期间的学习智力。我国是一个农业大国，农村幼儿教育在我国学前教育中具有举足轻重的地位。然而，当前我国农村幼儿教育的水平和质量严重滞后于整个教育体系中各级各类教育，不能满足当前农村人口的发展需要和农户对幼儿教育的需要。农村幼儿教育不但教学设施严重匮乏，教育管理不规范，而且教育师资素质低下，多数农村幼儿教育者没有经过正规训练，甚至是学历层次非常低的人员承担的。除此之外，农村幼儿学校的数量少，教师数量不足。《中国统计

年鉴2006》数据显示：我国农村幼儿教师与学生的数量之比为1∶56，远远低于城市的1∶17。很多地方除了乡镇有公立的幼儿园之外，广大的乡村没有公立的幼儿园，甚至没有幼儿园。这种状况严重影响了农村幼儿教育的发展。

改革开放以来，国家从总体上开始关注农村幼儿教育，关注到农村幼儿教育在国家整个教育事业中的重要地位。从1983年开始，在许多关于教育和幼儿教育的政策中提到农村幼儿教育。中共十七大从“优先发展教育，建设人力资源强国”的战略高度，提出当前要“重视学前教育”，这对发展农村幼儿教育具有重要的指导意义。

推动农村幼儿教育发展，应明确政府在农村幼儿教育发展中的主导作用，加大扶持农村幼儿教育的投资力度，把幼儿教育覆盖到农村的各级区域，健全农村幼儿教育的基础设施，建设一支具备专业知识和技能的师资队伍，提升农村幼儿教育的办学质量，完善农村幼儿教育的相关法律制度，从根本上保证农村幼儿教育的可持续性发展，积极探索适合不同农村地域地理和文化环境条件的农村幼儿教育发展的实际模式。

（四）巩固和普及义务教育，提高农村基础教育水平

农村九年义务教育是提高农村人口科学文化素质的基础和前提。近些年来，国家和政府在改善农村义务教育的办学环境和办学条件方面作出了不懈的努力，如农村教育收费的“一费制”、“农村免费义务教育”、农村义务教育经费保障机制等。力图在经济上、教育基础设施上改善农村教育条件。尽管这些措施取得了一些成效，但农村义务教育的水平和质量还有待提高。农村义务教育阶段学生的辍学率仍然存在且有上升的趋势，农村义务教育阶段学生尽管履行了相应的教育年限，但其所获得的知识和道德状况却与理想的状态相去甚远。在农村义务教育机会普及以后，农村义务教育质量提高成为农村教育发展的第一要务。长时间且质量不高的农村教育会对农村经济社会发展更为不利，政府应从农村小学教育开始，在不断巩固现有的普及九年义务教育成果的基础上，要不断提高农村义务教育的质量。

（五）适度发展农村高中教育，满足农村受教育者需求

农村高中教育是农村教育中矛盾最突出的地方。渴望通过正规的教育体系实现向上社会流动的农户，希望子女在接受高中教育的基础上登上大学的殿堂，最终实现子女脱离农村融入城市的梦想。因此，农村高中阶段的教育首先面临的是现有的教育规模不能满足农村的教育需求的问题。那些不能成功升入普通高中学校的学生，除一部分进入职业中学之外，大部分学生直接进入劳动力市场，成为没有竞争力的初级劳动力。他们在城市打工几年后，最终徘徊在城市和农村之间，成为既无法从事农业生产，也无法融入城市的特殊人群，且数量极其巨大。其次，农村高中阶段的教育还面临着教育类型单一的问题。目前农村高中阶段的教育与城市高中阶段的教育履行同样的教育功能，即高考的功能。显然在竞争力上，农村高中学校无法和城市高中学校相抗衡。这也凸显了农村高中教育的教育质量问题。因此，应调整农村高中阶段教育体系，完善农村高中阶段教育的类型结构，提高农村高中阶段的教学质量。在兼顾教育质量的同时有序扩展农村高中阶段的教育规模。

（六）合理发展职业和成人教育，拓展农村教育体系内容

农村职业教育的终极意义在于促进个人发展和社会发展。前者体现了受教育者的个人需求，后者体现了教育的社会需求。即微观的个体需求和宏观的社会需求之间的平衡。从我国的宏观经济社会发展需要来看，产业结构的调整升级需要大批的技术工人充实到生产的一线中去，而这些产业工人主要通过中等职业教育来完成。同时，转移农村剩余劳动力提升人口素质的战略任务，也需要中等职业教育来承担。因此，从宏观角度来看，我国需要大力发展农村职业教育。但从微观的受教育个体的角度来看，农户在考察了接受职业教育的各种风险之后对农村职业教育的选择还比较冷谈，在目前的社会结构下，职业教育的接受面临时间、教育成本、就业和职业稳定等多方面的风险，因此，农户选择子女接受职业教育的热情还没有被充分地激发出来。在这种不协调状态下，大力发展农村职业教育，一方面势必造成

教育资源的极大浪费，另一方面将会影响职业教育的教育质量和社会声望。如此容易造成恶性循环，反而不利于职业教育的发展。

合理发展农村职业教育就是要在微观个体需求和宏观社会需求之间寻找到发展的均衡点。政策决策者在充分尊重农户的自主权，明确农户对职业教育的需求的基础上改善职业教育的外部环境，以人为本，提高农村职业教育的办学质量，突出农户的切身利益，弥合两个层面主体的需求差异，形成农村职业教育的市场需求推动的发展模式。首先，发展生产力提高技术人员的社会需求；其次，通过经济、社会、文化的手段提高技术人员的社会地位；最后，畅通各类人才合理流动的机制。

（七）稳定教师队伍，确保农村教育质量

农村中小学教师队伍流动的无序、不合理趋势如果长期得不到控制，势必会产生不良的结果：一方面，表现在教师阶层内部，会进一步加剧中小学教师群体内部的社会分层，经济发达地区、条件较好学校的教师逐渐向高阶层靠拢，而落后农村地区学校教师则仍为了生存而疲于奔命，最基础的需要层次还没有得到满足。另一方面，表现在教育公平上，发达地区条件较好的学校，其教师资源越来越丰富；而落后地区条件较差的学校，其师资力量越来越贫乏，这就会导致农村教师队伍结构趋向不合理，即出现教师学历结构低层化、性别结构女性化及年龄结构老龄化的趋势。此外，农村中小学教师尤其是优秀骨干教师的转行流动，将会导致教育系统内部师资力量的缺乏，而这一定程度上又会加剧留守教师的负担，进而导致教师转行流动的恶性循环。因此，为了稳定农村中小学教师队伍，促进教师有序合理流动，提高农村中小学学校师资质量，实现城乡教师资源优化配置；同时也为了缩小城乡义务教育差距，进一步实现教育公平，我们应该采取措施规范农村中小学教师队伍社会流动，促进农村教师队伍的稳定。

一方面，扩大教育财政投入，提高农村中小学教师物质待遇水平。需要层次理论告诉我们，人的生理需要属于最低一层的需要，是人们最基本的需要。对于教师来说，他们也有这一最基础的需要，如果其经济待遇得不到有效保障，获得的收入与其付出出现太大差距甚

至是相反的情况，其最基本的需要层次难以得到满足，那么，教师就会产生“相对剥夺感”，产生流动倾向，在这样的情况下要稳定农村中小学教师队伍无疑是“纸上谈兵”。而据统计，在全国1.66亿义务教育阶段学生中，农村地区学生（含县镇）有1.41亿人，占84.6%，可以说农村义务教育的质量很大程度上决定着中国义务教育的整体发展水平。因此，我们要进一步扩大国家财政对农村教育事业的投入，尤其是要进一步扩大对农村基础教育的投入；进一步提高农村义务教育阶段学校办学经费水平，改善农村中小学教学设施、教学环境，加强教师住房建设以及配套的社会保障制度建设；进一步提高农村中小学教师的经济待遇水平和福利水平，使得农村学校真正做到物质留人。

另一方面，全面贯彻落实新机制，建立和健全各项配套制度。新机制实施以来，我国义务教育事业在很多方面取得了新进展，城乡义务教育全面纳入了国家财政保障范围，各地政府也积极采取各种措施努力提高教师待遇，稳定农村中小学教师队伍。但由于“以县为主”的管理体制过多地强调县级财政对农村基础教育的投资，加上新机制只确定了中央和地方的经费分担比例，对于地方各级政府应该承担的比例没有作具体的规定，因此，受到县级财政尤其是贫困地区县级财政的影响，加上实行“校财局管”和“一费制”后，教师工资水平并没有得到较大的提高，且由于公用经费补助标准偏低，部分地区、部分学校的教师工资水平甚至有下降的趋势。因此，要进一步提高农村中小学教师队伍工资水平，切实稳定农村中小学教师队伍，我们应该加强各级政府的统筹职能，多渠道筹集农村基础教育投入资金。同时，应加强对中央或省级资金拨付使用过程中的管理和监督，使资金真正落到实处，真正提高农村中小学教师工资。此外，还要加强和规范各级政府对基础教育教师工资经费的财政预算，提高预算比例。唯有如此，才能在全面贯彻落实新机制的同时，进一步提高教师工资水平，“使教师平均工资不低于或高于当地公务员平均工资”，进一步稳定农村中小学教师队伍。

此外，在国家政策方面，应该给予农村地区中小学校以优惠政策，如扩大农村学校尤其是边远贫困落后学校的师生比，切实减轻农村中小学教师负担，减轻农村中小学教师工作压力。在制度法律法规方面，应进一步完善城乡教师流动制度，建立和健全各项法律法规，进一步落实各项政策，如完善城镇教师的农村支教制度、强化农村义务教育的教师特岗政策、健全农村中小学教师的社会保障制度等，减少或者消除农村中小学教师的后顾之忧，通过这些制度和法规推进教师有序、多向、合理流动，促进城乡义务教育的协调发展。此外，继续社会化是教师专业发展的要求，也是教师实现自我发展的需要，因此在教育部门方面，还应该完善农村中小学教师培训制度，加大对农村中小学教师的培训力度，进一步扩大参加培训的教师规模，尽可能使每一位教师享有培训的机会，满足教师专业发展的需要，从而提高中小学教师队伍质量，稳定农村中小学教师队伍。在学校管理方面，学校领导要转变观念，改变作风，积极鼓励和支持教师参与学校事务的管理，要把教师的发展放在首位，尊重教师的意见及教师的劳动成果，以提高教师的积极性，提高教师对所在学校的文化认同，满足教师个体归属感需要。

参考文献

1. 陈敬朴：《城乡教育差距的归因分析》，《教育发展研究》2004年第11期。

2. 杜育红：《农村转型与农村教育发展的战略选择》，《人民教育》2004年第20期。

3. 范春生、葛素红：《新闻观察："普九"后辍学反弹值得警惕》，《中国教育报》2001年10月22日第2版。

4. 冯广兰：《当前中国农村教育的困境及解决对策——国际比较的视角》，《当代教育科学》2007年第1期。

5. 郭建如、马林霞：《社会学的制度与教育制度研究初探》，《比较教育研究》2005年第4期。

6. 郭祥超：《农村教育价值之本真与"三教"价值的重新定位》，《集美大学学报》2005年第1期。

7. 黄金来：《农村教育定位的"两难困境"》，《学术论坛》2005年第9期。

8. 何云峰：《发展现代农村教育的战略意义及内涵、特征研究》，《中国农学通报》2006年第10期。

9. 郝振君：《当代国外农村教育理论的国际比较与启示》，转引自保罗·弗莱雷《教育政治学》（英文版），1985年。

10. ［美］科尔曼：《社会理论的基础》，邓方译，社会科学文献出版社1990年版。

11. 李水山：《现阶段农村教育存在的主要问题与解决对策》，《教育与职业》2003年第15期。

12. 李水山：《我国农村职业教育存在的主要问题与发展对策》，

《教育与职业》2004 年第 21 期。

13. 李少元：《农村教育论》，江苏教育出版社 2000 年版，第 2 页。

14. 李燕凌、李立清：《农村公共品供给对农民消费支出的影响》，《四川大学学报（哲学社会科学版）》2005 年第 5 期。

15. 苗培周：《当前我国农村教育存在的问题及其应对》，《中国教育学刊》2005 年第 5 期。

16. 明庆华、程斯辉：《发展我国农村教育要处理好几个关系》，《中国教育学刊》2004 年第 10 期。

17. 马文起、王娟：《刍议农村教育的内涵》，《黑龙江教育学院学报》2005 年第 5 期。

18. 彭佑元：《农村教育的经济学分析及其解决途径》，《中北大学学报》（社会科学版）2005 年第 3 期。

19. 秦玉友、杨兆山：《结构的视角：农村社会阶层结构变迁与农村教育发展的重新定位》，《当代教育科学》2004 年第 22 期。

20. 秦晓：《当代中国问题是现代化还是现代性》，社会科学文献出版社 2009 年版。

21. ［英］舒马赫：《小的是美好的》，虞鸿钧等译，商务印书馆 1994 年版。

22. 苏选良：《当前农村教育存在的问题及解决的对策》，《教育探索》2003 年第 2 期。

23. 孙文学：《我国农村教育的主要问题与对策探讨》，《中国农业教育》2005 年第 3 期。

24. 孙志军：《中国教育个人收益率研究：一个文献综述及其政策含义》，《中国人口科学》2004 年第 5 期。

25. ［美］舒尔茨：《改造传统农业》，梁小民译，商务印书馆 2003 年版。

26. 孙立群、孙福田：《农村教育与经济社会协调发展关系的研究》，中国农业出版社 2007 年版。

27. 史成明：《对新农村背景下农村教育的审视和对策》，《学术交流》2009 年第 12 期。

28. 佘秀兰：《中国城乡教育差异》，教育科学出版社 2004 年版。

29. ［苏］塔尔塔科夫斯基：《苏霍姆林斯基的一生》，唐其慈译，教育科学出版社 1985 年版。

30. 滕金芳：《农村成人教育存在的问题及对策》，《中国成人教育》2007 年第 4 期。

31. ［美］托达罗：《经济发展》，黄卫平、彭刚等译，中国经济出版社 1999 年版。

32. 王莉颖：《发展中国家农村成人教育之困境与对策》，《教育学术月刊》2009 年第 7 期。

33. 王一涛：《农村教育定位：实践与反思》，《教育科学》2006 年第 2 期。

34. 温恒福：《农村教育的含义、性质与发展规律》，《教育探索》2005 年第 1 期。

35. 王卫东：《教育价值概念的历史考察与理论分析》，《北京师范大学学报》（社会科学版）1996 年第 2 期。

36. 万小妹：《制约农村教育发展的主要因素及对策》，《湖南师范大学教育科学学报》2004 年第 1 期。

37. 徐辉：《国外农村教育发展的几点经验》，《人民教育》2003 年第 20 期。

38. 徐辉：《国外农村教育的历史经验及启示》，《中国人口报》2006 年 3 月 15 日。

39. ［美］西奥多·W. 舒尔茨：《人力资本投资》，商务印书馆 1990 年版。

40. 叶平：《现代农村与农村教育》，《课程讲义》2004 年第 7 期。

41. 余永德：《农村教育论》，人民教育出版社 2000 年版。

42. 袁桂林：《促进农村各类教育协调发展》，《教育研究》2003 年第 8 期。

43. 张乐天：《重新解读农村教育》，《教育发展研究》2003 年第 11 期。

44. 张胜军：《关于当前农村职业教育中的几个认识问题》，《江西社会科学》2003 年第 8 期。

45. 张培刚:《农业与工业化——农业国工业化问题初探》,《华中科技大学》2004 年第 5 期。

46. 周洪宇: 《和谐社会的重要内容、基础和实现途径人民教育》,《教育公平》2004 年第 7 期。

47. 周洪宇:《农村、农民与农村教育》,《当代教育论坛》2005 年第 1 期。

48. 教育部发展规划司编:《中国教育统计年鉴》(2007),人民教育出版社 2008 年版。

49. 张济洲:《"离农"?"为农"?——农村教育发展中的悖论》,《当代教育科学》2005 年第 19 期。

50. Oliver Jenny, Penney, "Howley, Craig Charting New Maps: Multicultural Education in Rural Schools", *ERIC Digest* ED348190 Aug. 92.

51. 教育部介绍五年来农村义务教育取得的巨大成就[DB/OL]. 中央政府门户网, <http://www.gov.cn/gzdt/2008-02/26/content_901099.htm>. 2008-02-26。

52. 中共十七届三中全会审议通过《中共中央关于推进农村改革发展若干问题》, http://news.QQ.com, 2008 年 10 月 19 日。

53. 《中华人民共和国国民经济和社会发展第十二个五年规划纲要》,《人民日报》2011 年 3 月 17 日第 1 版。